2023 年度河南省高校哲学社会科学应用研究重大项目（2023 - YYZD - 29）
2023 年度河南省高校人文社会科学研究一般项目（2023 - ZZJH - 179）
河南省教育科学规划 2023 年度重点课题（2023JKZD12）
2023 年度星空众创空间第二层次创新培育孵化类项目（2023ZCKJ217）
2023 年河南省高等教育教学改革研究与实践项目（2023SJGLX161Y）
2024 年度河南科技智库调研课题（HNKJZK - 2024 - 23B）

基于一二三产业融合的现代农业发展研究

彭青秀　著

中国财经出版传媒集团
中国财政经济出版社
北 京

图书在版编目（CIP）数据

基于一二三产业融合的现代农业发展研究 / 彭青秀著. -- 北京：中国财政经济出版社，2024. 1
ISBN 978 -7 -5223 -2737 -2

Ⅰ. ①基… Ⅱ. ①彭… Ⅲ. ①现代农业－农业发展－研究－中国 Ⅳ. ①F323

中国国家版本馆 CIP 数据核字（2024）第 034105 号

责任编辑：胡 博　　责任印制：史大鹏
封面设计：陈宇琰　　责任校对：胡永立

基于一二三产业融合的现代农业发展研究
JIYU YIERSAN CHANYE RONGHE DE XIANDAI NONGYE FAZHAN YANJIU

中国财政经济出版社 出版

URL：http：//www. cfeph. cn
E - mail：cfeph@ cfeph. cn

社址：北京市海淀区阜成路甲 28 号　邮政编码：100142
营销中心电话：010 - 88191522
天猫网店：中国财政经济出版社旗舰店
网址：https：//zgczjjcbs. tmall. com
中煤（北京）印务有限公司印刷　各地新华书店经销
成品尺寸：170mm × 240mm　16 开　14. 75 印张　237 000 字
2024 年 1 月第 1 版　2024 年 1 月北京第 1 次印刷
定价：65. 00 元
ISBN 978 - 7 - 5223 - 2737 - 2
（图书出现印装问题，本社负责调换，电话：010 - 88190548）
本社质量投诉电话：010 - 88190744
打击盗版举报热线：010 - 88191661　QQ：2242791300

前　　言

2004—2023年，中央连续发布一号文件，高度重视“三农”问题，持续关注并推进“三农”发展。20年来，中央一号文件关于“三农”问题的侧重点在逐渐变化：2004年“农民增收”，2005年“提高农业综合生产能力”，2006年“社会主义新农村建设”，2007年“现代农业”，2008年“农业基础设施建设”，2009年“农业稳定发展”，2010年“统筹城乡发展”，2011年“水利改革发展”，2012年“农业科技创新”，2013年“现代农业”，2014年“农村改革”，2015年“农业现代化”，2016年“农业现代化”，2017年“农业供给侧结构性改革”，2018年“乡村振兴”，2019年“农业农村的优先发展”，2020年“如期实现全面小康”，2021年“全面乡村振兴，加快农业农村现代化”，2022年“粮食安全”，2023年“守底线、促振兴、强保障，全面推进乡村振兴”。可以说，连续20年中央一直在实现农业农村现代化的征程上聚焦发力，助推我国农业农村现代化不断迈出新步伐。

目前我国农业发展仍然面临着生产成本上升、耕地红线压力和财政补贴压力加大、生态环境受损以及淡水资源紧张等多重约束。党的十九大提出乡村振兴战略，透出“三农”新希望和信心。乡村振兴战略之首就是产业兴旺，因此推进农村一二三产业融合发展，是转变农业发展方式的现实选择，是现代农业发展的必然要求，也是实施乡村振兴战略的重要抓手。实际上，自2015年以来，农村一二三产业融合发展就被中央文件多次提及，成为推动现代农业发展的主要手段。2021年和2022年的中央“一号文件”强调要持续推进农村一二三产业融合发展，2022年10月党的二十大召开，强调要全面推进乡村振兴，乡村振兴核心是产业，要科学谋划一二三产业融合发展，打造有特色的农业全产业链。2023年中央一号文件进一步强调实施文化产业赋能乡村振兴。2023年5月5日第二十届中央财经委员会第一次会议召开，会议再次强调，坚持一二三次产业融合发展，避免割裂对立。这一要求进一步加快了建设具有完整性、先进性、安全性的现代化农业体系的步伐。

作为目前世界上最高水平的农业，现代农业就是产业高度融合的“大农业”，通过一二三产业融合发展能够有效降低农业生产成本、降低农村发展机会成本、提高农民收入、培养经济发展新动能，打破了传统农业发展空间的局限，建立了一体化、多功能、互补联动的综合性产业体系。党的十九大提出，我国社会主要矛盾已经转化为人民日益增长的美好生活需要和不平衡不充分的发展之间的矛盾。伴随着社会矛盾的转化，人民更加向往高质量美好生活，通过一二三产业融合，充分利用多种途径和方式促进经济健康增长，促进农业产业发展和结构优化，才能有效提升人民健康消费水平，不断满足人民高水平、高质量生活的需要。可以说，农村一二三产业融合解决了当前生产力和生产关系之间的矛盾，对探索我国农村由产业兴旺带动乡村全面振兴之路，以提升农业发展动力、确保粮食供给安全和推进农业现代化，无疑具有重要的理论价值和现实意义。因此，一二三产业融合已经成为助力乡村振兴的重要引擎和有效手段，是带动农村农民共同富裕的重要途径，也是融出“1 +1 +1 >3”现代农业新图景的有力支撑。

目录

第 1 章

绪 论

1.1 研究背景

自 2004 年以来，中央连续发布一号文件，高度重视“三农”问题，持续关注并推进“三农”发展，农村基础设施建设、农业科技化程度、农业发展多样化程度和农民的收入得到根本性的改变，农业综合生产能力实现新跨越，2022 年我国粮食总产量达到 13731 亿斤，连续 8 年保持在 1.3 万亿斤以上①。

尽管我国“三农”的综合实力有了较大的提升，农业产业化亦取得一定骄人成绩，但是，可持续发展的基础并不牢固、农村资源也十分有限，目前农业发展仍然面临着生产成本上升、耕地红线压力和财政补贴压力双重加大、生态环境受损以及淡水等资源紧张的多重约束。党的十九大提出乡村振兴战略，弥补现代化道路上的短板，透出“三农”发展新希望，带来“三农”发展新动力。乡村振兴战略之首就是产业兴旺，推进农村一二三产业融合发展，是转变农业发展方式的现实选择，是现代农业发展的必然，也是实施乡村振兴战略的重要抓手。

2015 年底，国务院办公厅印发了《关于推进农村一二三产业融合发展的指导意见》（国办发〔2015〕93 号），指出“推进农村一二三产业融合发展，是拓宽农民增收渠道、构建现代农业产业体系的重要举措，是加快转变农业

① 2022 年全国粮食总产量达 13731 亿斤 实现增产丰收．新华网，http://www.news.cn/fortune/2022-12/12/c_1129201876.htm.

发展方式、探索中国特色农业现代化道路的必然要求”，要“牢固树立创新、协调、绿色、开放、共享的新发展理念，主动适应经济发展新常态，用工业理念发展农业，以市场需求为导向，以完善利益联结机制为核心，以制度、技术和商业模式创新为动力，以新型城镇化为依托，推进农业供给侧结构性改革，着力构建农业与二三产业交叉融合的现代产业体系，形成城乡一体化的农村发展新格局，促进农业增效、农民增收和农村繁荣，为国民经济持续健康发展和全面建成小康社会提供重要支撑”，提出应以“推进农村一二三产业融合发展”为主要手段，“延长农业产业链、提高农业附加值，实现农村发展，提高农民收入”，指出农村农业现代化的核心任务是转变农业发展方式，注重生态环境保护，从粗放经营转到集约经营上来，提高农业生产的质量和效益。这标志着我国“三农”问题发展取得又一重大创新①。2016 年中央一号文件再次强调“推进农村产业融合，促进农业持续快速增长”的重要意义，指出在推进农村一二三产业融合过程中，应着重提高农业技术水平实力，推进产业及要素集聚，加强农业产业链的纵深融合，切实提高农民收入水平与农产品的质量。2017 年中央一号文件进一步提出加快培育农村发展新动能，加速农产品加工业转型升级，创新农业经营主体，完善农产品流通机制，推进休闲农业的发展，加快利益相关主体利益联结机制构建，进而推进一二三产业融合发展。2018 年、2019 年、2020 年中央一号文件强调，要发展壮大乡村产业，加快构建农村产业融合发展体系。2021 年、2022 年、2023 年的中央一号文件强调要持续推进农村一二三产业融合发展。作为世界上最高水平的农业，现代农业就是产业高度融合的“大农业”，突破了传统农业发展空间的局限，建立了一体化、多功能、互补联动的综合性产业体系。农民如何实现跨越式增收、农业如何从根本上改变产业之间的融合带动效应成为当前我国“三农”发展的瓶颈问题。

可以说，自党的十八大以来，我国农村一二三产业融合发展日益受到社会各界的关注与支持，粮食产量持续增高，农业技术化水平得到有效提升，农业的价值链延伸与产业链整合取得一定成效，但仍存在着较大问题：一方面粮食的剪刀差持续增大，国内生产的粮食的附加价值提升受限，国内生产

---

① 农产品加工局．宗锦耀局长在 2017 年农村一二三产业融合发展支出项目实施培训班上的讲话 [EB/OL]．http：//www.moa.gov.cn/xw/bmdt/201707/t20170718_5753159.htm，2017－7－18.

的粮食不能内部消化，国家库存以每年8%的速度快速增加，托市收购、粮食储备和库存消化带来巨大的财政负担；另一方面，城乡居民的收入差距在持续扩大，农产品低附加值、农民低收益导致的农田的荒芜程度不断加深，依托农业基础的农业加工产业、服务行业仍处在低端水平。在这种背景下，农村农业的发展迫切要求农产品进行深入加工，产销对路且保持平衡，构建农业发展参与主体的利益共享机制，推进二三产业向农业“回归”，实现一二三产业融合发展，加快实现农业现代化。

1.2 研究目的及意义

我国是农业大国，农业、农村和农民的发展提升对于提高我国经济水平、优化产业结构具有非常重要的意义。随着经济、技术、社会的发展，现代农业是我国农业的必然发展方向，现代农业具有高度的产业融合性，因此一二三产业融合是“现代农业发展的必然规律和基本路径”（席晓丽，2008）。本书以农村一二三产业融合为研究对象，基于对现代农业发展政策的研究分析，系统地整合一二三产业融合的相关理论研究，探究农村一二三产业融合的动力及其推动现代农业发展的机理；选取我国具有代表性的地区，如黑龙江省、云南省大理白族自治州、河南省新野县、台湾省四个地区一二三产业融合的具体做法及路径，借鉴韩国、日本等国外农村一二三产业融合推动现代农业的经验，探究推进农村一二三产业融合的融通机制，进一步推进现代农业的发展。本书的相关研究，能够为进一步推进农业生产结构转型升级、加快农业资源优化配置、提高农民收入水平提供一定的理论借鉴和现实指导。

从理论角度来看，自2005年中央一号文件首次提出农村一二三产业融合，我国学者结合产业融合的理论研究成果，从不同角度对农村一二三产业融合进行深入研究，导致理论结论不一，影响对现实指导作用的发挥。本书梳理产业链理论、价值链理论的相关内容，综述农村一二三产业融合的具体发展模式，为研究不同地区农村一二三产业融合和具体融合模式评价奠定基础；综述协同理论、多功能农业理论、技术创新与扩散理论、专业户分工理论等，为农村一二三产业融合推进现代农业发展奠定理论基础。最终形成较为系统的关于农村一二三产业融合的动力机制、模式，对推进我国农村一二三产业融合和农业现代化具有重要的理论意义。

从现实角度来看，目前我国农业现代化进入一个全新的时代，然而在农业现代化进程中存在基础设施薄弱、资源分配不均衡、产业整合能力较低等问题，导致农村产业结构失衡、农产品附加值低、科技应用水平差，制约了农村经济发展。本书试图通过不同区域的调查研究，结合不同区域农村一二三产业融合现状，以期提出可操作性的建议，为推进我国农村一二三产业融合及农业现代化发展、农业供给侧改革提供一定的决策支持。

1.3 国内外研究综述

1.3.1 一二三产业融合研究综述

国外直接研究农村产业融合的研究成果相对较少，但与农村产业融合相关的理论却不计其数，特别是农业结构调整、农业现代化机制推广等方面的理论成果对推进我国农村产业融合有一定的借鉴价值。在农业结构调整方面，Hatton（2007）提出农村经济水平和生产力水平的提高能够有效地释放更多的农村劳动力，进而能够推进产业结构的调整和升级；Martin（2005）则认为城市化进程中农村的建设水平将获得根本性的改变，通过优化农村能力定位、融通资源配置能够有效地实现农村的转型升级。然而，伴随着对农业产业化结构调整的研究逐渐深入，国外部分学者认为农业结构的调整升级，不仅仅局限于农业生产方面，应该在转型过程中融合二三产业的发展。自此，国外关于一二三产业融合的研究理论逐渐丰富，具有代表性的如速水佑次郎（2003）提出的农业生产融合式发展理论，涵盖农产品的产供销一体化、新型农业经济体创建和农业产业链多部门变革式融合等内容；Elizabeth Tebeaux（2010）主要从新型农业经营主体对于农业产业融合的方式、产业融合过程（Stieglitz，2003）、产业竞争关系（Namil，2015）、制约因素等方面进行系统研究，认为创新农业经营组织能够有效地激发农业产业化动能；Celine Pelosi（2010）则从农业产业网络构建的角度，分析了生态系统建设与农业产业化的关系，认为农业产业融合中要注重生态的可持续发展，反过来生态环境的可持续发展推进农业创新式融合发展。

农村产业融合是我国农业发展的特色问题，结合国内外农业发展历程及相关理论研究，从2014年起，农村产业融合相关课题逐渐成为学术界的研究热点（见图1-1）。基于地域发展、研究视角及理念的差异性，农村产业融合主要包括内涵界定、形成机制、制约因素、效应和路径等几个方面。

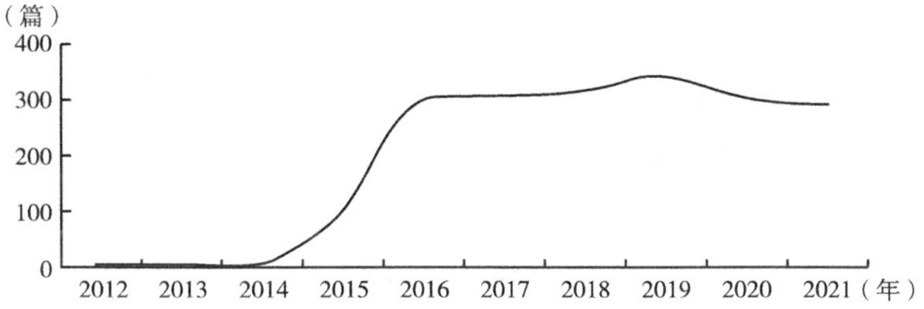

图1-1 我国近十年关于农村产业融合的文献数量

1.3.1.1 关于农村产业融合的内涵

国内学者由于所处的角度不同、侧重点不同，对农村产业融合内涵的理解亦不同。部分学者（王昕坤，2007；梁伟军，2010；马晓河，2015；姜长云，2015；赵海，2015）认为农村产业融合是指农业生产过程中以第一产业为基础，通过内外部资源的整合，推进第一产业与第二、第三产业有机结合。如赵海（2015）从融合主体和融合路径两个角度对一二三产业融合进行了研究，他认为从主体角度来看，一二三产业融合包括农业产业链上参与主体的内源性融合和价值链上加工、流通及服务等参与主体的外源性融合，从融合路径的角度看，一二三产业融合主要是指通过创新经营主体，推进组织内和组织间的融合交流，进而实现一二三产业融合；姜长云（2015）指出农村产业融合主要是以农业为依托，通过新的技术、模式和业态应用，进行产业链延伸、产业范围拓展和产业转型，进而实现资源要素的优化重组；李治等（2017）基于交易成本理论，通过分析产业融合的本质含义，界定了农村一二三产业融合的内涵。

1.3.1.2 关于农村产业融合的形成机制

梁伟军（2013）从产业链和创新链的角度，提出农村一二三产业融合主要包括农业产业链各个环节的纵向整合和农业产业链横向要素整合，分为技术应用整合、子产业整合、服务业应用整合和综合整合 4 种类型；温铁军（2014）则认为基于对农业价值提升和可持续发展的需要，推进农业新技术应用、综合服务应用和产业链资源优化配置的过程将导致一二三产业融合效应；张义博（2015）总结得出一二三产业融合的机制在于以下四个方面：农村市场化改革深入、城市工商资本大量进入农业、大量新兴技术涌现及普及、农业多功能需求快速增加；郑风田（2014）、苏毅清（2016）、李玉磊（2016）等人从六次产业角度论证了农村一二三产业融合的内在机理，并提出一二三产业融合能够帮助农民增加收入，优化资源配置。通过农业和现代工业要素跨界配置，促进农业与相关产业跨接、渗透融合、高层次嫁接、交叉重组，催生新产业、新业态、新模式（程莉，文传浩，2022）。

1.3.1.3　关于农村产业融合的问题

刘海洋（2016）认为我国农村一二三产业融合发展的主要问题有资金缺口较大、土地农业规模化发展制度不完善、农产品质量提升困难、农村剩余劳动力分流转化困难等；李玉磊（2016）则指出，农产品营销、农村物流和电子商务等发展滞后对农村一二三产业融合顺畅发展存在比较大的制约；农村产业融合中利益联结机制不完善，处于较低层次的产业融合阶段（杨涛，2019；郝立丽等，2016）；交通基础设施建设、农村创业活跃度对农村产业融合存在负向影响（程莉，文传浩，2022）。

1.3.1.4　农村产业融合发展效应

（1）农村产业融合对农民增收的作用。有学者利用省级面板数据，发现农村产业融合对农民增收具有显著正向影响（王丽纳等，2019；张林等，2020）；另有学者的调研数据表明，农村产业融合发展的各参与主体收入明显提高（郭军等，2019；李姣媛等，2020）；还有学者研究发现，农村产业融合有助于缓解农民的贫困脆弱性（李晓龙等，2019）。

（2）农村产业融合对现代农业发展的作用。早期关于农村产业融合的研究基本从现代农业发展的角度进行解读，认为现代农业发展具有产业融合必然性（王昕坤，2007；梁伟军，2010），农业内部之间的互补，以及农业与其他产业之间的融合，能够赋予农业现代化新的活力（孟晓哲，2014），产业融合对农业恢复力有显著促进作用（郝爱民等，2022）。学术界目前普遍认为，农村产业融合有助于农业提质增效，促进农业生产体系和经营体系的优化、农业产业结构升级（钟漪萍等，2020；冯贺霞等，2020；曹菲等，2021）。杨志浩等（2021）以“三网融合”为例，运用实证模型研究，结果表明产业融合有助于促进技术创新，提升工资水平。吴敬伟等（2021）基于投入产出数据测算产业融合率，并运用空间经济模型对产业融合的经济增长影响作用进行分析，结果表明产业融合对地区经济增长有着明显的促进作用。

（3）农村产业融合对乡村振兴的作用。有学者提出，乡村振兴以产业兴旺为基础，而产业兴旺的抓手在于农村产业融合发展（黄祖辉，2018）；农村产业融合对农业韧性具有显著的正向影响（郝爱民等，2022），农业产业因其土地要素供给受限、产品市场刚需等弱质性，往往被低端锁定（孔祥利等，2019）；农村产业融合从链条延伸、短板补齐等方面完善现代农业产业体系，从而加快乡村产业发展，提高农民收入（何亚莉等，2021）；可以通过促进农村经济增长、加速人力资本积累对农业韧性产生促进作用（郝爱民等，2022）；通过农民增收、农业降本提质增效的双重效应，推进乡村产业振兴。

1.3.1.5　关于农村产业融合发展路径

农业现代化、农业产业结构、财政支农、人力资本对农村产业融合与农村生态环境耦合协调发展存在正向影响（程莉，文传浩，2022）。通过对不同地域农村产业融合的效果评价，王兴国（2016）认为推进农村一二三产业融合发展，不仅要统筹农村资源，更要保证融合进程中各个环节和资源要素的深入融合，在推进城镇化的过程中，加大农业多能力开发，加强农村生态文明建设；芦千文（2016）提出要结合农村一二三产业融合特性进行有机融合；解安、周英（2018）提出要突破内部分工局限；赵霞（2017），李治、安岩、侯丽薇（2018）等人从农村一二三产业融合的发展理念、要素整合、制度创新等不同角度提出通过农业应用技术创新、农业经营主体创新、农业经营新模式等方式推进农村农业产业链的前后延伸、左右协同，进而形成系统的一二三产业融合网络。农村产业融合是基于多业态交互、多主体协同、多机制联动、多要素协调、多模式推动而形成的一种共生关系（胡海等，2020），培育突出优势且各系统协调发展是提升农村产业融合水平的重要路径（黎新伍等，2022）。

随着我国农业现代化的建设、“藏粮于技、藏粮于地”战略的深入实施，推进农村一二三产业融合的意义愈加突出，伴随的是对农村一二三产业融合研究的深度和广度要求不断提高。综合以上国内外研究成果，当前关于农村一二三产业融合的理论更多集中在内涵界定、现状分析、存在的问题、模式探究和路径开发等方面，而关于推进农村一二三产业融合的动因分析及具体指导性措施仍相对较少。本书在现有研究成果的基础上和启发下，试图构建一个符合中国特色的农村一二三产业融合新模式，推进农业现代化的发展。

1.3.2 现代农业研究综述

1.3.2.1 农业现代化的概念研究

在国内相关研究方面，陈锡文（2012）认为现代农业是相对于传统农业而言的，凭借科学技术打破传统农业的循环封闭圈，形成能源和物质的循环体系，技术进步是其重要标志之一。文丰安（2020）也认为农业现代化是依靠现代科学技术的进步，利用先进的机械设备从事农业生产，从而实现从传统农业向现代农业的跨越。赵晓峰、陈义媛（2020）等人认为中国的农业现代化是以农民为主体，以家庭经营为基础，以小规模农业为基本经营方式的一种从传统农业向现代农业发展的过渡形态。

在国外相关研究方面，美国经济学家舒尔茨在《改造传统农业》一书中提到运用技术改造传统农业的过程即为农业的现代化，只有现代化的农业才能有效促进经济的增长。Prändl - Zika Veronika（2008）认为农业现代化体现在农业经济的可持续发展、生态平衡以及农产品安全几个方面。Reija Hietala - Koivu（2002）通过研究得出农业现代化的特征是机械现代化。

1.3.2.2 推动农业现代化的途径研究

（1）加强农业现代化发展理念。目前我国农村人口占全国总人口的1/2，其中大部分受教育程度不高，对新事物、新思想接受较慢，使得低碳农业、农业现代化的理念在农村的传播速度很慢。对此，刘战伟（2014）提出应该通过多种有效手段，充分提高农民的科学知识素养；利用广播、电视等多种宣传渠道，在农村地区普及低碳农业、农业现代化的内涵、发展的必要性和必然性；政府加大对示范区的推广，让农民真正意识到现代化农业带来的经济效益，增强农民对低碳农业的认识，促使农户自觉地采用低碳农业发展模式。此外，靳晓华（2013）提出可以借鉴国外的发展经验，建立发展农村合作社组织，提高农民的抗风险能力。当农业生产的风险变小，农户参与到农业现代化建设中来的意愿就会得到提升。Cristian Rogério Foguesatto（2019）等人也提出根据对环境问题和气候变化的看法将农民分为不同种类，了解农民对环境问题和气候变化的看法对于改变这种状况至关重要，采用可持续农业做法有可能减轻气候变化的影响，同时尽量减少自然资源退化和增加粮食产量。

（2）增强农业现代化的政策支持。Sonam Wangyel Wang、Woo－Kyun Lee（2017）等人研究发现，尽管有许多技术可以随时运用，但采用和部署的规模远远不足以达到政府设定的目标，这主要是由于缺乏财政激励、农民的能力建设以及不同层面的扶持政策。在相关政策支持上，应该从两个方面入手。一是在财政政策方面，王越（2015）认为资金支持是农业现代化建设的主要推动力，同时也是制约其发展的瓶颈，低碳农业在发展初期需要持续的资金支撑，政府应制定相关财政政策，加大对农户的资金支持力度，降低贷款门槛、简化贷款手续，使企业充分发挥社会效益。二是在法律法规政策制度方面，王洪伟（2016）提出国家和政府需要给予制度上的保障和政策上的支持，根据河南省地区发展的实际状况，结合其发展规划和战略，加快中原地区发展战略的制定；为河南省以及其他中原经济区发展专门立法，为农业现代化的发展创立一个良好的法律环境。此外，政府应该切实落实惠农政策，给予从事生态经营、低碳经营的农民种植补贴。

（3）加大科技投入和人才培养。科技是第一生产力，而发展现代化的农业，科技是关键。李孝忠、李佳辰（2020）等人认为技术的进步是农业现代化发展的核心推动力，通过构建农业现代化评价指标体系，得出农业科学技术能否顺利被接受与农业从业人员的文化程度有着密切的关联，在一定程度上可以反映农业现代化的水平。重视农业科学技术的创新和改革可以从发展低碳高产、优质、安全的绿色农业、低碳农业入手，推进农业生物技术、农业投入品等领域的创新。另外，李明亮（2018）提出应该加强培养和引入低碳技术方面的人才，政府应加大人才储备，学习国外农业现代化较发达国家的经验，培养一批具有实践性的、能够适用于我国农业发展的人才，采用新型技术推动农业发展现代化。

(4) 促进产业结构优化升级。对产业结构进行合理的调整，既要保证第一产业的基础地位，又要发挥第二、第三产业的带动作用，推动第一产业向现代化的方向发展。廖良辉（2014）认为应该对第一产业结构进行优化升级，立足于建立立体化、多样化的农业，优先种植碳排放量较低、耗能低、高产优质的农作物，适当减少高耗能企业，因地制宜发展林业、渔业等产业，构建资源节约型、环境友好型的农业发展模式；王洪伟认为各个地区可以根据实际情况打造农业品牌，形成农业特色产业链，实施品牌化战略，借助第二、第三产业的力量推动第一产业发展。

1.3.3 产业结构优化理论综述

随着产业结构理论研究的深入和发展，产业结构优化理论逐步形成。在一定时期内，产业结构优化是在国民经济效益最优的目标下，考虑一国或地区的产业结构水平，如资源环境条件、经济发展水平、科技发展水平、人口规模和贸易结构等要素。这些因素没有绝对的高低之分，通过对产业结构的动态调整，实现产业结构合理化和高级化，推动产业间协调发展和不断升级。产业结构优化的相关理论如表 1-1 所示。

表 1-1　产业结构优化研究

农业产业结构优化方向	人物（例举）	观点（例举）
产业结构高级化	周振华（1992）	产业结构从低水平向高水平发展的一个过程
	刘伟等（2008）	优化包含三个方面的内容：①由第一产业占主导地位逐渐向第二、第三产业占主导地位演进；②由劳动密集型的产业占主导地位逐渐向资金密集型、技术（知识）密集型产业演变；③由初级产品的制造产业占主导地位逐级向制造中间产品、最终产品的产业演进
	陈静等（2003），干春晖等（2011）	优化评价标准采用非农产值的比重来度量，通过测度各产业的比例关系来反映产业结构高度
	刘伟（2008），田新民等（2012）	产业结构高级化可以以各产业部门产出占比和劳动生产率的乘积来度量

续表

农业产业结构优化方向	人物（例举）	观点（例举）
产业结构合理化	周振华（1992），苏东水（2001）	产业结构合理化是一个不断变化的动态过程，主要是指产业之间的协调能力和关联水平的加强，合理化指标可以用产业之间的均衡程度和产业之间的关联程度来度量
	干春晖（2011）	将泰尔指数进行重新定义应用于产业结构合理化，不但保留了结构偏离度的理论基础和经济含义，而且考虑各产业在经济体中的重要程度，避免了绝对值的计算
产业结构优化	姜睿清（2013），刘嘉慧（2022），向云等（2022）	主要理论：罗斯托主导产业扩散效应理论；赫希曼产业关联理论；筱原三代平“需求收入弹性基准”，从产业融合的视角，采用灰色关联分析评价农业与相关产业的整体融合度，构建了江西农业产业结构 SD 模型； 共享农业是农业现代化的新业态，能够有效整合资源、增加农民收入，优化地方农业结构；我国农业结构转型任重而道远，农民生活差距比较大

1.3.4 研究评述

通过以上研究进展的分析与论述，可以发现，一二三产业融合发展、农业现代化都取得了很大进展，不同学者对现代农业的内涵和特点的表述并不相同，但都强调了现代科技在现代农业建设中的核心作用，强调了农业产业化生产经营方式，强调了扩展农业功能，强调了发展可持续的生态农业。但是，把一二三产业融合与现代农业发展相结合的研究尚不多见。在乡村振兴的背景下，我国人多、地少，以家庭经营为主的小规模、分散化农业经营模式，决定我国必须走有中国特色、一二三产业融合的农业现代化道路。

本书从农村一二三产业融合视角研究现代农业发展，发挥一二三产业的融合乘数效应，构建以一二三产业融合为支撑的农业现代化产业体系。“产业兴旺是乡村振兴的重要基础，是解决农村一切问题的前提”，现代化产业体系离不开一二三产业融合发展。通过一二三产业融合发展，形成新产业、新业态，进而提高产业间和产业内融合发展水平，壮大农业产业基础，提高农业产业链稳定性，提升农业抗冲击能力，可以加快建设农业强国。可以说，现代农业发展中农村一二三产业融合最为关键，没有农业产业体系的融合发展，就没有农业的现代化。尤其是顺应新一轮科技革命和产业变革，培育现代农业体系、增强农业核心竞争力，实现农业高质量发展，进一步加快现代农业深度融合，推动农业与现代服务业、农产品加工业向专业化和价值链高端延伸，实现现代农业与农村一二三产业融合发展互促共进。

1.4 研究内容与主要创新

1.4.1 主要研究内容

本书以一二三产业融合相关理论及其实践为指导，努力用一二三产业融合的理论构建出现代农业研究领域的基本理论与实践分析框架。根据现代农业的特征，产业融合的内涵、发展背景、动力机制，从融合和分工辩证统一的理论视角，在区分产业融合不同类型的基础上，提出农村一二三产业融合，主要在于以农业为依托，推进以农产品加工为代表的第二产业、以休闲观光农业为代表的第三产业之间的融合，形成新产业、新业态，在此基础上推进更高水平的分工，再在此基础上产生新的融合。这样，分工与融合交融，互促互进，共同推进现代农业的发展，不断优化农业结构，达到农村繁荣、农民增收、农业增效的目标。在乡村振兴背景下，把农村产业之间的渗透、融合发展作为应对农业资源约束的突破口，分析农村一二三产业融合对降低农业生产成本、降低农村发展机会成本、提高农民收入、培养经济发展新动能的重要性，研究农村一二三产业融合对构建现代农业产业、生产和经营体系的影响，探索我国农村由产业兴旺带动乡村全面振兴之路，以提升农业发展动力、确保粮食供给安全和推进农业现代化，无疑具有重要现实意义。本书共分11章，整体技术路线如图1-2所示。

第1章：绪论。新时代已经开启了全面现代化的新征程，作为全面建设社会主义现代化国家的重大任务，推进农业农村现代化是解决我国发展不平衡不充分问题的重要举措，更是推动农业农村高质量发展的必然选择。通过对当前农业、农村发展背景的介绍，引出推进农村一二三产业融合的必要性，系统地分析本书研究的目的和意义，进而梳理国内外现代农业、一二三产业融合和农业结构优化的理论，指出本书的研究思路重点，提出可能的创新点。

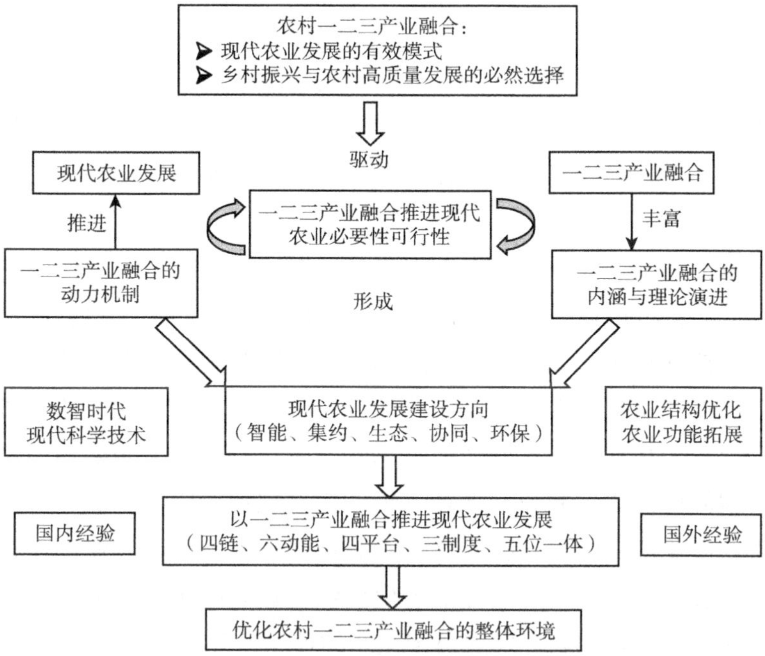

图1-2　技术路线图

第2章：相关概念及理论基础。结合国内外农村一二三产业融合发展的相关理论研究成果，对农村一二三产业融合的内涵进行了界定，梳理产业链理论、价值链理论的相关内容，综述农村一二三产业融合的具体发展模式，为研究不同地区农村一二三产业融合和具体融合模式评价奠定基础；综述协同理论、多功能农业理论、技术创新与扩散理论、专业化分工理论等，为农村一二三产业融合推进现代农业发展奠定理论基础。

第3章：现代农业的产业融合趋势。农业现代化就是从传统农业向现代农业的转化过程，向现代农业的转化过程实际上就是用现代技术对传统农业进行改造的过程，是农村一二三产业融合的过程。对农村一二三产业融合发展而言，环境是其生存的土壤，像一把双刃剑，具有双重作用，可能提供有利条件促进农村一二三产业融合的发展，也可能对农村一二三产业融合起制约作用。不同的历史背景，不同的政治、经济、社会、文化条件，赋予农业农村不同的发展脉络和特点。我国农村和农业发展有其特殊经济社会背景，随着历史变迁，资源禀赋、经济发展阶段和经济制度的变化，我国农业、农村走出了独特的发育路径和发展趋势。产业兴旺是乡村振兴的基础，近年来，我国农村一二三产业融合发展态势良好，农产品加工业稳中向好，休闲农业和乡村旅游风生水起，农村流通服务业尤其是电子商务蓬勃发展，农民获得感不断提升。尽管如此，我们还要看到农村一二三产业融合发展的特殊性和发展困境，并在此基础上进一步分析农村一二三产业融合推进现代农业发展的必要性和可行性。

第 4 章：一二三产业融合推进现代农业发展的机理。本章论述现代农业的内涵、性质，将产业融合理论扩展至现代农业领域，研究其内在发展机理。作为现代科技支撑下的融合型“大农业”，现代农业是一个复杂、综合性的系统工程。以产业融合推进现代农业建设，必须以系统论的方法，研究不同产业间的内在关联性，从不同产业技术、产品、功能、市场融合的角度，构筑起融合型的现代“大农业”产业系统，扩展现代农业的内涵和外延。本章主要从农业产业结构优化升级、现代农业功能拓展、现代农业生产经营体系等三个方面分析一二三产业融合推进现代农业建设的机理，为探讨以农村一二三产业融合推进现代农业发展奠定重要的理论基础。

第 5 章：一二三产业融合推进农业结构优化：理论与实践。农村一二三产业融合是指不同产业结构之间的融合，也就是说农村一二三产业融合可分为第一产业的产业内融合和一二三产业的产业间融合两大类型。第一产业的产业内融合有种植业和畜牧业融合、种植业和水产养殖业融合等，产业内融合在模式上有有机农业、共生农业、循环农业、生态农业等模式。农村一二三产业的产业间融合形成了“农业 +”发展模式，如农业 + 加工物流业，农业 + 文化、教育、旅游、康养等产业。农业 + 互联网产业则催生了数字农业、智慧农业等新业态。因此，产业内融合和产业间融合是农村产业新业态、新模式产生的主要路径，这些新产业、新业态、新模式，既可以供给丰富多彩的新产品、新服务，以满足人民日益增长的美好生活需要，又可以通过农村新产业、新业态和新模式的发展，推动乡村产业兴旺发展，进而化解农村区域之间和城乡之间发展的不平衡不充分。

第 6 章：一二三产业融合推进农业功能扩展：理论与实践。产业兴旺的重要路径是一二三产业融合，一二三产业融合的重要领域是拓展农业多功能，随着乡村振兴战略的推进，推进一二三产业融合已成为传统农业改造升级的突破口。结合农业数字化、智慧化、低碳化的发展，农村产业结构不断调整优化，信息技术的高渗透性、快捷性、自我膨胀性不断在农业领域展现，农业的外部经济性和边际效益递增，农业功能不断扩展，一二三产业之间的融合特性更加突出。一二三产业融合是发展现代农业的重要战略选择。为了尽早实现我国农业的现代化，在新时代新技术的背景下，必须不断拓展农业的多种功能，向农业广度和深度迈进，以一二三产业融合推进多功能农业的发展，促进农业产业结构不断调整与优化升级。

第 7 章：数智科技对现代农业渗透融合的激化。大数据、云平台、人工智能等信息技术的发展促使传统农业向农业现代化转变，推进农业价值链转型升级。本章依托数智科技与现代化农业融合式发展，从现代化农业伴随科技发展的演进变迁，数智时代现代农业发展的特征，数智科技与现代化农业渗透融合的互动机制、运行机制、运行模式，以及现代化农业发展的决定力量等方面依次展开，从现代生物技术所带来的农业产出能力的提高和产出功能创新、现代信息技术所带来的农业生产经营管理手段和生产经营效率的变革方面，强调了科学技术对现代农业的渗透融合在改造传统农业、发展现代农业中的核心作用，科技是推动现代农业发展的内在动力。

第 8 章：我国农村一二三产业融合的经验借鉴。结合我国不同地域经济发展情况，选取黑龙江省、云南大理州、河南新野县、台湾省四个地区，对其一二三产业融合的发展现状进行综合评价，总结不同农村一二三产业融合的经验教训，对现代农业发展提供借鉴。

第 9 章：国外农村一二三产业融合经验与启示。近年来，日本、韩国等东亚国家积极推行不同形式的农村一二三产业融合发展，并已取得一定进展。研究这些国家农村一二三产业融合发展经验，对进一步推进我国农村一二三产业融合发展，提出我国现代农业发展的措施和建议具有重要意义。

第 10 章：以一二三产业融合推进现代农业发展的对策建议。利用科技的内在动力和一二三产业融合的外在力量，加快形成节约资源和保护生态环境的农业空间格局、农业产业结构，促进生产方式、生活方式转型，把经济活动、人的行为限制在自然资源和生态环境能够承受的范围内。提出加速推广全产业链、全生物链、全供应链、全利益链的“四链”融合模式，推进信息服务平台、科技创新平台、创业平台和产权交易平台“四平台建设”，强调农村绿色发展动能、科技创新驱动、质量效益拉动、品牌引领带动、产业融合互动、新型主体联动的“六动能”建设，进行土地制度、产权制度、金融体制“三制度”改革，采取完善政策引导机制、加大培训教育力度、加强部门协作配合等措施进一步构建政府、社会、企业、农村行政主体和农民的“五位一体”深度融合机制。

第11章：优化农村一二三产业融合发展的整体环境。环境总会直接或间接地影响人类的生产、生活和发展，环境的变迁同样会影响农村一二三产业融合的效果，一二三产业融合开展的各项活动要与整个社会环境形成良性互动。因此，要形成整体合力，优化农村一二三产业融合发展的整体环境就非常必要。在农业现代化和推进农业供给侧结构性改革的过程中，要创造良好的外部环境，让企业有能力、有动力发挥引领作用和支撑作用，提高农业全要素生产率，增加农民收入；让农民分享一二三产业融合的红利，让大学生乐于回乡，让新一代职业农民成为大学生择业的优先考虑；让农村更美，让绿水青山真正成为金山银山。

1.4.2 可能的创新之处

一是研究视角的创新。本书从农村一二三产业融合视角研究现代农业发展问题。首先，通过一二三产业联动，引领乡村产业升级换代，用产业融合的创新范式，激发乡村资源前所未有的活力，实现农业结构的优化，实现企业、村集体、农户的互利共赢；其次，一二三产业融合实现了循环链、价值链、创新链、生物链“四链”合一、融合发展，进一步提升了农业经济效益、社会效益、生态效益，突破了产业、学科之间相互分割、分隔的障碍，不断使农业中间产品变废为宝、化害为利，从而降低农业生产成本，减少环境污染，优化生态环境，是对循环经济理念的深化，推进了多功能农业的发展；最后，农村产业融合促进了农村经济增长、加速了人力资本积累，不断提高资源产出率，不断增加农民收入，不断扩大劳动就业，不断提升农业的整体效益和竞争力，促进了农业发展韧性，进一步推进乡村振兴和共同富裕。

二是研究观点的创新。

（1）提出了全产业链、全生物链、全供应链、全利益链的“四链”融合发展模式。以一二三产业融合为支撑的现代农业必须实现“四链”融合发展，超越生态弱害和产业偏利共生的发展目标，对传统产业链的某个环节或某个新的产业链重新定位，匹配知识、技术、产品、管理和机制创新活动构建创新链，重构农业产业链，进一步推进产业价值链的提升，形成一个完整的产业链，催生农业新发展模式，使农业经济价值和生态价值产生质的飞跃。

（2）强调了科学技术在改造传统农业、对现代农业的渗透融合和发展现代农业中的核心作用，科技是推动现代农业发展的内在动力。大数据、云平台、人工智能等信息技术的发展促使传统农业向现代农业转变，推进农业价值链转型升级，现代农业是以现代科技为支撑的融合型“大农业”。在新时代新技术的催发下，向农业广度和深度迈进：不断进行农业的多种功能拓展，加强农业一二三产业之间的融合，优化农业结构。

三是研究方法的创新。本书在大量田野调查的基础上，以系统论的方法，研究不同产业间的内在关联性，从不同产业技术、产品、功能、市场融合的角度，构筑起融合型的现代“大农业”产业系统，拓展了现代农业的内涵和外延。

第2章

相关概念及理论基础

2.1 农村一二三产业融合的内涵及相关理论

农村一二三产业融合发展是从六次产业化理论中得到的灵感。该理论是源于日本，由一位名为今村奈良臣（1994）的学者最先提出。他认为农业发展过程中要进行六次产业整合，即“一产＋二产＋三产”，通过六次产业整合创造农业发展新动能。在此基础上，我国学者从农村一二三产业融合内涵、支撑理论、发展模式和动力等不同角度对农业产业化运营进行深入讨论。

2.1.1 农村一二三产业融合的基本内涵

2.1.1.1 相关概念界定

研究一个问题首先要对其概念范围有明确界定。关于农村一二三产业融合的研究，国内外有较多文献，但是国内外不同学者从不同角度亦有不同的理解，有代表性的包括结果论、过程论、目标论和性质论四种。①结果论认为农业在发展过程中与二三产业在技术、服务、市场和价值创新等方面进行纵横融合，进而创新农业发展动能，创造新的价值体系，推进一二三产业融合的新业态出现。②过程论强调在推动一二三产协同发展过程中，实现产品、市场、服务、价值的重组与产业的创新。③目标论认为农村的一二三产业融合是以农业为基础，通过对生产要素进行空间和资源上的重新配置，可促进农业能力拓展、产业链延伸、价值链跃升、多主体共赢。除此之外，还可以提升农民的积极性，让农民不仅仅局限于一产的“小圈圈”里，而是走出去参加二三产业，对推动城乡一体化、实现农业现代化、增加农民收入等发展目标的实现都是有帮助的。④性质论认为农村的一二三产业融合是一种生产经营方式，是农业现代化进程中农业协同第二、第三产业发展的特有方式。

综上所述，不同学者对农村一二三产业融合的论点侧重不同、角度不同，各成一派，难以形成统一认知。本书在当前研究成果的基础上，结合研究方向和要解决的问题，认为农村一二三产业融合最基本的目标是要发展农业，通过整合农业发展过程中必要的市场、技术、服务、资金、设备和资源等各种参与要素，形成以农业新型经营主体主导的一二三产业纵横融合的创新型的生产运营模式，从而有效地推进三农发展，实现农业现代化及农村相关资源的优化配置。

2.1.1.2　农村一二三产业融合的特征

我国农业资源丰富、农业生产模式多样化，在推进农村一二三产业融合过程中，主要呈现出业态创新能力强、技术整合效应突出、要素多元化和模式创新要求高等特征。

第一，业态创新能力强。在推进农村一二三产业融合的过程中，一二三产业间的资源配置、技术融合和产品融合程度不断加深，衍生出一些新的业态，这些新的业态完善了原有的产业体系，并且可以在原有体系的基础上更好地发展。目前，我国农村一二三产业融合的新业态创新能力相对较强，衍生出新的观光旅游农业、生态农业、会展农业、创意农业等新业态，有效地推进了农村农业产业链的延伸和价值链的整合。

第二，技术整合效应突出。随着智能制造业、互联网信息技术的发展，农村农业通过智能装备制造机械、互联网信息工具的应用，能够有效地整合生产过程中所需的物质资源、资本和人力资源，新技术的应用使得农业现代化程度逐渐加深，如综合信贷、综合信息服务、互联网+现代农业、智慧农业等多种新技术平台和新农业经营模式表明推进农村一二三产业融合过程中技术的整合效应突出。

第三，要素多元化。相比之前的以资本、劳动力和技术要素为主进行农业生产的传统方式，农村一二三产业融合发展要求农业生产应该具备新的要素。它涉及的要素不仅包括产业链上产、供、销等多个纵向环节的技术研发、生产服务、销售服务、咨询服务、金融等多个要素，还包括产业内部门与部门之间的资源整合、协同效应和品牌效应，在多要素整合过程中，发挥“1 + 1 > 2”的要素整合效应以有效地推进农村一二三产业融合。

第四，模式创新要求高。打破传统农业生产运用模式，要求农村一二三产业融合过程中要以农业为依托，发展垂直整合产业融合模式、农林牧副渔协同横向模式、三智两网技术主导融合模式、创意农业集聚发展模式、一二三产业融合发展模式和农业产城融合模式，进一步推进农村一二三产业融合。以上对模式创新程度和创新领域要求都比较高。

2.1.2 农村一二三产业融合发展方式

通过前文的阐述，我们对农村一二三产业融合的内涵界定和特征分析、产业链理论和产业理论进行了梳理。在国务院对农村一二三产业融合意见的指导下，我国不同地区着力构建农业与二三产业交叉融合的现代产业体系，发展城乡一体化新格局，在推进农村一二三产业融合过程中取得了一定成效并创新构建了多种融合模式。本书基于农村一二三产业融合研究现状，将农村一二三产业融合模式主要分为新型农业经济主体推动融合模式和产业间整合推进融合模式两类，具体如下。

2.1.2.1 新型农业经济主体推动融合模式

创新农业经济主体是推动农业现代化、加快农业资源整合的有效方式，在推进农村一二三产业融合过程中，新型农业经济主体发挥着关键作用。我国学者陈钦（2015）、王道荣（2015）、张天禹（2017）、曾博文（2017）等分析了不同经营主体对农村一二三产业融合的促进作用、存在的问题及路径。新型农业经济主体推动融合模式可以分为六大类：①农民专业合作社推动融合模式。以农民专业合作社为载体，通过农民专业合作社的经济辐射、带动和资源整合能力，强化一二三产业融合。②家庭农场推动融合模式。家庭农场作为种植大户的升级版，通过资源的集约、整合能力有效地推进农村农业的现代化发展。③龙头企业推动融合模式。充分发挥龙头企业在农业发展过程中的带动效应，使资源整合的范围、程度有所改变，进而扩大农村一二三产业融合的范围，促进农村一二三产业融合。④多种经营主体组合推动模式。主要以农民专业合作社、种粮大户和龙头企业间的融合式发展为基础，充分发挥三者的能动性，进而实现一二三产业融合，或者以农民专业合作社 + 农户的模式，充分调动农村农业资源。⑤生态旅游农业发展模式。以农业发展的生态环保、可持续理念为依托，强化农业与服务业的深度融合。⑥互联网 + 农业融合发展模式，利用网络信息技术，借助互联网信息平台，激发农业新业态，推进农村农业与服务业的融合式互促发展。

2.1.2.2 产业间整合推进融合模式

农村一二三产业融合是以农业为基础而进行的产业链条纵向和横向的融合，该融合模式的代表性学者包括马晓河（2016）、徐广涛（2017）、李彦岩（2018），其研究成果分为农村农业的横向融合和纵向融合。两种融合方式具有较大差异。将种植业、养殖业、渔业之间的供需链整合，实现资源的整合与优化配置，推进农业内的一体化发展模式，实现农业内部发展的紧密协作，属于横向融合。也就是说，横向融合是农业内部的不同行业的融合。纵向融合则是以农业为基础，推进农业与二三产业的链式融合，从价值链、企业链、供需链和空间链四个维度入手，积极延伸产业链，形成“种养加”“贸工农”“产加销”等模式，同时拓展产业融合能力属性，使教育、物流、贸易、生产制造、器械加工、旅游、文化等多种要素以一二三产业融合为依托，发展科技农业、旅游农业、休闲农业等，进一步实现农业农产品的附加值提升及一二三产业间的资源优化配置和价值创造。

2.2 现代农业的内涵及相关理论

2.2.1 现代农业的内涵

根据国内外文献，农业发展分为原始农业、传统农业和现代农业三个阶段，这就是农业发展的“三分法”。作为“完全以农民世代使用的各种要素为基础的农业”，传统农业在人类农业历史上是一个重要阶段。传统农业的主要特点是：生产工具以手工生产的铁木制农具为主，借助人力、畜力、风力和水力等动力进行生产，农业社会化程度很低，生产者依赖上辈向下辈口授和示范从事农业生产活动；生产力低下，生产过程基本依赖自然，只能维持自给自足或半自给自足的发展水平。传统农业是一种特殊类型的经济均衡状态，在欧洲是从古希腊、古罗马的奴隶制社会（公元前600—公元前500年）开始，直至20世纪初逐步转变为现代农业。传统农业存在的条件：一是技术状况长期不变；二是收入来源的偏好和动机状况长期不变；三是人力资源稀缺（西奥多威廉舒尔茨，1999）。

现代农业是相对于传统农业而言的，是在现代工业和现代科学技术基础上发展起来的农业，它是广泛应用现代科学技术、现代工业提供的生产资料和科学管理方法进行的社会化农业。在按农业生产力性质和水平划分的农业发展史上，现代农业属于农业的最新阶段，是从“广泛应用现代科学技术、普遍使用现代生产工具、全面实行现代经营管理为本质特征和主要标志的发达农业”。根据现代农业的范围和内容，可以把现代农业分为产前领域、产中领域和产后领域。这三个领域涉及多个学科，关系全国的农业科技发展方向、原则，也与全国农业发展的重点领域、关键技术及主要措施息息相关。产前领域，是指农业机械、化肥、农药、水利、地膜等；产中领域就是传统意义上的农林牧渔业；产后领域是农产品产后的加工、运输、营销及进出口贸易技术等。这表明，现代农业不再局限于传统的种植业、养殖业等农业部门，而是涵盖产前、产中、产后各环节，成为与农业相关的各个链条日益完善的大农业，是一二三产业融合发展的农业产业集群，是三大产业的融合体，是一种混合产业。随着现代技术的发展，大数据、物联网、云计算等技术广泛应用于农业领域，现代农业产业链条后移，一二三产业融合发展成为现代农业的主要发展方向。除了农业生产资料生产、食品加工等第二产业蓬勃发展外，现代农业越来越多地朝着休闲、文化传承、观赏、生态保护等多功能农业方向发展，以满足人们物质和精神的双重需求。

2.2.2 现代农业的特征

2020年中国国内生产总值（GDP）突破百万亿元大关，较1952年增长近1500倍，连续11年为世界第二大经济体。以不变价计算，2000—2011年中国GDP年均增速超过8%，连续12年对全球经济增长贡献超两成。2013—

2021年中国GDP年均增长6.6%，尤其是在2020年，面对全球蔓延的新冠疫情，中国GDP同比增长3.3%，是世界上唯一实现经济正增长的主要经济体。2021年，中国国内生产总值再现8%以上增速，达8.1%，通过了国际环境和国内疫情散发等多重考验。在此过程中，伴随着供给侧结构性改革，经济发展要求高质量、高效益、结构平衡，中国经济结构持续优化。作为国民经济的基础产业和第一产业，农业也是如此，农业结构不断优化，现代农业的特征愈发明显。21世纪是农业4.0的时代，农业生产将更多应用智能互联、物联网、大数据、电子商务等互联网技术。适应经济新常态，制定正确的现代农业发展目标，设立一套反映农业发展质量、优化农业结构、提高农业综合效益的标准，是新时代现代农业发展的题中应有之意，传统农业转向现代农业的根本途径就是“转变农业发展方式”。

融合发展为农业现代化经营提供了一种极大的可能性，成为“转变农业发展方式”的生力军。同类农产品的经营者联合起来组建合作社，统一播种、连片耕作、统一收割，可以充分发挥机械效益，提高农业的专业化水平（这是现代生产方式的根本特征之一）；统一供种、统一施肥，既降低价格又保证质量；地块集中、统一测土配方，可以进行科学种植、科技推广；统一储存、统一排灌，可以大大促进现代农业基础设施建设。

（1）农业生产标准化，实现粮食安全生产。农业标准化是指以农业为对象的标准化活动，具体来说，是指为了实现各方面的利益，统一协调技术、经济、科学、管理等，制定统一的标准来实现标准化的活动。其宗旨是将理论与实践结合起来，将“逻辑严谨、通俗易懂、文字简明、易于操作”的农业标准化理念深植于农户心中，在农业生产中推广应用，既能提高农产品的质量，又能满足消费者的期望，促进农业经济效益的提高。作为农民自己的组织，合作社能够提高农民的组织化水平，在农业生产上统一标准，比如农业生产的设备、技术、工艺等的标准化和统一化（闵莎，2014），生产要素优化整合，实现粮食安全生产。

（2）农业发展绿色化，实现农业与自然和谐发展。近年来，我国农业连年丰收，产量不断提高，2020年10月，党的十九届五中全会公报指出，“十三五”时期，中国脱贫攻坚成果举世瞩目，5575万农村贫困人口实现脱贫；粮食年产量连续五年稳定在13000亿斤以上，农产品供给摆脱了长期短缺的困境，我国迈入了农业高质量发展的新阶段。推进农业高质量发展，迫切需要适应消费升级趋势，打造高效生态农业，推动农业转型升级，更加注重生态环保标准，满足人民美好生活需要。提供天然、优质、安全的绿色农产品是新时代的必然要求，也是我国实现碳达峰碳中和目标的迫切需要，农业与自然和谐发展的市场空间正持续扩展。

（3）农业发展产业化，实现一二三产业平衡发展。随着农业功能的扩展，现代农业的内涵和外延大大拓展。从内涵看，农业的范围越来越广泛，是一个“大农业”，既包括传统的种植业、养殖业，也包括以农产品为基础的加工业。近年来，农业内涵进一步延伸至第三产业，农业服务业逐渐成为农业领域的新名词、热名词。从农业功能看，现代农业功能大大拓展，以一产为切入点实现一三产业融合发展，一二三产业融合发展的新业态、新模式不断涌现，假日农业、生态农业、观光农业、旅游农业遍地开花，农业功能转向休闲、观赏和美化，围绕农业生产的产业群体已经形成。

（4）农业发展智慧化，实现四化协调发展。伴随着新技术的加速涌现，互联网、物联网、大数据、云平台、人工智能等技术运用到农业生产各环节，构建了“三农”大数据体系，数字农业、智慧农业应运而生。2021 年的中央一号文件提出，要发展智慧农业，建立农业农村大数据体系，推动新一代信息技术与农业生产经营深度融合。智慧农业提高了土地、劳动、资本等各项生产要素资源的配置与利用效率，为我国推动乡村振兴、迈入农业强国提供了发展机遇。

发展智慧农业，是中央有关政策的要求，更是转变农业发展方式的现实需要，要加大财政扶持力度，加强农村数字基础设施建设，提升农村网络设施水平和服务供给水平。实施新型职业农民培育工程，创新形式发展信息化培训体系，全面提升农民信息供给、传输和获取能力，促使传统农民向“新农人”转变，为发展智慧农业、推动乡村振兴提供必要的智力支持。

2.3 相关支撑理论

2.3.1 产业链理论

作为经济领域的代表性理论，产业链理论的内涵是基于产业间的技术经济关联程度，结合时间空间布局、产业层次关联、产业间关联的内在逻辑形成的链条式的关系形态，其本质是通过建立一定的逻辑联系，使相互作用与联系的企业群、产业群形成动态的结构关系与价值属性。根据不同研究视角和客观因素的差异性，产业链理论涵盖价值链、企业链、供需链和空间链四个维度。基于产业链四个维度的相互作用，形成了产业间的对接机制，推进了产业间资源的整合与优化配置（见图2－1）。

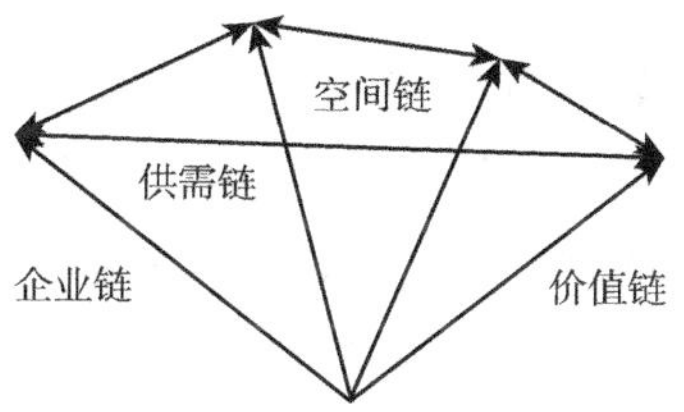

图2－1　产业链不同维度作用机制

首先，从价值链的角度研究产业链之间的内在价值逻辑。美国哈佛大学教授迈克尔·波特教授首次提出价值链的概念，他从企业内部价值关联的角度入手认为企业的活动包括主要活动和辅助性活动。主要活动涉及运营过程中的原材料输入、生产、输出、物流和服务等关键活动，辅助性活动则包括企业管理、研发、人力资源管理等。通过整合优化内部价值链活动，能够识别企业的关键优势与不足，进而加大资源整合的力度和强度。将价值链进一步应用到产业链理论中，学术界普遍认为产业价值链的应用在于探讨产业间资源的优化配置，以此为基础国内外学者对产业价值链进行了系统研究，代表性的理论之一是孙荃丽以产业价值链的发展历程为研究基础，提出产业间的纵向关联能够有效地提升参与主体的价值，进而实现整个产业链条的资源配置。

其次，从企业链的角度来看，以企业为载体，结合企业运营过程中各个不同环节的需要，加强企业间的分工与融合，为满足企业生产发展中的实际需求，建立专业化、集中程度高的产业融合模式。同时，产业企业链在整合过程中受到不同部门、企业的价值重构与创新行为影响，体现了“1＋1＞2”的增值效应，实现了企业链整合过程中的价值大于所有内部环节的生产价值之和。

再次，从供需链的角度来看，产业间的融合方式主要通过不同参与主体之间的供需结合实现产业之间的延伸、拓展，以实现价值创造。以农业为例，种植业与养殖业、渔业的关联度相对较高，种植业为养殖业、渔业提供必要的发展基础，而种植业的发展又离不开工业制造业、服务业的支持，工业制造业为农业现代化提供机械设备，服务业又为种植业发展提供融资、咨询、物流、销售服务，进而通过供需关系构建产业链，实现不同参与主体的共同价值增值。从种植业价值链角度来看，与其关联程度较高的是养殖业、渔业等产业，而从外部关联来看，农业与工业、服务业有着密切联系，从产业价值链角度进行分析，内外部相互关联可促进产业进一步增值。

最后，从空间链的角度来看，产业现代化的发展要求在全球、国家和地区三个层次上进行相互协调。从宏观环境来看，在宏观经济里，链条可以说是一环扣一环的，而且环环之间紧密相连。但是换一个角度来看，可能有不同于之前的发现。比如从区域经济视角看，在某一个经济领域，可能具有一条完整链条，也可能只有完整链条的一部分（产业部门），甚至更少，仅有链条的一两个链环。产业现代化发展已打破空间地域限制，需强化空间链的建设以避免产业链条的断开与隔离。

2.3.2 产业融合理论

产业链理论是从产业间价值创构、空间衔接、企业分工融合与供需优化四个维度通过渗透作用实现产业间资源的优化配置。产业融合强调在技术推动、结构调整过程中产业与产业之间通过纵横联合构建产业网络以优化社会资源配置，实现价值增值。随着经济全球化的渗透性扩张，产业融合逐渐从原来的技术驱动型融合演变为技术、产品与服务、市场三个层次的融合：从技术角度来看，伴随着技术的进步和经济体制的转变，产业边界效应弱化，企业打破原有产品服务的特性与市场需求，由原来的竞争关系转向竞争融合关系；从产品与服务的角度来看，产业融合能够有效地促进产品服务创新，促进新业态的出现；从市场的角度来看，产业融合促进资源的整合，使得更多的参与主体进入市场，加强市场的重构与整合。

2.3.3 多功能农业理论

农业的产业特性中所包含的诸多外在功能即为其多功能性，也就是说，农业在具备通过产销农产品来得到收入的经济功能之外，还具有生态、人文和社会等多方面功能。从古至今，从来都不乏看轻农业功能的人，他们认为经济功能是农业的唯一功能，生产粮食、供给人们饮食、抵挡饥饿、满足生命正常需要是农业最基本的功能。然而，随着时代的发展，各种先进的技术不断涌现，传统的农业生产方式逐步被取代。近年来，农业生产中引入了生物技术、信息技术等高科技生产方式，农业的新功能也在不断被开发，如休闲旅游功能、文化生态功能、观光功能、提供能源功能等。与此同时，多功能农业也逐渐兴起。多功能农业，是指基于农业多功能理论，能够将农业的多种功能和多种效益很好地展现出来的一种农业经营方式或类型。现代农业飞速发展，截止到目前，全球范围内已经有很多地区出现了多功能农业经营模式或类型，不仅有能源农业、有机农业、生态农业，还有旅游农业、文化农业、都市农业等。在这种大背景下，传统农业急需改造自身，以寻求突破。一个关键的突破口就是拓展现有农业的功能，这也是我国发展现代化农业的必经之路。俗话说“民以食为天”，建设社会主义现代化强国，现代化农业是基础。为了实现社会主义农业现代化这一伟大目标，持续解锁农业新功能是必要的一步。中部地区是农业生产的重要基地，加快推进中部地区发展多功能农业，具有重要的战略意义。多功能农业的发展在进一步强化农业基础地位的同时，能够提高政府及社会各界对现代农业的重视，从而吸引更多的发展动力、资源。这样一来，农业的生产效率能够进一步提高，经营方式也将不断发生转变，从而更好地发展农业，同时对提高农业生产现代化水平、促进中部地区现代农业发展、推动中部地区农业可持续发展具有重要意义。

2.3.4 技术创新与扩散理论

关于技术创新理论，国内外学者已经进行了多年的研究，技术创新理论最早可以追溯到20世纪初。1912年，《经济发展理论》中首次提出了技术创新一词，该书的作者是著名学者约瑟夫·熊彼特。书中提出，“创新的实质是建立一种新的生产函数，也就是生产要素和生产条件的一种新结合，并且这种结合在以前从来没有出现过，并在生产系统中体现出来”。创新理论涉及很多内容，经过各个学者不断研究、归纳和总结，一般认为创新理论的内容主要包括产品的创新、生产技术的创新、市场的创新和组织的创新等。技术的创新以及扩散，会促使具有产业关联性的各部门的众多企业形成集群。除了不可抗因素，如战争、气候等，经济波动的原因主要归结于创新的群集和增长的非周期性。农业技术的创新以及扩散，对于我国现代农业发展目标的实现具有促进作用。

农业技术的创新是指农业技术的新型科技以及新的研究成果能够在实际的农业生产活动中应用成功，还包括农业技术领域的技术发明以及技术创新的一系列过程。通过农业技术的创新与推广，实现农产品以及农业的经济增值，使农业生产的社会—经济—生态效益不断提高。农业技术的创新理论主要有舒尔茨的现代要素引入理论、速水佑茨郎和拉坦的诱导性农业技术创新理论、农业踏板原理、内源发展理论、农业技术创新扩散理论等。

(1) 现代要素引入理论。舒尔茨的观点是只有通过技术变革才有可能实现农业部门的增长，如将新技术、新品种、新动力等注入农业部门。他认为，只有引入技术革命，传统农业才有可能提高产出。引入技术革命、改造传统农业、实现现代农业发展的关键是农业部门能够引入新的生产要素。舒尔茨认为，“一种技术总是会在某些特定的生产要素中体现。因此，如果想要引进新技术，就要采用与过去不相同的生产要素”。因此，引进新的生产要素，不仅要引进化肥、种子等技术物化要素，而且要培养具有现代农业知识并且能够运用现代生产要素的新型劳动力。另外，投资于农业研究和农民教育是必不可少，这样才能有效促进农业技术的变革以及农业生产率的提高。

(2) 诱导性农业技术创新理论。速水佑茨郎和拉坦提出了促进农业发展的模型，该模型包括资源禀赋、文化状态、技术和制度等四个因素，其中核心因素是技术创新。在市场经济条件下，要素价格会发生变化，由于这种影响和诱导，农民会寻求一种能够代替稀缺的生产要素的技术。技术供给者会根据市场价格的波动对农业的需求做出相应的反应，从而引发技术变革。

(3) 农业踏板原理。这种理论认为在利润的驱动下，农民会最先去使用较为先进的农业技术，结果会引起供给曲线的右移，出现消除运用先进的农业技术而带来的超额利润的现象。当某项先进的农业新技术从最初的采用者（或采用地）向外传播，向越来越多的采用者（或地区）扩散，新技术就会得到普及应用，从而促进农业技术进步。

(4) 内源发展理论。这种理论认为，农民对技术是一个主动获取的过程。农民会通过自身的生产和生活需要，主动寻找技术并采用该项技术。政府承担的是提供服务的角色，会根据农民的需要提供相应的咨询服务。

（5）农业技术创新扩散理论。这种理论认为，创新源头和周围空间之间存在的“位势差”是农业技术扩散的原因，由此带来的“位势能”必然会促使技术创新在区域周围进行扩散。农业技术创新扩散是指把一项农业技术从最开始的采用者或地区向外传播，能够使更多的采用者以及地区采纳、应用、普及的一个过程，该过程会受到社会、自然、市场等众多因素的综合影响。

新型农业技术的发展和我国农业现代化的发展，使得农业的生产要素、生产组织、生产条件等重新匹配、整合，从而提高了农业生产效益与生产效率。通过新技术在农业上的应用与发展，缓解了目前我国在人多地少、人均资源不足、生态环境脆弱等农业生产方面的压力。在现代农业高效生态化发展的同时，始终坚持农村可持续发展，实现生态、资源、经济三者之间协调发展。与此同时，我国目前已经建立了一些优势明显、特色显著的现代农业示范区，通过示范区来推动现代农业的发展。现代农业示范区拥有农业技术创新高地，而这些高地所具有的“位势能”必然推动其技术创新向农村周边地区扩散发展，对周边地区的农民起了有效的示范带动作用。但是由于生产经营者自身条件、文化程度、科技素养、心理素质等实际情况的不同，农民对农业新技术的态度会有所不同，从而表现出创新者、模仿者、早期多数者、随大流者、落后者等不同的类型，对农业技术的扩散和再应用产生不同影响，从而导致不同地区现代农业发展程度参差不齐。

2.3.5 专业化分工理论

有关分工协作，很多学者都有所研究。柏拉图在探讨城邦起源问题时，将城邦起源和分工协作联系在一起。他认为城邦就是不同职业的人通过分工协作来互相满足生活需求的社会组织。李嘉图提出的比较优势理论认为，在不同的地区中，劳动生产率会存在差异，处于相对优势的生产力发达地区应该选择优势较大的产业，处于相对劣势的生产力落后地区选择劣势较小的产业，通过贸易之类的手段，分工协作，互惠互利，节约生产时间和生产成本。黑格尔认为通过分工可以使得每个专业操作简化。巴比奇认为，分工可以避免重复学习，提高社会的整体学习能力。马克思认为一切形式上的分工都是劳动的较高社会结合方式，是社会生产力发展的内在要求和必然结果，促进生产的专业化、社会化，可以提高社会生产力。分工越细，就越需要劳动者之间良好的协作。当协作的生产效率较高时，聪明的资本家就会普遍采取这种生产组织方式，以便利用协作的优势降低生产成本，提高劳动强度。亚当斯密在《国富论》一书中详细地论述了分工协作的理论，认为劳动分工可以促进经济增长与国民财富增长，生产分工可以提高生产效率。分工依赖于市场的大小，市场大小取决于运输条件。法约尔认为劳动分工的目的是获得更多的成果。杨小凯用超边际分析方法研究发现劳动分工导致收益递增，他认为只要有劳动分工的存在，就存在收益递增。同时，威廉姆森、科斯、张常等众多学者从市场成本及相应制度结构的视角对分工进行了进一步研究。

专业化分工理论中，专业化分工是我国现代农业经济持续发展的内源性动力。农业专业化分工越强，越有利于我国现代农业的长远发展，越能促进经济的持续增长。加强现代农业的发展，重视专业化分工对推动现代农业生产和提高劳动生产率的作用，才能变农业的弱势地位，改造传统农业。农民更加广泛地参与到市场专业化分工和专业化生产中，成为市场竞争的参与者，是促进我国现代农业发展的内生动力。这就需要把各地的比较优势充分发挥出来，通过分工来发展中部各个区域的特色农产品。另外，还要推动产业间的协作，加强农业经营的产业化，拓展农业生产的下游产业，增加农业产值与农民收入。

第 3 章

现代农业的产业融合趋势

从农业的发展过程来看，农业现代化就是从传统农业向现代农业的转化过程。目前世界上大多数国家正处于传统农业阶段，从各国情况来看，向现代农业的转化过程实际上就是用现代技术对传统农业进行改造的过程，是由传统农业向现代农业变迁的过程。对于农村一二三产业融合发展而言，环境是其生存的土壤，像一把双刃剑，具有双重作用，可能提供有利条件促进农村一二三产业融合的发展，也可能对农村一二三产业融合起制约作用。不同的历史背景，不同的政治、经济、社会、文化条件，赋予农业农村不同的发展脉络和特点。我国农村农业发展有其特殊经济社会背景，随着历史变迁，资源禀赋、经济发展阶段和经济制度的变化，我国农业、农村走出了独特的发育路径和发展趋势。产业兴旺是乡村振兴的基础，近年来，我国农村一二三产业融合发展态势良好，农产品加工业稳中向好，休闲农业和乡村旅游风生水起，农村流通服务业尤其是电子商务蓬勃发展，农民获得感不断提升。尽管如此，我们还要看到农村一二三产业融合发展的特殊性和发展困境，并在此基础上进一步分析农村一二三产业融合推进现代农业发展的必要性和可行性。

3.1 一二三产业融合发展背景

3.1.1 我国农村一二三产业融合发展的特殊性和发展困境

（1）融合度不高，难以实现产业共融。产业融合需要真正热爱农业、脚踏实地为农村献身、满腔热情为农户服务的职业农民，但是我国很多的产业融合是为了套取政府补贴或者是为了完成政府指标建立起来的，作为政府政策的催生物，部分产业化公司空壳化，缺乏真正与农业融合的动力，有些提供厂房却没有实施，有些因为近几年劳动力成本增加而暂停。各产业之间融合度不高、融合水平低，表现为农产品加工深度不足、产业链条不长。比如，在农产品加工业内部，40%的企业为面粉加工业，产品附加值不高。

（2）龙头企业有获利冲动，利润难与农户共享。在产业融合中，龙头企业往往“演变成流通环节的中间商”，不但不能为农民牟利，反而在这场农产品交易中无情地攫取了农民利益。农村一二三产业融合发展是以农业和农村经济的发展为基础的，传统意义上的低价值的第一产业向价值较高的第二产业和第三产业流动发展，形成一二三产业间的互通交叉的新形式，发展多种农业能力以及发展多种产业，如农业生产、加工、销售、观光、休闲、体验等，这是产业融合的“形”。从内在属性上看，是技术进步和产业融合的价值提升，第一产业收入的增加和第一产业从业人员收入的增加，关键还是要使农民和农村在价值链和延伸价值链中受益更多，这才是产业融合的“魂”。

（3）土地的非生态化利用，难以与现代农业实现共生。2016 年 8 月的统计数据显示，我国耕地面积维持在 20.25 亿亩，但长期以来我国农业大而不强，一直处于粗耕滥耕状态。比如，在植被保护方面，农村植被面积被开发得越来越小。经营者的不合理和破坏性的开发、游客任意践踏采摘都是造成乡村旅游地植被破坏的主要原因。由于经营者落后的经营理念和消费者的不合理需求，出现了过度猎杀野生动物的现象，损害了当地的生态环境。安静的环境、自然生态和亲身体验是乡村旅游吸引游客的关键要素。然而，一些投资者和地方政府进行了“圈地运动”，致使水土流失，间接造成交通堵塞和风沙增加，违背了乡村旅游建设者和游客的初心。

3.1.2 相关政策的影响作用

农业是唯一生产粮食的产业部门，粮食是人类的衣食之源，生存之本，也是工业等其他物质生产部门赖以生存与发展的必要条件。农业是国民经济中最基本的物质生产部门，农业生产状况决定着人类最基本的需要，反映了人类社会秩序的状况；农业生产方式决定了社会组织制度的样式。不管是发达国家还是发展中国家，都非常重视农业。作为农业大国，近年来，我国陆续出台了一系列政策扶持农业发展，这些政策都会对农民专业合作社产生直接或者间接的影响，进而影响能力供求和能力实现。

农民专业合作社是农民的组织，在农业的基础上形成，农业的发展特征必然会影响它的能力发展和能力实现，这是由农业和农民专业合作社的天然关联性决定的。在我国农业从传统农业走向现代农业的漫长历程中，农民融合组织的形式经历了“农业生产互助组—初级农业生产合作社—高级农业生产合作社—农民专业技术协会—农民专业合作社”的演变，其能力也随之不断拓展。国外也是如此。早期的美国农业合作社主要从事农产品购销活动；随着农业现代化的发展，合作社逐渐与整体农业发展的状况相适应，变成以销售和加工融合为主、专业性特别强、跨社区建立的合作社；随着20世纪农业生产成本的上升，“新一代合作社”应运而生，它大力发展农产品深加工和精加工，允许资本入股，并出现了纵向一体化、横向集中化。发展农民专业合作社有利于“国家农业宏观调控”，因为国家的很多农业政策是通过农民专业合作社贯彻的。

3.1.2.1　重点发展的农业项目

（1）生态农业。近年来，农村环境污染、资源浪费等问题日益严重。作为农业大国，我国至今没有摆脱“高能耗、高排放、高污染”的高碳农业发展模式，环境污染已成为经济快速发展的桎梏。党的十八大和十八届三中全会将生态文明建设纳入“五位一体”建设发展体系，“绿色发展、循环发展、低碳发展”将成为新常态。生态农业的发展在增加农民收入的同时，以绿色、环保、有机、循环为核心，有效解决了环境问题，“让居民望得见山、看得见水、记得住乡愁”，为休闲农业、观光农业的发展创造了条件。2016年的生态农业将成为国家重点扶持对象，以吸引更多高消费城市人口进入农村，带动农村第三产业发展。

（2）农村电商。充分利用农村电商这一片蓝海，以“互联网＋农业”驱动现代农业发展。大力推进农业电子商务发展，实现农产品和农业生产资料“农消对接”，“工业品下行和农产品上行”，缩短产销流通链，重点消除鲜活农产品电子商务的痛点，提高流通效率。

（3）休闲农业。目前农村旅游休闲市场处于不饱和状态，市场潜力巨大。要立足当地资源优势，结合当地主导产业，拉长产业链条，向农产品加工及深加工层次延伸。秉持农旅交融、以旅促农的发展思路，大力发展农业服务业，拓宽农业能力，将家庭农场、合作社与农业旅游融合发展，实现农业“接二连三”。充分拉长农业产业链条，提升农产品附加值，吸引部分高素质人才服务农业。

3.1.2.2 国家政策的补贴方式有所改变

（1）从普惠制走向带动式。原来的国家补贴政策是大撒网式的普惠制，为了鼓励更多经营主体发挥主体作用，目前需要把补贴方式转变为注重经营主体的带动式。此种补贴方式更加集中，对于扶持对象来说能够更有效地发挥作用。

（2）规模农业成为扶持重点。为推进农业耕地地力保护工作开展及现代农业发展，财政部与农业部将安徽、四川等5省的样本县市作为补贴改革试点，将农资综合补贴资金、种粮农民直接补贴、农作物良种补贴合并为农业支持保护补贴，并提供种粮大户补贴和补贴增量资金，用于支持具有一定经营规模的专业合作社。由此可见，规模农业将在一定程度上成为国家支持扶助发展的重点。

3.1.2.3 土地资源与农垦模式变革

作为人口与粮食产出大国，我国向来重视农业的发展。近年来，随着经济发展、社会分工结构变化，劳动力逐渐流向第二、第三产业，土地资源也逐步放开，民间资本开始进入农业领域。依托土地资源，国家已开始探索土地金融，试图通过金融手段，逐步解决农业规模化经营的资金瓶颈问题。2019年，国务院对农垦模式做出了重大的战略部署，基于地域、资源、交通及人文等因素，加快推进集团化、社企分开、家庭承包经营等多种形式的规模化农业发展。

3.1.3 深刻的时代背景

（1）农业规模经营要求与“小而散”的农业经营格局。新农村建设战略实施以来，农民专业合作社得到迅速发展。然而，受传统农业生产方式的限制，承包地分散、经营连贯性差等问题制约了农民专业合作社的规模化、现代化、机械化发展。1997 年第一次农业普查显示，我国户均耕地规模 0.67 公顷，仅占“小土地所有者”规模（小于 2 公顷）的 1/3。目前全国有 3.4 亿农户，经营规模在 30 亩以下的占 96%；6000 多万生猪养殖户中，年出栏 500 头以下的占 57%。由于未实现规模经营，资本边际生产力逐渐下降（见图 3－1）。

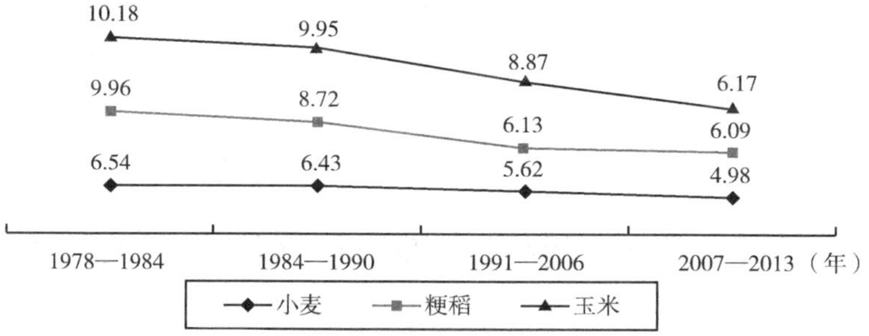

图 3－1　粮食生产资本报酬递减图

这种“小而散”的农业经营格局导致我国农产品的生产成本高、国际竞争优势不明显。统计数据显示，小麦的国内现货价比国际现货价高 1000—1200 元/吨，稻谷高 1100—1600 元/吨，玉米高 900—1200 元/吨，这意味着农产品增产越多，亏损也就越大。

（2）农村“三空”现象与农户的“兼业潮”。随着新型城镇化的深入发展和新农村建设的推进，农村人口不断向城市流入，农业生产人口不断减少，出现乡村空巢、耕地空置、农业产业空心的“三空”现象，直接表现为土地资源利用效率低、撂荒现象严重、承包地粗放经营。相关数据统计显示，我国每年抛荒的耕地有近 3000 万亩，河南、湖北等一些粮食大省，土地抛荒率高达 20%—30%（乐章，2010）。

（3）农业兼业化下的粗耕与土地承包下的滥耕。中国粮食生产 2019 年取得了“十二连增”，但粮食安全问题却愈演愈烈。工业化、城镇化的发展，致使乡村农民外出，引发农村空心、务农人口老龄化。同时，农业发展观念滞后，大部分土地经营仍以分散、小块为主，这与农业现代化、机械化的目标差距依然很大。与此同时，土地流转进程缓慢，尽管目前流转涉及的承包地和农户比例超过了1/4，但规模经营仍然滞后，与农业现代化生产方式的要求相去甚远。此外，由于承包期限短，农业基础设施和生产条件改善滞后，粗耕与滥耕普遍存在，农业还远远没有转到依靠劳动者素质和科技进步的内涵式发展道路上。

（4）农民受教育水平低，先进农业技术难以推广。中国是一个农业大国，根据最新统计数据，截至2022年底我国尚有2.3亿农户，4.9亿乡村人口①。“从受教育的程度来看，农民兄弟是受教育程度年头最少，和发达国家进行比较，大概差十几年，现在农村地区文盲占相当的比例”（赵春江，2023中关村论坛“智能+教育”论坛），这在一定程度上影响了先进农业技术的推广应用。

3.2 农村一二三产业融合推进现代农业发展的必要性

3.2.1 宏观：一二三产业融合是农业现代化的必由之路

从农业发展现状看，我国农业生产面临着一系列问题，如部分主产区生产力较低的耕地面积增加，优质良田面积减少，农业资源空间潜力有限，农产品成本升高、价格“天花板”问题突出，质量持续下降，农业国际竞争力弱等。2019年中央一号文件首次把“围绕农业现代化”作为核心任务，打造高效生态农业，农业生产更加注重生态环保标准，天然、优质、安全的绿色农产品市场空间正持续扩展。产业融合是农村经济发展的重要途径，可以健全农业产业链、价值链的整合协调机制（姜长云，2015）。

3.2.2 中观：一二三产业融合是农业生产方式转型发展的必然要求

在城市化进程如火如荼的今天，广大的农村依然是我国的主要社会形态，但是老弱妇孺成了农村主力，门庭冷落、杂草丛生、土地撂荒、粗放经营，

① 城乡人口数据报告，https：//www.163.com/dy/article/I4UC276905563JZX.html，2023－05－17.

严重滞后的农村经济和农业发展，成为这个喧嚣时代的一种陪衬。农业现代化道路下一步怎么走？2019 年国务院印发了《关于加快农业发展方式转变的意见》，农业现代化的核心任务仍然是转变农业发展方式，不要拼资源消耗、不要拼农资投入，注重生态环境保护，尽快从粗放经营转到集约经营上来，提高农业生产的质量和效益。2019 年党的十八届五中全会进一步强调“十三五”时期农业现代化的根本途径就是“农业发展方式转变”，核心是发展形式多样的农业规模经营，关键是构建现代农业经营体系、生产体系和产业体系，着力改变农业的“经营方式、生产方式、资源利用方式和管理方式”，以此推动农业向资源产出高、环境污染轻、经济效益好的现代化道路转型。

3.2.3 微观：一二三产业融合是提高农民收入的必然选择

受农业生产成本抬升、农产品价格“天花板”的双重挤压，农民收入增长面临严峻挑战（刘明国，2015）。在农业价值链中，与第二产业和第三产业相比，第一产业的劳动生产率低，经营风险大，随着时间的推移和经济社会的发展，其经济增长幅度和增长绝对数更是远远落后于第二、第三产业，产业间收入差距明显。一二三产业融合的灵魂是要让“农民分享二三产业中的红利和利润”，将乡村旅游培育成为支柱产业，惠及广大农民，引领带动乡村“美丽资源”向“美丽经济”转化。统计资料显示，2019 年乡村休闲旅游营业收入达 8500 亿元，直接带动吸纳就业人口 1200 万，带动受益农户 800 多万，成为“绿水青山就是金山银山”的重要实现途径和生动写照。

伴随社会主要矛盾的转化，满足消费者多样化需求成为新的利润增长点。目前，中国特色社会主义进入新时代，“我国社会主要矛盾已经转化为人民日益增长的美好生活需要和不平衡不充分的发展之间的矛盾”，人民美好生活需要日益广泛，城乡居民对农产品的消费需求呈现个性化、优质化、多样化的趋势，各地都在探索“农、文、旅”融合发展之路。一方面，农业产品质量要求提高，城乡居民的消费需求从“吃得饱”向“吃得好”转变。另一方面，农产品的功能性消费日益增长，从食品功能日益向亲近自然、休闲观光、农耕文化等时尚消费功能转变，以休闲旅游、亲子活动、农业体验为重要内容的城乡居民时尚消费需求迅速增长，休闲农业成为城市居民休闲、旅游和居住的重要选择，成为乡村产业的新亮点。这就要求积极拓展农业功能，积极促进产业生态性融合，生产农业生态文化产品。数据显示，2018 年全国休闲农业和乡村旅游接待游客超 30 亿人次，比 2016 年增加 9 亿人次。2019 年乡村休闲旅游接待游客约 32 亿人次，比 2018 年增加 2 亿人次。

3.3　农村一二三产业融合推进现代农业发展的可行性

3.3.1　一二三产业融合增加了农民收入

全面建设小康社会的重点和难点在农村。长期以来，我国实行城乡分割的二元经济结构，阻断了城乡之间的要素流动，两者在封闭、隔离的两个系统内发展，城市对乡村的扩散效应和乡村对城市的回流效应被阻碍，最终造成城乡差距、地区差距、工农差距越来越大，城乡两极分化的趋势日益明显，农村经济社会发展明显滞后，严重影响了我国现代化建设全局。推进农村产业融合发展，农民真正成为农村产业融合的获利者。一二三产业融合使农业生产者摆脱了传统农产品生产的模式，在种植和生产农产品等第一产业之外，农村产业融合为农村引入了加工、销售、服务等第二、第三产业环节，不但为农村创造了更多的就业机会，而且将增值比较大的第二、第三产业的收益留在了农村，拓宽了农民增加收入的渠道。除此之外，农村产业融合发展还大大刺激了农村土地市场、金融市场、住房市场的发展。2020 年我国如期打赢脱贫攻坚战，绝对贫困问题历史性地得到解决，全国人民步入小康社会，为我国农业产业融合发展打下了现实基础，农村一二三产业融合发展成为推进乡村振兴、实现共同富裕的新动力和新引擎，越来越多的农业技术专家、大学生、务工人员返乡务农，点燃了现代农业蓬勃发展的星星之火。

3.3.2　一二三产业融合推进形成农业新业态新模式

推进农村产业融合发展，打破传统农业发展的体制机制障碍，促进自然资源、生产要素、市场需求以及科学技术的整合与重组，充分挖掘农业及其相关产业的发展潜力，催生休闲农业、智慧农业、旅游农业、创意农业等新业态在农村遍地开花，创造出了特色农产品个性化定制、农产品地产地销、农产品配送、电子商务等新型商业模式。随着一批批新业态、新模式的涌现，农产品消费结构进一步升级，农村产业融合的发展模式和利益联结机制不断创新。这些符合当前市场运行机制的新业态、新模式，不但满足消费者对于安全、环保、丰富的高品质农产品的需求，而且创造出了新的社会需求，促进农业发展由生产导向型向消费导向型转变。

3.3.3　一二三产业融合促进农业转型升级

农村产业融合发展推进要素与技术融合创新，充分开发利用农村土地、农业劳动力以及资本等资源要素，提高了农业相关产业的资源利用率、劳动力生产率以及土地使用率，实现既发展农业又节约资源、保护环境的发展目标。另外，农村产业融合将新兴科学技术应用到农业及其相关产业，可以促进互联网、生物技术、物联网等新兴科技与农村资金、劳动力、土地等资源要素相互渗透，有助于中国农业产业结构调整，推进农业及其相关产业的技术创新和产品创新。同时，将现代新科技应用到农业生产、加工、销售等各个环节，发挥了服务业对农业发展方式转变的引领作用，延长了农业产业链的价值链，推动农业价值链不断升级，在农村地区催生出医疗农业、生物农业、休闲农业、“互联网+”农业、智慧农业等农业新业态，提高了农业附加值，形成了独特的竞争优势。

3.3.4　一二三产业融合实现农业农村可持续发展

党的十九大报告首次提出实施乡村振兴战略。2018年、2019年中央一号文件进一步强调产业兴旺是乡村振兴战略的重点，要发展壮大乡村产业，促进一二三产业融合，加快构建农村产业融合发展体系。响应全面现代化的要求，推进农村一二三产业融合发展，是转变农业发展方式的现实选择，是实施乡村振兴战略的重要抓手（张晓山，2019）。乡村振兴战略的制定，为“三农”问题的解决提供了科学的指导思想。一二三产业融合，以工促农、以城带乡是促进城乡经济社会统筹发展的具体方针和举措，党的十九大报告将乡村振兴总要求明确为“产业兴旺、生态宜居、乡风文明、治理有效、生活富裕”。“产业兴旺”是实施乡村振兴战略的首要任务和工作重点，更是乡村振兴的基础和保障（孔祥智，2018；韩立达和史敦友，2018；廖永松，2018）。2018年中央一号文件针对产业兴旺指出，“必须坚持质量兴农、绿色兴农，以农业供给侧结构性改革为主线，加快构建现代农业产业体系、生产体系、经营体系，提高农业创新力、竞争力和全要素生产率，加快实现由农业大国向农业强国转变。”农业部原部长韩长斌（2017）在解读产业兴旺时指出，“紧紧围绕产业兴旺下功夫，做大做强高效绿色种养业、农产品加工流通业、休闲农业和乡村旅游业、乡村服务业、乡土特色产业，培育农业农村发展新动能”（张晴丹，2018）。

无论产生何种新业态、新模式，农村产业发展都必须走可持续发展的道路，要以绿色农业发展为前提，通过农村产业融合发展，减少农业生产对水资源、大气和土地的污染，降低对自然资源的过度消耗，在农村经济和农村产业不断发展的过程中，贯彻落实创新、协调、绿色、开放、共享的新发展理念，不断延长产业链、价值链，持续吸引城市工商业资本和生产要素投入农业生产，持续吸引先进资源要素和科学技术进入农业及其相关产业，持续吸引政府和金融机构提供政策和资金等方面的扶持与优待，进一步完善农村基础设施、特色风景区和生态文明建设，进一步优化相关配套公共服务体系，促进农民增收、农业增效和农村繁荣，建设美丽乡村。

第4章

一二三产业融合推进现代农业发展的机理

现代农业是以现代科技为支撑的融合型“大农业”，是一个复杂、综合性的系统工程。现代农业产业体系是具有内在关联性的不同产业组成的一个产业系统。以产业融合推进现代农业建设，必须以系统论的方法从不同产业之间技术、功能、产品、市场融合的角度扩展现代农业的内涵和外延，构筑起融合型的现代“大农业”产业系统。本章论述现代农业的概念、性质及其内在发展机理，将产业融合理论扩展至现代农业发展领域，从现代农业的产业结构优化升级、现代农业功能拓展、现代农业生产经营体系构建等三个方面分析了产业融合推进现代农业建设的机理，对后面探讨以产业融合推进我国现代农业发展的理论和实践奠定了重要的理论基础。

4.1 现代农业具有高度的产业融合性质

4.1.1 现代农业是以现代科技为支撑的融合型“大农业”

农业发展史可以划分为原始农业、传统农业和现代农业，这是国内外学者比较一致的“三分法”（见表4-1）。原始农业出现在新石器时代，在这一时期只有简陋粗糙的生产工具，且没有可以提高土壤肥力的耕作技术，只能依赖长期休耕的方法去自然恢复地力，刀耕火种和轮垦种植是当时耕作制度的特征。传统农业是农业发展的第二个阶段，人类使用的生产工具有了进步，冶铁术的出现大大提高了生产力，耕犁代替了畜力，极大地提高了生产效率，也改变了在原始农业阶段只靠自然力去恢复地力的状况，对自然的利用和改造的能力有了提高。利用人工施肥的办法提高土壤肥力，通过选择农作物来改善农作物，选择优良牲畜品种来提高牲畜劳作效率，还建立了套种、间作等复种制度。现代农业是农业发展的第三个阶段，也是农业发展史上的最新阶段。现代农业与传统农业相对应，这种新的农业形态的本质特征是农业现代化，体现在普遍使用现代生产工具、现代科学技术、现代经营管理等方面。现代农业的实质，是“以现代科学技术及其应用水平、现代工业技术及其装备水平、现代管理技术及其管理水平、现代农产品加工技术及其加工水平、现代农产品流通技术及其营销水平为基础的，产供销相结合，贸工农一体化的高效率与高效益的新型农业”（刘志澄，2003）。

表 4－1　　农业“三分法”一览表

主要特征	农业发展阶段		
	原始农业	传统农业	现代农业
技术	依靠长期休耕自然恢复地力	冶铁术；有机肥；改良技术	现代科学技术、全面现代经营管理
生产工具	简陋粗糙，石器，畜力	耕犁；人工施用有机肥	现代生产工具
耕作制度	刀耕火种和轮垦种植	间作、套种等复种制度	高效率、高效益

目前世界上大多数国家正处于传统农业阶段，从各国情况来看，发展农业的过程实际上就是用现代技术改造传统农业，由传统农业向现代农业转变的过程。因此，现代农业具有划时代性，代表着当下社会发展阶段中农业的最新形态和最先进的内涵（见表 4－2）。综合来看，现代农业至少包含 3 种属性：一是动态性。石元春（2007）、张晓山（2007）等认为，“现代农业”没有明确的时间阶段，是描述当下阶段最先进的农业发展状态，是一种相对和动态的概念。二是高效性。刘振邦（2006）、柯炳生、孔祥智及李圣军（2012）认为，现代农业是利用现代化的生产要素，通过相对较低的劳动成本追求高产出和高水平的劳动生产率的农业产业。三是复杂性。农业部软科学委员会（2005）提出，现代农业的发展需要先进科技技术、先进管理水平和先进生产手段，与市场经济环境和农业生态资源有关。21 世纪是农业 4.0 的时代，农业生产将更多地应用生物工程技术、互联网和物联网技术，打造拥有强大种子基因库的现代种业，打造具有生态环保、节水节能、休闲观光等功能的绿色农业，打造以高效机械设施为核心的精准化、工厂化、数字化

农业。

表4-2　　现代农业内涵演变

时间段	现代农业内涵演变
20世纪50—60年代	机械化、化肥化、水利化和电气化的农业
20世纪70—80年代	科学化、技术化、生产力现代化
21世纪初	高产、优质、高效、生态、安全
农业4.0时代	智慧化、生态化、规模化、精准化

可以说现代农业是以现代科技为支撑的融合型“大农业”，是包含现代技术支撑、现代发展理念和现代产业体系的综合性、多功能的可持续发展的农业范式（见表4-3），传统的一二三产业界限越来越模糊。在数智经济时代，现代农业是数字化、智慧化、生态化、精准化的多功能的融合农业。当前各类高新技术和数字经济发展突飞猛进，在一二三产业持续推广。习近平总书记强调要加速打造数字中国，践行国家大数据战略，建设以数据为核心要素的数字经济。《中国“互联网+”指数报告（2018）》指出，在2018年，我国数字经济体总量达到了31万亿元人民币，占比超过我国当年GDP总量的1/3。在此形势下，要不断拓展先进技术，如人工智能、移动互联网、大数据、遥感科技、云计算、区块链等，通过这些新技术来促进现代农业发展，推动我国数字经济与实体经济的深度融合，推动我国经济高质量可持续发展。

表4-3　　现代农业的特点

现代农业特点	具体表现
技术密集型产业	现代科学技术领域最新发展成果；高度的综合性和交叉性；广泛应用新科技；效益型
内涵和外延更为丰富	产前、产中、产后紧密相联
多功能、多层次的现代农业产业体系	农业多功能性日益突出；农业功能多元化；产业空间扩展化
以市场为导向，实现了产业化组织	分散的农户经济向合作化、产业化方向转化；农户通过合作组织，广泛地参与到专业化生产和社会化分工中

总之，现代农业已经大大突破了初级产品生产的“第一次产业”属

性，表现出融合型“大农业”的产业特征（见表4－3）。首先，技术的融合。科学技术的广泛应用，是现代农业发展的核心力量。现代科学技术对农业的多方面渗透，已使现代农业的生产方式和产品属性具有高新技术产业的相关特点，现代农业成为一个多部门、多学科、多层次的知识系统与工程技术系统。其次，产业环节的融合。现代农业实现了与农业整个生产流程有关的产业的一体化生产经营，农业成为融合了一二三产业的综合产业。再次，产业功能的融合。随着农业功能的扩展，现代农业日渐成为涵盖生态、能源、医药保健、休闲等多功能、多层次的现代农业体系。最后，农业生产经营方式和组织的融合。现代农业已经从传统家庭经营转向市场化、专业化、企业化经营，农业成为国民经济产业体系中平等的一员。从国内外实践看，现代农业是持续且广泛地应用现代科学技术、现代管理和现代工业装备的专业化、社会化、集约化产业，是把生产、加工和销售相结合，把产前、产后和产中相结合，把生产、生活和生态相结合的一体化的高效率与高效益的融合型“大农业”。

4.1.2 现代科技是传统农业向现代农业转变的内在动因

现代农业科技的进步提高了区域内农村产业融合发展水平，并且通过空间溢出效应促进了邻近地区农业融合的发展。通过传统计量发现，中国农村产业融合水平的发展受益于现代农业技术的进步。通过空间计量发现，一个区域内的现代农业技术进步通过空间溢出效应有利于邻近地区农村产业融合发展，即现代农业技术进步具有一定的扩散效应。通过空间收敛模型检验发现，中国农村产业融合发展水平具有明显的绝对收敛和条件收敛。陈柳钦（2007）提出产业融合发展的前提和动力是技术的进步和创新，农村产业融合发展是依托农业的新型产业发展模式，必须通过现代农业技术的进步来实现农村产业的升级。国外学者很早就开始探讨技术进步在产业融合过程中的作用。Rosenberg（1963）提出，产业整合的源头是技术整合，是运用不同行业的知识和技术合作进行生产。Nicholas（1975）提出最具创新发展的领域必然是产业之间的交叉融合，同时指出技术融合可以改变产业的产品形态、竞争途径以及价值创造过程。Fai 和 Tunzelmann（2001）、Lei 和 David（2001）等学者也发表了对此观点的认可。Shane 和 Tamn（1997）指出，产业融合需要利用数字技术满足相关产业发展的需要，并逐渐淡化产业边界。Lind（2005）也认为，行业壁垒和产业边界不断消除和淡化，原本各自独立的产业可以关联和融合起来。Hauschildt 和 Salomo（2005）指出，技术创新是产业融合的必要条件，提倡建设生产技术服务中心，驱动不同产业间的功能融合、技术融合。Bröring 等（2010）则认为，技术创新会为不同种类产业的融合创造条件，起到驱动产业融合的作用。

在国外，对农业技术创新与产业融合发展之间关系的研究主要是农业技术进步在农业产业增长或产业一体化过程中的作用。早在 18 世纪 50 年代，Quesnay 就提出在农业生产中，农业技术发挥着至关重要的作用。Schultz（1990）提到，传统农业衰落的主要原因是技术水平低下与技术发展停滞。要使农业在经济产业中的比重提高，必须替换传统农业生产要素，这就需要不断加强农业科研力度，提高现代农业技术。日本学者 Hayami 和美国学者 Rutton（2000）根据诱致性技术进步理论提出，农业生产要素跟上时代步伐是农业发展的关键，提高农业技术是唯一途径。Lynne 和 Gary（2002）的研究结果表明，随着农业技术的不断进步，农产品的数量出现了显著增加。Cui 等（2012）认为，要推动发展现代农业，必须在农业上加强技术研究、加大资金投入、完善基础设施建设。Power 等（2012）认为，农业产业化的本质是从传统农业向现代农业不断转变的过程，而这种转变必须以农业技术进步水平的不断提高为基础。Dennis 等（2013）的研究结果表明，推动农业产业化的核心是发展现代农业技术，资金、劳动力等其他方面因素对推动农业产业化的作用非常有限。

4.1.3 一二三产业融合是传统农业向现代农业转变的条件

产业融合作为产业经济发展的新范式，为传统农业向现代农业转型提供了新视角和新路径。农业发展水平对于农业的产业融合程度存在正反馈效应。产业融合有利于农业发展水平的提高，农业发展水平的提高也是农业产业融合发展的动力。由于我国现代农业和现代制造业、现代服务业、现代高新技术产业之间的融合存在种种阻碍，目前农业产业融合水平较低，原因主要是中国独特的农业生产经营体制，长期的计划经济导致产业分割过于严重。

在市场化条件下，产业融合是产业之间分工和专业化的协同与创新，由于我国市场化水平较低，我国农业产业融合程度较低。从我国农业发展的历史进程看，农业的市场化就是将农业融入市场经济。从农业发展状况看，农业的市场化就是将农产品商业化。本书提到的农业市场化主要包括农产品和农业生产资料的市场化，以及农业生产经营产前、产中、产后全过程的商品化和社会化。从专业化和分工的角度，市场经济的发展过程就是不断完善经济制度的过程，同时减少交易费用，使参与者获取更多经济利益。产业融合的根本是产业的分工，农业与其他产业的融合就是产业专业化分工的协作，分工可以带来专业化基础上的效益增长，是农业经济整体增长的源泉。分工也是融合的条件和基础，但分工的实现是要通过交换来完成的，高度专业化的分工需要完善的市场机制和市场规模的不断扩大作为必要支撑。但农业本身的特点决定了农业的分工和专业化水平比其他产业落后，但对此影响更大的是不完善的市场体制、不成熟的市场发展。

农业产业融合是农业在一定专业化水平上内外部产业之间的协同化，是农业价值链条向其他产业延伸扩张的过程，是农业突破了工艺技术上的自然生产环节，创造和发掘更深价值的过程。农业要实现产业融合发展，需要农业生产要素的社会化，需要农业生产要素的合理有效配置，同时开拓农业生产经营空间并提升农业经济效益。只有拥有了成熟的市场经济体制，才能使农业与其他产业建立联系，形成更有价值的农业价值链条。

中国市场化进程中最早的产业就是农业，农业改革揭开了中国经济体制改革的序幕。尽管我国农业的市场化在农业和农村发展中起了重要作用，但是由于农业市场化必须立足于国民经济的市场化，而中国城乡二元经济格局和城市化发展滞后带来的严重问题也使中国农业的市场化受到很大的制约。总体而言，一方面，由于我国农业供求关系具有不稳定性，农业市场资源配置和农产品价格变动的困难处境导致中国农业市场化进程滞后和反复，农业市场化发展仍处于初级阶段，总体落后于国民经济的其他部门。另一方面，中国地域辽阔，自然条件各不相同，造成了不同地区市场经济的发展差距较大，中国农业市场化进程存在区域不平衡。在多数沿海发达地区，农业的现代化、市场化已经达到很高的水平，但在许多中西部不发达地区，由于信息传播不畅与交通不便的原因，农业仍处于不发达甚至只是自给自足的封闭状态。总之，农业产业融合发展程度低的根本原因就是农业市场化滞后。城乡二元体制造成了农业的地域限制和产业关联的分割，是农业发展中缺乏产业融合效应的制度性原因。城乡二元结构是指城市与农村在同一个国家中长期分治分管，导致两者在政治、经济、文化、生活方式等诸多方面表现出明显的城乡差异。由于我国特殊的国情和发展道路，我国经济社会发展中的二元性质明显比其他发展中国家突出，对中国农业发展和农业产业融合影响至今。为支持农业的进步与发展，在农村产业空间布局上，可以对农业种植养殖种类和活动空间做出强制规定，对农村非农产业的发展采取限制措施，在实践和理论上扩大农业发展空间。

4.2　一二三产业融合与农业结构优化升级

2020年中共中央一号文件明确提出，“发展富民乡村产业。支持各地立足资源优势打造各具特色的农业全产业链，建立健全农民分享产业链增值收益机制，形成有竞争力的产业集群，推动农村一二三产业融合发展”。要推进乡村产业振兴，从经济学意义上就必须发挥农村（农业）的正外部性，并与较高收益的二三产业有机结合起来产生倍增效应，这就要求农村产业必须把农村一二三产业融合发展作为根本途径，坚持以农业、农村为基础和依托，形成农业+林牧渔、农业+农产品深加工业、农业+加工流通业、农业（农村）+文化、农业（农村）+教育、农业（农村）+旅游、农业（农村）+康养等产业，将满足新时代社会需求作为融合的重点，通过创业创新的强大功能以及生产要素自由流动的路径等实现农村一二三产业融合发展。

4.2.1　一二三产业融合发展是农业结构优化升级的方向

（1）一二三产业融合促使规模报酬递增。从产业的发展历史来看，农业作为第一产业，是分工和专业化水平最低的产业，代表着农业社会较低的生产力水平。农业内部分工的发展滞后，导致手工业和商业成为单独的社会产业部门，并逐渐发展为现代工商业。工业以区别于农业的全新产业范式，在分工、技术进步的相互作用下，最终实现了规模报酬递增，成为较高水平生产力的代表。工业的发展和相关市场经济体系的完善，使我国经济发展整体进入工业化阶段。

农业现代化必须具有高度的产业融合度。分工与协作相辅相成，产业分工的发展是产业融合的基础，农业发展在工业快速发展的背景下产生了新的生产要素和经营理念。要实现传统农业向现代农业的转变，农业与现代工业的融合发展是必然的，工业发展推动了农业劳力从畜力转变为机械力的变革，尤其是现代化学工业的发展推动了化学技术变革，使得化肥、农药、塑料薄膜等被广泛应用于农业中。

工农业生产的迁移发展，使更多的专业化环节独立出来，如生产、研究、营销等环节和服务于生产的管理环节，最终促进了服务业的快速发展，整个社会经济的分工和专业化进一步完善，服务业的国民经济总产值贡献率和就业贡献率显著提高，成为社会经济现代化的重要部分。现代生产性服务业推动了农业和工业的发展，也加快了现代服务业与农业、工业的产业融合发展的进程。

（2）新兴产业促使农业融合。调整产业结构是现代经济增长理论的重要部分，经济增长与结构变动之间密切相关。对于产业结构变化的研究一般情况下遵循着四种理论：一是由日本学者赤松要提出的关于产业发展的“雁行形态理论”；二是以英国学者克拉克为代表的学者提出的以研究产业之间结构关系比例及其变化为宗旨的产业发展形态理论；三是以美国经济学家里昂惕夫为代表的学者提出的以研究产业之间投入和产出关系为宗旨的产业联系理论；四是由美国经济学家库茨涅兹从产业结构变化的角度提出的关于经济发展阶段性与演进规律的理论。在工业经济时代，根据以上四种理论可以得出规律，即随着经济的不断发展，产业结构的重心将由第一产业逐渐向第二、第三产业偏移。2010 年至今，我国第二产业占 GDP 的比重稳中有降，第三产业的比重逐步上升，2013 年超过第二产业，2015 年第三产业比重过半，形成了一个比较合理的产业结构（见图 4－1）。

调整产业结构是现代经济增长理论的重要部分，经济增长与产业结构的变动密切相关。20 世纪中期以来，崭新的知识经济在新技术革命的背景下飞速发展，在世界范围内，新科技革命推动产业结构发生了显而易见的变化，产业结构的重心逐渐向信息技术产业、知识产业等所谓的“第四产业”偏移，并在不同产业之间逐渐建立起了以知识为核心的新关联关系。这种新的关联关系被称作“产业结构软化”。“软化”来源于计算机领域，日本的田地龙一郎在 1981 年首次将“软化”一词用于经济领域，他认为产业软化是历史发展的潮流，并建议创立相对应的“软产业经济学”。“产业结构软化”一般指在社会生产和再生产过程中，在知识的生产、分配和使用方面，劳动力和资金的投入相对减少，脑力和科学技术的投入相对增长，信息、知识和技术密集型产业将取代劳动和资本密集型产业的主导地位。

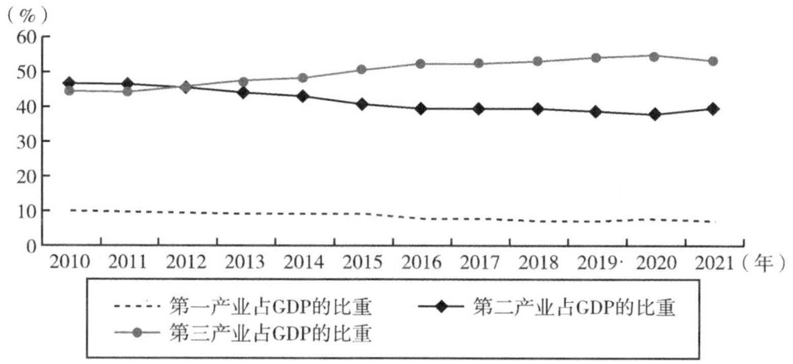

图4－1　全国三次产业占GDP比重

资料来源：《中国统计年鉴2022》。

产业结构软化至少具有两层含义：一是在产业结构不断优化的过程中，软产业比重不断增加，出现了“经济服务化趋势”。二是在整个产业升级过程中，对信息、服务、技术、知识等“软要素”的依赖程度加深。也就是说，产业结构软化基于知识与技术的发展，产业结构会随着知识与技术的变化而变化。

从产业融合的角度看，顺次的产业之间的交叉和延伸所造成的产业融合现象是显性的，比如第一与第三产业融合，第二与第三产业融合和一二三产业融合。实际上，在整个产业结构后向软化的过程中，很多方面具有产业融合的意义。在经济社会发展过程中，每一个新产业的出现，都代表着更深层次社会分工所内生的更新的技术体系和更高的社会生产力，每一个新产业对其以前的产业的后向软化，都是一种新的生产技术、新的生产要素、新的生产理念对以前的产业部门的渗透融合。产业渗透融合在这里具有明确的方向性和产业落差意义。由这种新产业对传统产业的改造提升而引发的产业结构高度化，和纯粹由新产业的兴起而引起的产业结构高度化，对经济增长具有同样重要的意义。产业结构软化过程中的产业融合如图4－2所示。

（3）一二三产业融合大幅提高我国农业生产能力和农业竞争力。在党

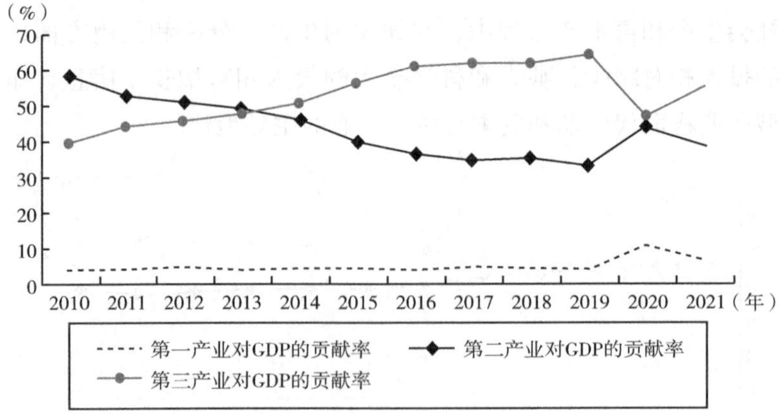

图 4-2 全国三次产业对 GDP 的贡献率

资料来源：《中国统计年鉴 2022》。

的十八大提出“四个现代化同步”的目标后，农业现代化仍然是一个短板。中国在工业化、城市化、信息技术等领域发展迅速，根据工信部公布的数据，自 2010 年以来，中国已成为世界上最大的制造国，2013 年装备制造业产值占世界总产值的 1/3 以上；2020 年，中国制造业产值为 26.6 万亿元，稳居全球第一位；2023 年一季度，我国高技术制造业投资同比增长 15.2%，预计 2025 年中国制造业产值将突破 48 万亿元。我国城镇化发展速度同样惊人，只用了 30 年，城市化水平就由 20% 上升到 54%，少于欧美发达国家的 35—70 年；信息化水平与发达国家基本相同。然而，在国内，农业劳动力的生产率远低于第二产业和第三产业。劳动生产率是农业现代化水平的一个重要判断指标，第一产业劳动生产率与第二、第三产业的差距越小，农业现代化水平就越高。2010 年第一产业的劳动生产率与第二、第三产业的比率仅为 1∶6.38 和 1∶5.03，十年来虽然劳动生产率不断提升，但是直到 2021 年差距依然显著，分别为 1∶4.27 和 1∶3.49（见图 4-3），说明我国农业现代化水平还有很大的提升空间。

在大力推进一二三产业融合发展以及“政策好、人努力、天帮忙”多重推力的作用下，我国农业连年增产，农业综合生产能力迈上新台阶。粮食种植面积、单产均稳中有增，品质和口味也普遍提升，有力保障了口粮绝对安全。棉油糖等经济作物平稳发展，果蔬茶等园艺作物面积产量“双增”，主

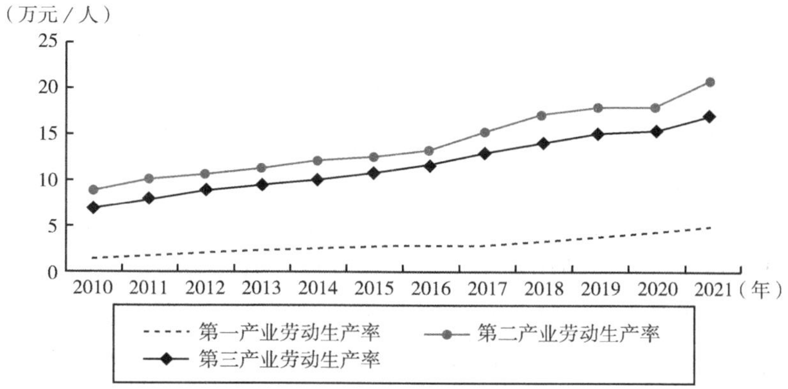

图 4－3　中国三次产业劳动生产率

资料来源：《中国统计年鉴 2022》。

要畜产品市场供应充足，总体实现稳定发展。

随着农业国际市场一体化进程的加快，中国农业面临着更加激烈的国际竞争，提高农业产业竞争力迫在眉睫。在中国，耕地、水、劳动力等农业资源分布非常不均衡；气候条件差异显著，经济社会发展条件不同，采取多元化的农业发展战略是最合适的。但从总体上看，资源型农产品在国际市场上没有比较优势的局面短期内难以改变，提升竞争力的重点应集中在技术密集型产品上。在此基础上，通过一二三产业融合发展，发挥了国内大市场优势和高吸收能力优势，实现了本地生产、本地加工、本地销售和本地消费，并实现了类似产销共同体的机制，最大限度地满足了国内加工和消费对农产品的需求。同时，改变产业边界，不仅仅是单一产品或原材料参与竞争，而是采取整个产业群、产业链的形式，对改变我国资源型产品的不利竞争地位、提高我国农业产业的整体竞争力发挥了重要作用。

（4）提高农民收入。在经济发展和产业结构高级化过程中，农业的产值和劳动力就业比重呈下降趋势，这是产业发展的一般规律。但是，农业相对比重的下降，是和农业生产率以及农业绝对产值的提高相伴随的。农业产值和农业就业比重的下降并不代表农业地位的下降，它是和农产品的需求特征相联系的。农业生产经营的稳定增长始终是产业结构升级的重要基础和保障，尤其是像中国这样的发展中的人口大国。实际上，从产业融合和结构升级的角度看，农业作为国民经济的根基产业，拥有坚固的基础地位和作为“母亲产业”的特殊性质，为后起的新兴产业提供了广阔的发展空间。关于农业在工业化进程中的地位和作用，我国著名经济学家张培刚先生在《农业与工业化》一书中做了精辟的论述：在以信息技术为代表的高新技术产业的发展过程中，与农业的渗透融合为这些产业的成长提供了新的增长点和广阔的发展空间。虽然在发达国家的国民生产总值中农业所占的份额非常小，但是与农业相关联的产业的产值比重和劳动力就业比重却非常高。以美国为例，虽然美国农业在国民生产总值中的比重不到0.84%，直接农业就业人口占全国就业人口的比重不足2%，但以农业及其社会化服务体系为主体形成的农业关联产业群却提供了国内生产总值的1/6以上、全国就业人口的18%和外汇收入的20%—30%。农业占国民经济比重的下降和与农业关联产业在国民经济中的相对重要地位，从一个侧面说明了现代农业与其他产业融合发展的程度和深度。

近年来，农民的增收势头良好，2015—2021年，城乡居民收入比例由2.73：1缩小到2.50：1。从图4－4可以看出，农村居民人均可支配收入平均增速（8.79%）连续7年快于城镇居民（7.24%）。但随着经济发展进入新常态，能让农民收入持续稳定增长也面临着不小的挑战（张红宇，2015）。

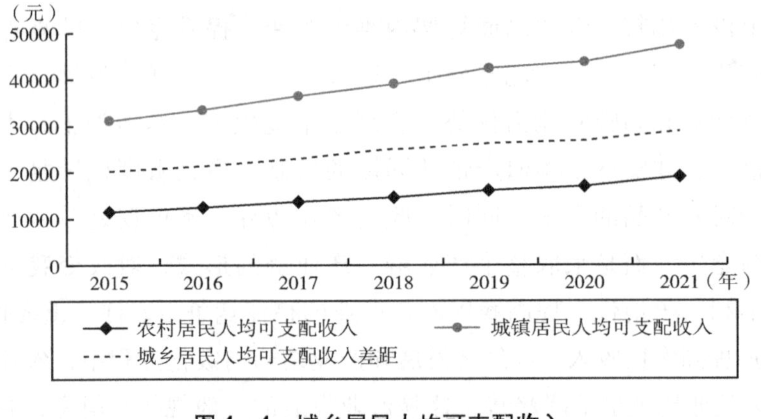

图4－4　城乡居民人均可支配收入

资料来源：《中国统计年鉴2022》。

首先，家庭经营收入面临着成本和价格的双重挤压。根据《中国农业展望报告（2023—2032）》，2022年粮食播种面积17.75亿亩，全国粮食总产量达6.87亿吨，连续8年保持在6.5亿吨以上。随着农村人口进入负增长，农业劳动力成本不断上涨，化肥、种子、农药、收割等农资成本也在不断增加，农村家庭来自农业的收入逐渐降低。

其次，工资收入的增长正在放缓。2011—2014 年，外来务工人员数量分别增长 1055 万人、983 万人、1134 万人，但是 2015—2022 年，农民工数量虽然还在上涨，但速度趋缓，年均增长 270 万人（见表 4－4）。国家统计局数据显示，全国外出的农民工数量逐年下降，2022 年约有 17190 万人，2019 年约有 17425 万人，减少了 235 万人。这表明，有一部分农民工由城返乡，就地就业。根据表 4－5，农村居民工资性收入占人均可支配收入的比重一直在 40% 以上，但增长速度低于农村居民转移净收入的增长速度。

表 4－4　农民工数量　　单位：万人

	2015 年	2016 年	2017 年	2018 年	2019 年	2020 年	2021 年	2022 年
农民工数量	27747	28171	28652	28836	29077	28560	29251	29562
增加值	352	424	481	184	241	－517	691	311

资料来源：《中国统计年鉴 2022》。

表 4－5　农村居民人均可支配收入构成　　单位：元

	2015 年	2016 年	2017 年	2018 年	2019 年	2020 年	2021 年
农村居民人均可支配收入	11421. 7	12363. 4	13432. 4	14617	16020. 7	17131. 5	18930. 9
农村居民工资性收入	4600. 3	5021. 8	5498. 4	5996. 1	6583. 5	6973. 9	7958. 1
占比	40. 28%	40. 62%	40. 93%	41. 02%	41. 09%	40. 71%	42. 04%
增速		9. 16%	9. 49%	9. 05%	9. 80%	5. 93%	14. 11%
农村居民经营净收入	4503. 6	4741. 3	5027. 8	5358. 4	5762. 2	6077. 4	6566. 2
占比	39. 43%	38. 35%	37. 43%	36. 66%	35. 97%	35. 48%	34. 69%
增速		5. 28%	6. 04%	6. 58%	7. 54%	5. 47%	8. 04%
农村居民转移净收入	2066. 3	2328. 2	2603. 2	2920. 5	3297. 8	3661. 3	3937. 2
占比	18. 09%	18. 83%	19. 38%	19. 98%	20. 58%	21. 37%	20. 80%
增速		12. 67%	11. 81%	12. 19%	12. 92%	11. 02%	7. 54%

资料来源：《中国统计年鉴 2022》。

最后，转移收入增长面临困难。2015—2021 年，农村居民转移净收入不断增长，但是国民经济特别是财政收入的增长速度已经放缓，继续以直接补贴的形式增加农民的转移收入压力很大。

想要增加农民收入，就应当充分发挥农业的作用，使其成为农民增收的重要来源，并丰富农民增收渠道。在引进新技术、新品种，加大品牌宣传推广力度，进行结构升级的基础上，促进一二三产业融合发展，拓展现代企业的内涵，使农业不仅包括农、林、渔、牧等产品，还涵盖育种和贮藏、加工、销售等，从田间到餐桌、从种子到筷子的整个产业链，也能充分发挥保护生态环境、农家旅游休闲、传播传承文化等多重功能。更多的农业就业机会和收入来源可以通过扩大边界来获得。同时，重新梳理和调整产业链各主体的利益格局，体现农民的主体地位和收入权利，促进农民增收，也是产业融合发展的意义。

4.2.2 农业结构优化促进一二三产业在更高层次融合

（1）农业结构优化必然带来农业及其关联产业的振兴。顾名思义，乡村产业就是城市（镇）产业之外的其他全部产业，因此，除了农业，农业品加工、农产品物流、农村电子商务、农旅融合等产业，也属于乡村产业兴旺的范畴。从我国乡村产业发展实践看，综合配置农业和其他现代产业要素，促进产业间深度融合发展，形成“农业 +”多业态发展态势，已成为当前乡村产业振兴的热潮。《国务院关于乡村产业发展情况的报告》的数据显示，2018 年，共建设国家现代农业产业园 62 个、国家农业科技园 32 个、农产品加工园 1600 个，创建农村产业融合示范园 148 个、农业产业强镇 254 个；全国规模以上农产品加工企业 7.9 万家，营业收入 14.9 万亿元，乡村接待游客 30 亿人次，营业收入超过 8000 亿元，农村生产性服务业营业收入超过 2000 亿元，农村网络销售额突破 1.3 万亿元，其中农产品网络销售额达 3000 亿元。相对于传统农业，目前这些农村产业在我国乡村还属于从属地位，因此，产业兴旺必须是农业及其关联产业的产业振兴，要逐步推动这些产业在农村由从属产业转变为重要产业甚至是主导产业。

（2）农业结构优化离不开一二三产业价值再分配。产业兴旺必须是以民生为本的价值再分配过程（廖永松，2018）。2018 年，全国一二三产业增加值比例为7.2：40.6：52.2，全国一二三产业就业人口比例为26.1：27.6：46.3，如果将第一产业单位就业人口产业增加值作为1，那么第二产业单位就业人口产业增加值和第三产业单位就业人口产业增加值分别为4.33和4.09。由此可知，农业劳动力产出效率还不到第二产业的1/5和第三产业的1/4。再从城乡人均收入比较看，2018年，全国城镇人均可支配收入达到39250.8元，农村人均可支配收入达到14617.0元，农村人均可支配收入是城镇人均可支配收入的1/3左右。因此，缩小城乡收入差距是乡村产业兴旺的重点内容。一方面，需要继续推进农业转移人口市民化，减少农村人口总量，使劳动力就业结构与劳动力产出结构相匹配；另一方面，发展乡村现代农业，提高农村劳动力素质，使农村劳动力符合农业现代化进程所需要的劳动力需求。总之，产业振兴应以民为本，缩小城乡收入差距。

（3）农业结构优化必须更加包容。党的十九大报告明确提出“开放带来进步，封闭必然落后”的市场判断。乡村产业兴旺更应该充分学习全球特别是欧洲、美国、日本、韩国等发达国家和地区的乡村振兴发展经验和模式，并积极参与全球市场产业分工合作。以企业为主体，以资本投资为核心，大力实施农业“走出去”战略，充分利用自贸区和“一带一路”国际合作平台等增大涉农企业对外投资与对外贸易的自由度和便捷度，对对外投资企业制定更加科学、更加完善的投资支持政策，以提升涉农企业全球市场竞争力。针对我国农村产业发展基础差及农村物质资本和人力资本缺失的现状，要大力实施“引进来”战略，重点引进全球农业龙头企业在中国投资，突出技术引进消化和吸收，以确保粮食安全为前提对涉粮投资与涉粮技术提供专项补贴；还应该预防外资投资我国农业造成垄断竞争，从而对我国农业生产安全与粮食安全造成不可逆转的后果。

4.3 一二三产业融合与现代农业功能拓展

4.3.1 农业的多功能性

农业在整个人类历史的发展中发挥着至关重要的作用，农业为人类提供食物和纤维，是人类生存和发展的根本，同时农业也是经济发展的基础，农业为工业的发展源源不断地提供着原料。但随着经济发展水平的提高，无论从世界各国经济发展水平的横向分析还是从人类经济发展史的纵向分析，农业在社会总产值中所占的比重均呈下降趋势，有人因此提出了农业在经济发展中的作用不断下降这一观点。实际上，用农业产值的比重衡量农业的重要性是不够科学和严谨的，而多功能农业的提出，改变了农业的内涵和结构，既有利于现代农业的发展，又可以让大众重新审视农业的重要地位。

农业的多功能性意味着农业部门不只是生产粮食、纤维等农产品，还应努力实现其他目标，发挥农业的多种社会功能。“多功能农业”的概念最早出现在日本的“稻米文化”中，后来也出现在《世纪议程》《罗马宣言和行动计划》等联合国文件中。农业多功能性作为一个全新的理念和发展模式被提出，客观反映出现代社会中人们对农业重要地位的重新审视和认识，也为人类社会的农业发展战略指明了新的方向。

我国是农业大国，党中央在 2018 年明确提出要健全现代农业发展体系，开发农业多种功能。此举不但有利于促进农业产出方式的增加和农业产出效率的提高，而且会改变农业的内涵属性，使农业具有生态、文化、旅游、医药等多产业的功能。尤其是生态农业、旅游农业、医药农业等多种产业融合形式，在拓展农业多功能的同时，避免了“衣食农业”的局限性，拓宽了农业的产业领域，完善了现代农业产业体系的内容。

第一，粮食安全功能。粮食的安全供应一直是农业中最基本的功能，实现粮食安全的途径主要是自产和进口。一般来说，开放农产品贸易有助于稳定全球农产品市场，但这并不保证开放贸易一定会带来粮食供给和价格的稳定，所以对于国家来说，非商品功能也应该在农业粮食安全方面展现出来，而不仅仅是保障粮食安全供应，为了确保实现国家宏观战略，还需要有基本的粮食自给水平，从而降低对国际农业市场的依赖，增强粮食安全。

第二，生态功能。农业中的各种资源与生态保护相关联，发挥了水土保持，地下水供应、生物多向性保护、防洪、防沙、气候保护、有机垃圾处理，空气净化、景观美化等生态功能。在城市交通拥堵防治中，农业发展模式的不合理也会对生态系统和可再生资源环境产生负面影响。尽量减少农业的负外部性因素，避免环境不可逆转。

第三，社会功能。农业在吸收劳动力的同时也影响着居民的生活以及生存需求。在社会发展方面，农业的发展也使得居民获得了更多的发展和工作等机会，同时丰富了居民生活，进而影响了农村人口向城市迁移，具有社会稳定功能。特别是在众多工业化、城镇化水平低的发展中国家，绝大多数贫困人口聚集在农村地区，缺乏必要的社会保障。土地同时具备农村生活保障功能以及社会保障功能，所以对于发达国家来说，农业的社会稳定功能是极其重要的。

第四，文化功能。农业作为现代文明的“母体产业”，更是人类的精神、生活、发展以及文化等方面的基础。特别是在繁忙而竞争激烈的城市生活中，农业文明的文化记忆已成为现代人强烈的精神渴望和愿望。在农业发挥它的文化功能的同时，也造就了一大批具有不同地域特色的乡村文化。当代农业的文化传承和教育功能更加受到重视。

中国人口众多，人均耕地面积紧张，保障中国农业的粮食安全是目前最困难且最重要的任务之一。不但如此，全球食品市场安全稳定也受中国农业食品安全的影响。而且，我国资源严重不足，工业化进程也面临着巨大的环境压力，农业的生态保护功能的发挥有着现实意义。我国长期的二元经济结构导致产业化和城市化的偏离严重，农村剩余劳动力流动速度缓慢。在这个过程中，中国农村社会保障处于一个相对较低的水平，农业的社会安定机能得到了充分的发挥，土地是农民生存的最基本的保障。

我国农业文明经过了几千年的发展和完善，在我国占据着举足轻重的地位，对于农业文化教育的探索、中华传统文化的保护和传承具有深远的意义。

4.3.2　产业融合拓展现代农业功能的内在逻辑

生态农业是农业各子部门相互渗透、相互融合的过程，增强了农业所具有的生态保护功能。生态农业是基于系统思维建立起来的，同时运用了现代科学技术成果、现代管理手段和传统农业的有效经验，遵循了生态学原理、经济学原理和生态经济学原理。这种发展模式是为了获得更高的经济效益、生态效益和社会效益，在我国生态农业实践中具有独特性。一是时空结构型，这种模式是根据生物群落的生物学和生态学特性以及生物群落之间的互利共生关系，形成农业生态系统，从而在不同的生物群，建立多时间序列、多层次空间的三维空间结构；二是食物链型，是指根据农业生态系统能量和物质循环规律，建立农业生态系统，使系统各环节的产出和投入实现联动，提高能量转化率和资源利用率；三是时空食物链综合型，是综合了空间结构型和食物链型两种模式而产生的一种新模式。生态农业模式的实质是种植业、畜牧业等支柱产业的重组与整合，按照生物链系统循环的原则，不同的产业子产业间或内部重新整合，并融合到不同的生态农业模式中。与传统农业内子产业独立产出模式相比，生态农业强调农业生产的系统与融合，是以资源整合、生态优化和保持农业可持续发展为基础，改进农业生产模式。与传统畜牧业、种植业以及养殖业的相对分离相比，生态农业是一种产业融合的新形态农业，其出发点主要有提升农产品质量以及经济效益、改善自然环境、减少能源消耗，同时生态农业模式是运用生态学原理有意识地纠正现代农业负环境外部性。在产业融合的多种模式的基础上发展生态农业，对传统农业产出方式进行改进，大大扩展了农业的生态保护功能。

农业的文化功能被旅游业所丰富，休闲农业作为农业与旅游融合产生的一种新业态，作为一种满足人们休闲需求的新产业，是建立在乡村生活、自然环境、农业劳作等一系列文化资源的基础上的。休闲农业不能进行简单划分，因为不管是从其吸收劳动力创造就业岗位的角度，还是产业产值的角度，都很难把休闲农业简单区分为农业或者旅游业。农业与旅游业之间的产品、技术以及市场的融合，都为农业的产品属性增添了旅游业的服务属性，所以农业的产出不仅仅是实物产品，更多的是服务产品，这样休闲农业产出带来了更多的附加值，产出成果得到进一步的改进。农业生产的过程、方式、成果，以及乡村生活的方式、习俗、状态都变成了场景以及文化，顾客得到的是一种服务。总的来说，土地、劳动力、资本等传统生产要素与知识、技术、文化等新要素的结合，导致了农业生产目标、价值取向和市场取向的变化。世界各国的休闲农业的繁荣发展很好地证明了产业融合不仅是一种产业的创新，更是一种提高经济效益的重要途径。此外，农业与旅游业两者间的产业融合也对农业以及旅游业的发展起了积极的作用，在农业方面优化了产业结构、拓宽了农民增收途径、拓展了农业产业体系，在旅游业方面丰富了品种类型、创造了新的经济增长点、扩大了市场范围。更值得一提的是，休闲农业作为一种新兴的农业产业，其正外部性得到了充分利用。休闲农业立足于农业的文化价值，其产业化利用和开发甚至提高了传统农业产品产出。

随着农业与生物、能源、化工等技术的融合，生物质产业逐渐扩展到农业经济和环境领域。由于化石能源的枯竭，20 世纪末以来，人们开始系统地发展生物质产业，即生物质转化的全过程，从能源植物、农业废弃物等生物质原料转化为高附加值的环境友好型生物质能源、生物基材料、石油产品替代品及副产品等。我国生物质能源主要包括农业废弃物能源和生物资源。就目前来说，能源农业、能源林业、种质资源，包括现有种质资源的挖掘、保护和开发以及专用品种的培育，是能源生物资源的重要构成。中国的能源、环境以及“三农”是生物质产业所面临的主要问题。在传统农业有机废弃物的基础上，生物质原料生产体系逐渐形成，同时还形成了以生物质高温燃烧的工业生物质以及生物质气化的农村生物质两种有差异性的应用体系。

从技术角度看，化学以及生物技术等与农业不断作用、影响、升级而形成了生物质产业。从产业形态的角度看，化工产业、农业、能源业之间融合促进了生物质能产业。一方面，科技向农业的渗透、融合促进了生物质产业种质资源的发展，如甘蔗、甜高粱等高产、抗逆的能源作物，它们是通过转基因方法培育的，实现了农业生产方法的创新或发挥了原始生物种质的潜在功能，例如作为能源原料的桉树、黄连木，或者甘薯、玉米淀粉、聚乳酸塑料制品，农业所具备的产出功能也被生物质高新技术融入农业生产。另一方面，由于能源、化学、林业等产业间的融合构成了生物质产业体系，所以生物质产业体系是产业技术与产品的结合体，同时具备了产品技术以及产品的融合属性。在生物质产业体系中，农业与工业之间联系紧密，工业的初级是农业，农业也被工业所延伸。一个新的综合产业是由科技、产出和市场环境间的整合，以及农业与工业的融合而诞生的。对于农业功能的延伸，生物质产业发展是极具意义的。首先，生物质工业的技术进步大大促进了农业的经济发展。除了谷物和纤维原料，农业也在供应越来越多的常规能源和化工原料。其次，生物质工业发展可以减少人类对化石燃料的使用，从而提升生态环境质量。由于生物质产业所具有的可再生性、可循环利用性以及环境友好等特性，农业生态得到了充分保护。

4.3.3　多功能农业的主要模式

（1）休闲农业取得积极进展。近些年来，休闲农业的发展非常迅速。不同地区根据自然特征、区位优势、文化背景、生态环境、经济发展水平和消费习惯，发展了多种形式的休闲农业。截至目前，休闲农业和乡村旅游管理的主体超过 180 万家，其中有超过 150 万家的农家乐、4 万家以上的休闲农业管理主体。产业的种类繁多，以郊区、景区周边地区、山水田园区、民族地区和传统农业区为重点，在农家乐、民俗村、休闲农场的基础上，形成了多种类型、功能和特色的创新类型。随着休闲农业的健康有序发展，功能趋同、具有互补性和休闲体验的多个产业带逐渐形成。休闲农业的经营模式由分散型向集群型和集约型转变，功能定位从单一的餐饮功能转变为休闲、教育、体验等功能。空间分布由周边地区和郊区向更为适宜的区域转变。品牌建设“百花齐放”，云南罗平油菜花节，江西婺源油菜花节，浙江余姚杨梅节，内蒙古、新疆、甘肃、河北张家口等草原度假区和贵州的村寨游，上海的都市农业游和安徽的美好乡村体验游，宁夏的果林品鉴观光产业带和新疆兵团的万亩观光葡萄园等，社会影响力不断提升（宗锦耀，2014）。

（2）农业电子商务呈现燎原之势。随着新技术的发展和人们生产消费观念的转变，传统农业生产和流通受互联网的影响越来越大，农业电子商务呈现出快速发展的趋势。一是初级农产品或加工农产品通过电商进入城市流通。虽然不是商品流通的主要形式，农产品网络交易量占流通总量的比例很小，但近年来发展迅速。中国涉农企业在 2014 年就已达到 3.1 万家，农产品电子商务交易额突破 1000 亿元。一批具有鲜明特色的农产品专业平台正在兴起。阿里巴巴、京东集团等大型商业企业正在加速布局，逐渐成为农产品电子商务的主力军。2015 年，阿里巴巴建立了淘宝农业渠道，让农民享受购买生产资料“一站式”服务，并能得到农业生产的科学指导；京东集团与“农商一号”农业经营平台进行战略合作，使农民能够直接通过“农商一号”京东旗舰店购买农产品，直接享受覆盖全国的物流配送和售后服务。此外，农工网、农惠网、淘农网等专业农业电子商务平台迅速崛起，进一步拓宽了农业产品的网络营销渠道，逐渐改变了农民的观念和习惯。

4.4 一二三产业融合与现代农业生产体系构建

现代农业的发展离不开全产业链模式的打造（张军，2014）。2021 年，中央一号文件明确指出，依托乡村特色优势资源，打造农业全产业链，把产业链主体留在县城，让农民更多分享产业增值收益。加快健全现代农业全产业链标准体系，推动新型农业经营主体按照国家标准生产，培育农业龙头企业标准“领跑者”。在农村一二三产业融合发展中，以农产品加工为典型的二次产业带动一次产业的发展，再由二三产业之间的联系来拓展产业链是目前来说相对普遍的一种模式。这种产业链延伸模式是将农业作为基本点，将生产资料供应、农业生产、农产品加工和农产品销售及其相关服务行业连接起来，通过两端延伸、中间拓展使产业链得以延伸，实现产加销一条龙，农工贸一体化，提高农产品附加值，使农民能够从农业产业中获得更多收入。

4.4.1　现代农业产业体系

随着我国深化农业改革、推动农业产业融合，农产品消费不断增加。加快完善现代农业跨行业标准体系，弥补农业标准的不足，解决优质农业发展的技术问题，是现实需要。创新标准化农业体系，满足现代农业产业发展的新需求，是一个重要的战略方向。

改革开放以来，随着农业的深度发展，我国农业产业链逐渐形成。2017 年，农业部办公厅、农业部联合下发《关于推进农业产业链创新发展示范的通知》，将整个农业产业链建设作为重点示范工程；2020 年，在新冠疫情的影响下，全球经济低迷，导致产业供应链受阻。为确保产业供应链稳定，2020 年，中央一号文件提出，打造有竞争力的农业集群，构建基于资源优势的特色农业产业链。

农业产业体系的内涵是比较多样的。第一种观点认为，农业与其他相关产业组织结构和管理机制构成了农业产业体系。拿美国来说，农业产业体系的内容可以概括为农业食品产业、纤维产业、农业文化产业、农业生态产业、农业科技产业、农业装备产业、农业信息产业、农业资源产业等。第二种观点认为，现代农业产业体系是由农业中的生产、加工、销售以及服务等多部门之间连接、支持以及作用而形成的综合体。这种农业产业体系可以协调农业生产的不同阶段。第三种观点认为，农业产品不仅包括农副产品，还有基于农业的其他相关产业产品，例如休闲农业和农业机械。同时农业产业体系是依赖于现代化技术来开展经营活动的，其中心是效益、导向是市场。第四种观点这种观点认为，农业产业体系因为与生产、教育、科技以及服务等众多因素相互作用，而具备推动农村经济、改善农业地位以及提高农业竞争力等特性。现代农业的特征之一是健全的农业产业体系。综上所述，基于农业分工以及专业化差异，以产品、经营方式、生产环节、技术或者服务等方面形成的不同价值创造中心构成了农业产业体系。

4.4.2 现代农业产业体系是一二三产业纵横交织融合的有机系统

现代农业产业体系的发展包括横纵两个维度。以横向发展来说，农业产业体系中的谷物、纤维等产出逐渐延伸到生态、旅游、能源以及环保等领域，这种产业体系的延伸拓宽了农业功能。以纵向发展来说，农业中的产业链不断拉长，市场环节逐渐延伸，深加工附加值大幅度增加。这正是农业产业链的延伸带来的农业产业体系的深入发展。从广义的农业产出来说，农业产业体系内容得到了更新，具体表现为农业产业体系的横向延伸，农业中的传统经济产品向多品类、多功能的非实物产品转变。从广义的农业经营活动以及实现路径来说，农业产业体系的横向扩展是指农业产业分工在技术进步和需求升级过程中不断深化。农业产业体系的纵向深化是指农业产业分工在产品经营过程中不断深化，是围绕价值创造和实现的全过程深化纵向分工与合作整合的过程。纵向扩展是农业产业在经济价值创造过程中分工向前后扩展的过程，可以是农业某一产品或者某一农业项目农业产业体系的横向扩展和纵向深化，是农业产业整合在技术渗透和制度建设两个维度上的不同表现形式。

在特定时期，农业的生产力水平以及生产力管理两者之间互相作用，影响了农业产业体系的结构以及内容，在经济发展和农业发展的各个阶段，农业产业体系表现出了不同的内容和结构，分工和专业化发展的差异也导致了不同的结果，例如工业、畜牧业、商业等一系列新社会产业的出现。分工、专业化以及技术进步三者之间是相辅相成、互相促进的，分工和专业化的进步直接影响了技术进步的进程，技术进步又为分工和专业化奠定了发展的基础，这三者又与市场需求和市场规模相互影响、作用，使得农业产业体系的内在机制不断完善、深度广度不断拓展。作为前工业社会中的生产部门，农业只是作为种植业，保障比较简单的衣食供应，所以当时农业产业体系相对来说比较简单。这种简单的农业产业体系是与当时的生产力水平、社会经济条件、农业技术条件相匹配的。在工业革命时期，生产力水平明显提高，农业技术条件得以改进，对农业有非常大的影响。在工业革命时期，农业生产成为以土地、资本、劳动力为主要生产要素的经济效益最大化的商品化生产经营过程，此时农业发展已经处于经济发展轨道中。随着工业的快速发展，农业产值呈现下降趋势。农业通过为非农业部门提供衣食保障以及工业原料来拉动需求，为工业化积累资本。同时，农业也逐渐与工业化所创造的技术和更高需求相匹配。此时农业产业链也被拉长，单一作物种植的农业产业开始向多元化过渡，农业中应用于轻工业的初级经济作物的比重开始增大。

在后工业社会，发达国家的实践发现，单一以农作物为主的农业产值已经下降至很小的份额，所创造的就业岗位也大大减少，而农业相关产业的产值却在大大提升，所能吸纳的劳动力也相应增多。农业生产技术也随着生物、信息等技术的成熟发生了重大变革，农业生产成为社会协作过程中的重要一环。农业不仅要满足社会更高的食品要求，还要发挥为工业提供材料、加强文化教育、满足生态需求、提供旅游休闲以及帮助带动就业等多方面的经济、社会、文化功能。农业产业体系正在与现代生产力水平以及社会需求相匹配，从广度上来说，已经开始从单一的食品、纤维产业逐渐向旅游、教育、化工、能源、医药等产业延伸。从深度上来说，在农业生产经营活动的各个阶段已经形成了高度农业化、信息化的产业链条，从生产前的作物培育到生产过程中的农机、信息到生产完成后的储藏、加工以及运输，都拓展了现代化农业产业体系的深度。根据发达国家的经验，现代农业产业体系有多种类型（见表4-6）。

表4-6　　农业产业体系类型

类型	特点
农业食品产业体系	以谷物、果菜、畜产品的农业生产、加工、销售为主
农业纤维产业体系	以棉花、麻类等纤维制品的生产、加工销售为主
农业生态产业体系	以林业、水土保持、资源环境的可持续发展为主
农业科技产业体系	以先进的种苗，生物、工程、科学技术、试验示范手段支持
农业装备产业体系	以化肥、农药、农用机械为主
农业信息产业体系	以农业数据和图像处理、计算机网络、农业决策支持和信息实时处理为主
农业资源产业体系	以土地、水资源等为资本运营

这几种产业体系都是基于农业，通过不断的发展、更迭以及变化，在推动国民经济发展的同时也促进了农业内部的更新，为农业注入了活力。

第 5 章

一二三产业融合推进农业结构优化：理论与实践

鉴于农村一二三产业融合与农村产业结构的密切关系，可以说，农村一二三产业融合是指不同产业结构之间的融合，农村一二三产业融合可分为第一产业的产业内融合和一二三产业的产业间融合两大类型。第一产业的产业内融合有种植业和畜牧业融合、种植业和水产养殖业融合等，产业内融合在模式上有循环农业、生态农业、有机农业、共生农业等模式。农村一二三产业的产业间融合形成了"农业+"发展模式，如农业+加工物流业，农业+文化、教育、旅游、康养等产业。农业+信息产业则催生了数字农业等智慧型农业。产业内融合和产业间融合是农村产业新业态、新模式产生的主要路径。我国在进入新时代以后，社会主要矛盾已经由人民日益增长的物质文化需要和落后的社会生产之间的矛盾，转化为人民日益增长的美好生活需要和不平衡不充分的发展之间的矛盾，亟待通过农村产业融合发展催生新产业、新业态、新模式，既可以供给丰富多彩的新产品、新服务，以满足人民日益增长的美好生活需要，又可以通过农村新产业、新业态和新模式的发展，推动乡村产业兴旺发展，进而化解农村区域之间和城乡之间发展的不平衡不充分。

5.1 一二三产业融合推进农业结构优化机理

从整个产业链来看，农业生产处于产业链断裂或连接不稳定状态。从产前看，农业基础设施薄弱，农业科研机构基本没有，只有少量的技术员；从产中看，农户基本是生产的主体；从产后看，农产品加工、流通和销售环节主要是龙头企业或能人代表牵头。按照著名的施氏“产业微笑曲线”理论（见图5－1），农业产业链种养殖环节利润低，服务、加工销售环节利润高。处于农业产业微笑曲线最底端的正是分散的农户和大部分农民专业合作社，这种单纯停留在利润低的种植养殖环节的状态根本无法保证农业发展的可持续性。

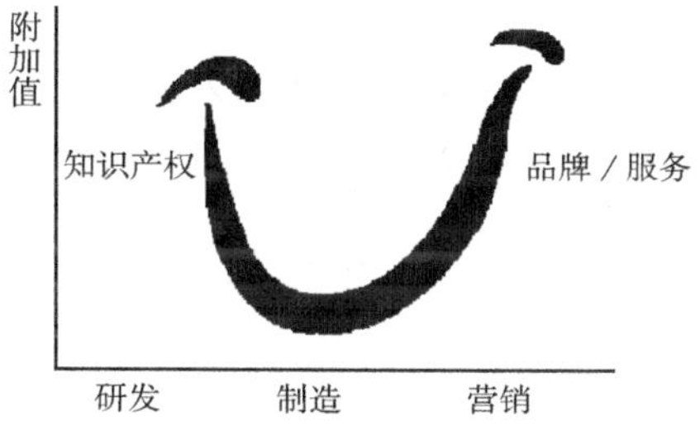

图5－1　微笑曲线图

（1）“小生产，大市场”的矛盾日益突出，农业产业链松散无力。我国的农业生产者大多是分散的农民，他们的生产基本上是被动的、盲目的。同时，家庭联产承包责任制下土地承包经营权的分散性，导致农业生产停留在了初始阶段，“小生产大市场”的矛盾日益突出，大规模的机械化农业很难实现，而且随着工业化、城市化的发展，农村大部分地区已成为空心区，农业人口老龄化，农忙季节人员短缺，出现了以农业为副业、为兼职的现象。国家统计局农民工监测调查报告显示，2012年农民工总人数为26261万人，比2011年增长了3.9%，其中外出打工的农民工达到16336万人，增长3.0%。2021年全国农民工总量29251万人，比2020年增加691万人。2012—2022年，农民工增长2990万人，而且农民工平均年龄提高。数据显示，2021年农民工平均年龄为41.7岁，近8000万人年龄在50岁以上。随着外出农民工的增加，在一些地方合作社，85%的成员年龄在60岁以上，这导致一些土地粗放经营且效率低下，甚至被农户遗弃，也影响了农民专业合作社的发展。

（2）城乡收入差距过大，农村人才匮乏，制约农业产业链的技术提升。如表5－1所示，农民的可支配收入不断提升，从2011年的7393.90元提升到2020年的17131.50元。但是从居民可支配收入的整体视角来看，城乡收入差别更加明显，10年间从14032.40元扩大到20682.61元。随着农村土地流转量的增加、土地规模效应和农业机械化程度的提高，城乡收入比逐年下降，但始终保持在2.7左右，远高于发达国家（1.5）。收入分配的结果可以用居民人均可支配收入基尼系数来表示，2003—2020年中国基尼系数始终处于较高水平，近年来一直在0.46以上，无明显缩小趋势。城乡收入差距拉大，导致人才大多留在城市，农业发展面临着相关人才缺乏的问题。高技术、高学历人才的缺乏导致创新能力的缺乏，成为农业可持续发展路上的绊脚石。

表5-1　城乡居民人均可支配收入差距表　单位：元

城乡收入情况	2011年	2012年	2013年	2014年	2015年	2016年	2017年	2018年	2019年	2020年	平均值
城镇居民人均可支配收入	21426.30	24126.70	26467.00	28843.90	31194.80	33616.20	36396.20	39250.80	42358.80	43833.80	32751.45
农村居民人均可支配收入	7393.90	8389.30	9429.60	10488.90	11421.70	12363.40	13432.40	14617.00	16020.70	17131.50	12068.84
农民收入增长率	17.88%	13.46%	12.40%	11.23%	8.89%	8.24%	8.65%	8.82%	9.60%	6.93%	10.61%
两者差值	14032.40	15737.40	17037.40	18355.00	19773.10	21252.80	22963.80	24633.80	26338.10	26702.30	20682.61
城乡收入比	2.90	2.88	2.81	2.75	2.73	2.72	2.71	2.69	2.64	2.56	2.74

资料来源：《中国统计年鉴2021》。

5.1.1　一二三产业融合催生农业新业态

（1）一二三产业融合催生农业新业态并推进产业分工的深化。分工和专业化是经济增长的源泉，现代农业产业体系是具有内在关联性的不同产业组成的一个产业系统。根据经验，采用迂回的生产方法可以不断拉长产业链条，在每个产业链条上，中间产品或服务的数量增多。伴随着技术进步和市场规模扩大，链条上中间产品或服务的生产的企业化、独立化和社会化形成了新的产业。因此，产业本身的形成，是产业分工和专业化的结果，也就是说，新的产业的出现，源自分工和专业化的力量。但是产业融合的发生，使产业之间分化对立的状况发生了变化。在产业间业务融合、技术融合、价值融合以及国家产业政策相应调整的前提下，原来相互分立的产业出现了一定程度的融合，融合的形式互不相同。但产业融合并没有对传统产业的分工路径进行否定，原本相互分立的产业在融合后衍生出新产业和新形态，正在成为产业分工的又一起点。

（2）分工与融合是辩证的统一。不同产业或同一产业内部的不同行业在相互渗透、交叉的过程中融为一体，形成新行业和新业态，这就是产业融合的过程。大数据时代，云计算、人工智能、物联网被广泛运用到了现代农业管理生产经营中，其强大的渗透力和影响力，促使产业不断分化，推动种植业、渔业、种业、畜牧业、农产品加工业和信息技术的融合与应用。从根本上动摇和摧毁了传统产业分立的基础，在产业的高度分化中推进产业的高度融合，在分化的基础上进行融合，然后催生出新的行业或增长点。接着在此基础上又进行新的产业分化，以此推动农业的发展和创新。目前需要做的就是积极发展品牌农业、科技农业、智慧农业，普及农（牧）业精准化作业，构建智慧农（牧）场。农业经济与大数据技术的结合，推动了农业农村数字经济蓝海的崛起，能够有效提升农村生产经营管理水平，加快乡村发展和农村的经济增长，促进农业发展方式的转变和乡村产业质量的提升。

5.1.2　一二三产业融合促使产业分工广化和深化

如果把分工定义为两个或两个以上的人或组织去执行原来由单个人或单个组织在不同的时空从事的不同的活动，那么就可以把融合定义为单个人或单个组织去从事原来由多个人或多个组织在不同的时空进行的不同的活动。产业融合是吸收产业间分工，促进产业整合，促使新产业的诞生，形成新的产业分工，并由产业间的分工转变为产业内的分工的过程。从理论上说，存在分工的地方，就有可能存在融合，要考察产业融合对产业分工的影响，必须区分产业融合的程度和产业融合发生的产业层级。

（1）产业的融合程度不同。一般来说，融合通常被认为是一个静态的结果，但实际上其过程可以被视为是动态的。因此，融合不仅是一个从“完全分工”到“完全融合”的发展过程，还包括从“完全分工”到“完全融合”的不同发展状态和发展程度。事实上，如今生活中出现的产业融合大多数是部分融合，并没有出现两个或多个产业之间消除原有的产业分工并完全融合的状态。在现实生活中，大部分产业融合处于部分融合的层面，“渗透”“交叉”“延伸”“融合”“重叠”“合并”“整合”等词语常常被用来描述产业融合。然而，很少有研究者对产业融合的程度进行区分。事实上，产业之间的交叉、延伸只是对产业融合程度的不同表现方式，意味着产业间的部分重叠，而渗透代表了这部分产业的主导者和未来的发展方向。在技术含量高、增长率落差较大的产业中更容易发生产业融合，这其实是高级产业对低级产业的升级。整合、兼并通常被用来描述与产业整合相关的组织变革，产业融合并不是指产业分工的绝对减少，而是代表产业分工程度的深化和产业分工高度的提升。

(2) 产业融合的层级不同。原有产业之间技术、企业、产品和市场的交叉和替代是由两个或两个以上产业整合所导致的，这改变了原有产业的分工程度和竞争合作关系，但产业整合对产业分工的影响程度和方式因产业而异。新产业和原有产业在同一产业层次上具有密切的替代关系，当新产业经过深度产业整合后部分或全部替代原有产业时，原有产业的数量会减少，分工的范围也会减小。但在产业融合后，新的产业层次、分工和专业化程度仍然是提高产业效率的驱动力。事实上，大多数情况下是不同的产业相互渗透，形成了与原有产业并存的新的产业形态，在一定程度上可以替代和补充原有产业，即新产业将促进产业分工的进一步扩大和深化。

(3) 产业融合是产业分工的新起点和新路径。产业融合是产业分工的新起点和新路径，多个产业之间的技术提升往往会形成一个共同的技术平台，即使这些产业是不相同的。随着这一共同技术逐渐发展成为具有主导力的技术，不同产业的生产方式和生产成果将是趋于同一类型的产业融合。在互联网、大数据发展突飞猛进的进程中，基于数字化技术平台融合化发展，农业的产前、产中、产后融合是一二三产业融合领域中最为突出的。由此形成的低碳农业、数字农业、电商农业、生态农业等新业态，原处于不同产业的企业，将会在技术、业务、产品相互融合的基础上，开始进行扩张、合资、兼并、并购等，从而发生深度融合。周振华认为，农业产前、产中、产后三者之间的固定边界发生变化或者变得模糊只是一种表象。重要的是，产业分立和产业整合是两个完全不同的理念。这三者之间的融合从根本上动摇并且破坏了传统产业分立的基础，否定了传统产业的分立。高新技术特别是大数据技术、智能技术和互联网技术的发展和运用，在农业中产生了新的商业形式。在此基础上，农业与其他产业融合，促使产业结构优化升级。

5.1.3　一二三产业融合促进农业产业链的延伸

现代农业产业链是一种新型产业组织方式，它是一个规模巨大、结构复杂的网状要素系统，贯通农业产前、产中和产后三大领域（见图5-2），链接产前、生产、加工、流通、消费五大环节。产业链是农业发展的本质，也是农民合作社的血肉和灵魂，优化农业产业链，推进农业结构升级，推动农民合作社经营模式创新，对于畅通农村三次产业的联系，耦合“三化”协调发展具有重要的现实意义。

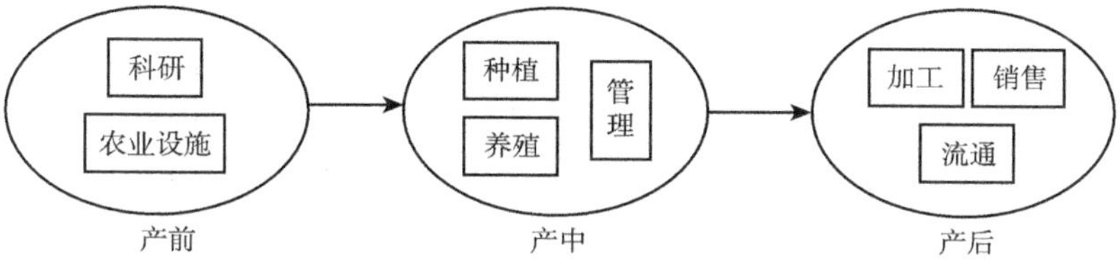

图5-2　农业产业链

通过第二产业与第三产业的衔接，以农产品加工业为代表的农业产业促进了第一产业的发展和农村一二三产业的融合。总的来说，产业链延伸的发展模式就是以农业生产为核心，将生产资料供应、农业生产、农产品加工销售以及相关服务业通过两端延伸和中间拓展的方式连接起来，延长产业链，实现产销一体化与农产品工贸一体化，增加农产品附加值，从而增加农民收入。

为了提高农产品的附加值，进而从农业产业中获得更多的利润，需要将农业与加工业融合，而不是像传统农业那样直接或经过简单的清洗包装后出售，传统方式的利润链较短。从最原始的农民自己生产和销售到专职农产品购销商统一采购，农民损失了大量的利润。随着信息渠道和物流的便利化和农产品质量的提高，现代农产品生产者为了获得更多的利润，逐渐形成了一种新的生产和销售方式。

第三产业通过资源共享和扩展，促进了第一产业与第二产业的对接，实现了一二三产业的联合发展。通过农业产业的产前、产中、产后的延伸和拓展，产业链发生了改变（见图5-3）。农业产业链融合的根本原因是农业经营主体想要从农业中获得更多利益，参与农业的生产和销售并向其他产业扩张，特别是在农业生产环节，农村合作社等农业服务组织提供农业生产资料、农业生产设备、种子等，充分利用产业化理念、先进的储运方式、先进的设备和加工工艺，充分发挥农业产业化的优势，实现农业产业化经营；在销售环节，以消费者为中心，开发出丰富多彩的农产品品种，打造自己的品牌，以新的供给开拓新的需求，充分利用网络营销平台，利用现代物流和仓储设备扩大销售空间。通过农业产业的延伸和拓展，扩大农业产业链，增加农产品的附加值，增加农民收入。

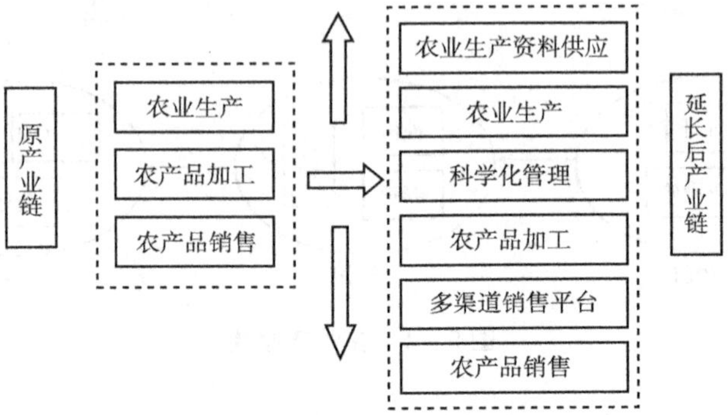

图 5－3　农业产业链延伸模式

在产业分工和经济专业化水平提高的影响下，分工呈现出一种线性的特征。产业分工的程度和进程综合形成了一个树状的分工体系，即产业分工是沿线性方向细化和深化的，并且在产业转移的过程中，产业链不断拉长，在产业的边界发生技术创新，分工和专业化形成了新产业的动力。新产业的发展依靠技术的交叉和产业之间功能的渗透，同时，也必须遵循分工和专业化的内在规律。

严格来讲，两个或两个以上产业合并形成新产业，之所以被视为新产业，是因为其技术和属性与以往并不相同。在传统工业时代，技术进步往往发生在特定领域。新发明、新工艺、新技术的出现使得产品性能提升或者更新换代，同时也存在新产品诞生的可能，从而影响整个产业的发展。前者使原有产业水平得到提升，后者则代表着一个新型产业的出现。图 5－4 展示了传统技术进步和产业创新的途径。

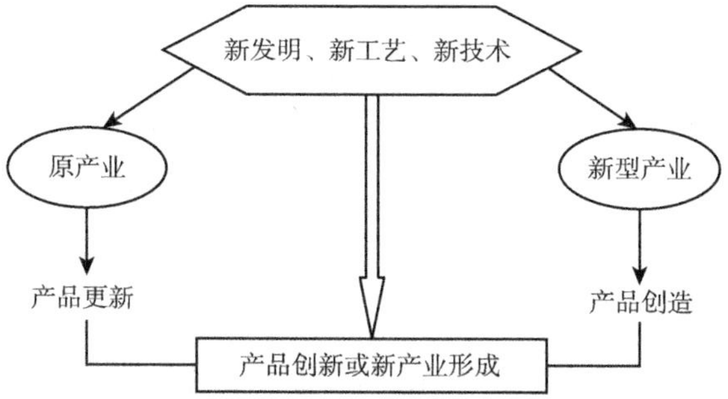

图5-4 技术进步与产业创新路径图

产业融合下的新兴产业是不同产业技术进步的具体产物，是一个跨行业融合的新兴产业（见图5-5）。从图5-5可以看出，在产业边界的交叉点最容易发生技术进步，在不同的产业间，技术的交叉进步可以形成新的产业，这种新的产业整合了原有产业的技术和功能，因此它并不属于原有的任何一种产业。严格来讲，它的形成代表着技术进步基础上的新型产业分工，并且不具有与分工相反方向运动的特征。“融合”仅仅是指基于传统分工和专业化的技术内生性，产业外的融合促进了新兴产业的技术进步，并且新兴产业并不会缩小原有产业的空间，或者取代原有产业。相反，它可以通过促进新兴产业的发展，使得原有的产业体系得到扩大。例如，工业化农业的出现是因为比较先进的工业生产技术改变了传统的农业生产方式。生态农业整合了农业内部不同的子产业，按照可持续发展的要求，通过现代综合生态技术和理念将各个产业进行链接。农业旅游业将传统农业与服务业相结合，是传统农业资源与目标导向相结合的一种新的农业产业形式和经营方式。产业间的融合形成了这种新兴产业，这种在农业内部出现的新的生产方式或产业形态，不仅能在一定程度上增加农业产业分工的深度，而且能够有效促进现代农业产业体系的扩展。这种产业整合意味着具有较高技术水平和高收入灵活性的产业能够渗透到较低技术水平和低收入灵活性的产业，即新的产业融合是未来产业发展的主导者，代表着更高的生产力和生产效率。随着生物芯片、生物制药、纳米电子学等高新技术产业的相继涌现，机电一体化技术和数控机床产业在现代制造业中的出现，产业一体化加速了新产业的诞生。

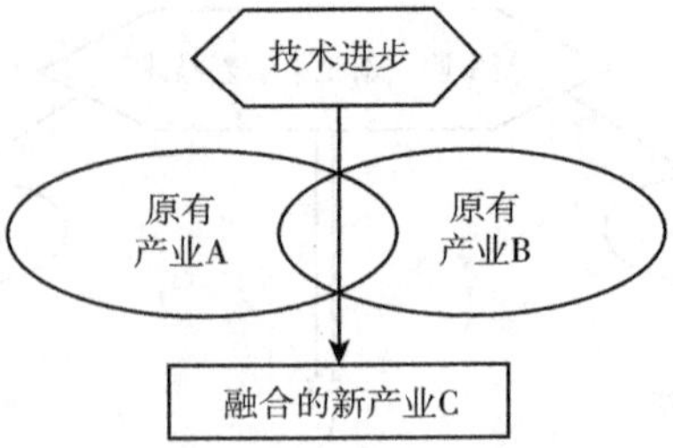

图 5－5　技术进步与新产业融合图

本书认为，农村一二三产业融合在一定程度上反映了产业融合对传统产业分工和产业分立的挑战和冲击。在更具普遍意义的产业发展背景中，产业融合对产业分立的否定带来了新的融合，这种融合又是新的产业分工的起点。

5.2　一二三产业融合推进农业结构优化实践——以河南省为例

乡村振兴战略是党的十九大提出的三大优先发展的重要战略任务之一，也是决胜全面建成小康社会、全面建设社会主义现代化强国的首要战略任务。2015 年中央一号文件明确提出应以“推进农村一二三产业融合发展”为主要手段，“延长农业产业链、提高农业附加值”，实现农村发展，增加农民收入。2016 年的中央一号文件再次提出“推进农村产业融合，促进农民收入持续较快增长”。“农村一二三产业融合发展”作为指导农业发展的全新理念，正是认识、适应、引领经济新常态的具体体现。时至今日，民众对一二三产业融合知晓度如何？我国农村一二三产业融合程度如何？民众关注一二三产业融合何种预期目标？为此，笔者设计了调查问卷，于 2019 年 7—9 月和 2020 年 7—9 月，带领一二三产业融合调查小分队，深入农户、深入田间，在内乡、淅川、邓州、许昌、周口、新郑、新乡等市县的 16 个自然村进行专项问卷调查，以了解我国农村一二三产业融合发展现状。

河南大部分位于黄河以南，故名河南。河南地处黄河中下游，在远古时期，这里河流纵横，森林茂密，野象众多，因此河南简称“豫”。河南全省土地面积为 16.7 万平方千米，大部分地处暖温带，四季分明、雨热同期，全省由南向北年平均气温为10.5—16.7℃，年均降水量405.7—1295.8毫米，降雨以6—8月最多，年均日照1285.7—2292.9小时，全年无霜期201—285天，适宜多种农作物生长，是国家粮食生产核心区，每年产粮总量占全国产粮总量的1/10，是有名的“中原粮仓”。2019年小麦产量3741.77万吨，超过全国小麦产量的四成；猪牛羊禽肉总产量553.99万吨，油料产量645.45万吨。相关统计数据显示，河南省2019年末全省总人口10952万人，常住人口9640万人，其中农村人口占46.79%，达到4511万人，居全国农村人口省份之首。近年来，河南省农业结构不断调整优化，农业产业化经营稳步发展，农业机械化全面推广，农业科技发展日新月异，农业基础设施建设步伐不断加快，农业劳动生产率日渐提升，河南农业不断发展进步并迎来新的发展机遇。本章收集了2005—2018年共14年的数据，对河南农业的发展现状进行分析研究，主要涉及以下几个方面：河南一二三产业结构、河南农业总产值、河南农业增加值、河南农业中间消耗，以及河南农业固定资产投资等。如非特殊说明，本章中“农业”泛指农林牧渔业及农林牧渔服务业的综合。

5.2.1　河南一二三产业融合现状

近年来，河南省紧紧围绕经济增长和农业结构优化的双重目标，以供给侧结构性改革为主线，促进转型升级，着眼于现代农业强省、网络经济强省、现代服务业强省，积极推进产业结构升级，三次产业进一步调整融合、协同发展，农村产业融合发展取得了显著成效，三次产业均进入了“融合态”。

5.2.1.1　纵向融合能力提升

（1）农业产业化快速发展。根据《河南农业农村发展报告（2019）》蓝皮书，截至2018年底，河南省培育农业产业化集群542个，其中省级254个，分布于全省农业领域11个产业的50多个子产业，基本覆盖全省优势农产品产业和区域性特色产业，实现年销售收入1.1万亿元。其中销售收入超百亿元的集群有8个，分别为：万邦物流（920亿元）、双汇生猪（529亿元）、郑州四季水产（380亿元）、许昌众品（244亿元）、三全速冻（170亿元）、郑州信基调味品（150亿元）、牧原生猪（144.7亿元）、伊赛肉牛（121.2亿元）。

以畜牧业为例，河南省肉牛加工初步形成了南阳科尔沁、驻马店恒都、焦作伊赛等10个肉牛产业化集群，年屠宰加工能力达92万头；乳制品业形成了郑州花花牛、商丘科迪、洛阳生生、河南三剑客、正阳君乐宝、新蔡瑞亚等10个乳制品加工集群，带动全省奶业发展，2018年乳制品产量351万吨，稳定在全国第二名的位置。

2020年11月，按照《农业产业化国家重点龙头企业认定和运行监测管理办法》（农经发〔2018〕1号）规定和《关于开展农业产业化国家重点龙头企业监测工作的通知》（农办产〔2020〕3号）要求，经有关省（区、市）遴选推荐、专家评审和全国农业产业化联席会议审定，河南省递补河南省淇花食用油有限公司、河南田中禾食品有限公司、河南富森药业有限公司等9家企业为农业产业化国家重点龙头企业。另外，2020年11月，河南夏邑车站镇、西峡县丁河镇、博爱县孝敬镇等8镇入围2020年全国乡村特色产业十亿元镇，河南省许昌市长葛市尚庄村委会、河南省鹤壁市淇滨区上峪乡桑园村等4村入围亿元村。

（2）农业和第三产业融合势头良好。休闲农业和乡村旅游是现代农业和现代旅游业的新业态，是推动农村经济发展的新动能。自2010年以来，农业部组织开展全国休闲农业和乡村旅游示范县（市、区）创建工作。截至2017年底，全国共认定388个生态环境优、产业优势大、发展势头好、示范带动能力强的示范县（市、区）。河南省积极贯彻党的十九大精神，实施乡村振兴战略，加强规划指导，科学规划促融合，强化示范带动，力促乡村旅游提升发展。河南抓住农业与二三产业融合发展的契机，打造以观光农业、休闲农业为主的功能农业模式，不仅促进了农产品高端化，而且实现了农业与第三产业充分融合，农林牧渔服务业持续稳定发展。2017年12月已有郑州市惠济区、栾川县、新县、博爱县、卢氏县等16个县（市、区）入选国家级休闲农业与乡村旅游示范县。发展休闲农业和乡村旅游对于推动农业供给侧结构性改革，培育新型农业经营主体，推进农村一二三产业融合发展，促进农业增效、农民增收、农村增绿，意义重大。从图5-6可以看出，河南省农林牧渔服务业增加值正在以稳定的增长速度逐年递增，在中部六省稳居第一，远高于中部六省平均值，直接服务于农业生产活动的服务产业日益做强，服务业融合能力快速提升。

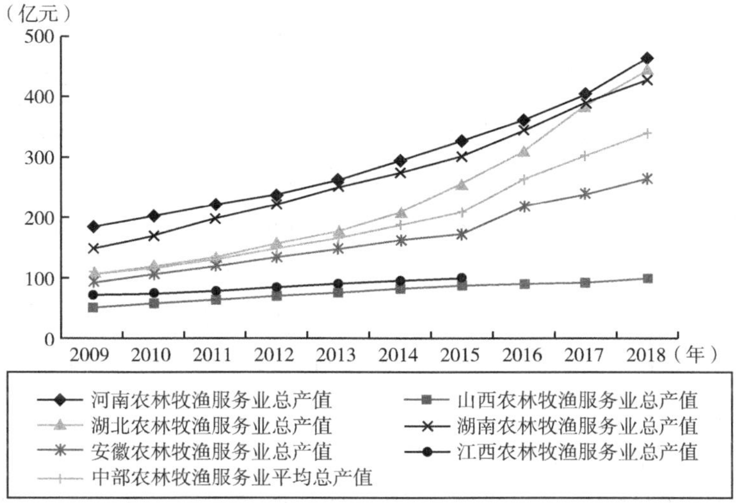

图 5-6　2009—2018 年中部六省农林牧渔服务业总产值比较

资料来源：根据中部六省历年统计年鉴整理计算。

5.2.1.2　横向融合升级明显

（1）农业由增产导向转向提质导向。近年来，河南省顺应市场经济、产业结构转换等内在规律，着力扛稳粮食安全重任，推进农业供给侧结构性改革，以“四优四化”（四优：重点发展优质小麦、优质花生、优质草畜、优质林果；四化：大力调整农业结构，统筹推进布局区域化、经营规模化、生产标准化、发展产业化）为重点，加快优势特色农业发展，实现粮食安全和现代高效农业相统一。随着“四优四化”全力推进，河南省农业转型升级加快，农村产业融合发展加速。2018 年，河南省镇平县、光山县入围由阿里研究院评出的年度电商最活跃贫困县十强名单，其中镇平县孵化的淘宝直播基地吸引 200 多家企业入驻，和田玉直播年销售额已达 5 亿元；光山县网店数量突破了 2 万家，辐射带动相关从业人员 5 万多人。河南省还涌现出西峡猕猴桃、柘城辣椒、正阳花生、方城黄金梨、鄢陵花卉、泌阳夏南牛、原阳稻米、灵宝苹果等一大批特色农产品，并借助电商实现从卖产品到卖品牌的转变。

（2）新技术逐步渗入农业领域。以云计算、大数据、物联网、5G、人工智能为代表的新一代信息技术快速发展，数据共享机制进一步健全，农业信息基础设施不断完善。临颍县是河南省内唯一一家把5G率先用在辣椒种植上的地区。临颍县三家店镇种植基地已基本形成无人化管理，只能看见一排排插入土壤的水肥传感器，每隔半小时便会将收集的土肥数据自动上传，并通过大数据分析处理做到精准种地，实现自动浇灌。2018年依托小辣椒产业发展起来的临颍“5G+智慧农业”高标准农田被农业农村部（原国家农业部）认定为“全国绿色食品原料（辣椒）标准化生产基地”，有效推动现代农业高质量发展。智慧农业可以节省化肥三成以上，节水一半以上，节省人工一半以上。截止到2020年8月，临颍县通过5G智慧数字农业种植区的建设、智能水肥药一体化灌溉等新技术的实施，使接近7000亩的标准农田亩均效益提升了15%以上。

农业遥感监测技术已经成为农业生产的一双“科技眼”，通过对农作物遥感影像数据的分析，可以客观、精准地获取农作物种植面积、分布情况、农业灾害情况等信息，并以此预估农作物产量。2018年滑县冬小麦冻害遥感监测图、2018年郸城县冬小麦赤霉病分布图等灾情监测图准确度高、及时性强，精准客观地提供了灾情监测数据，给农业决策部门充分的时间以便及时做出反应，同时为制定抗旱救灾措施提供信息支持。此外，遥感监测技术在农业保险领域中的运用，提高了农业承保和理赔精度与效率，保障农民及时获得保险定损赔偿。

5.2.1.3 与农业相关产业的融合现状分析

从生产过程看，与农业相关的产业主要包括产前、产中和产后的各种产业，产前产业有：农用薄膜、肥料制造、农业除草剂等农药的研发；产中产业有：农林牧渔服务业、机耕机插等农机社会化服务；产后产业有：农副食品加工业、食品制造业、销售等。从服务内容看，有采购服务、销售服务、信贷服务等；从与其他产业融合发展看，有能源农业、休闲农业等。

（1）农用化肥、农用薄膜和化学农药制造等与农业直接相关的行业发展情况。总体上看，2009—2018年，农用化肥、农用薄膜和化学农药的产量都是先升后降。河南农用化肥产量从2009年的554.77万吨降到2018年的401.23万吨；化学农药产量从2009年的108339吨增加到2015年的324047吨，后逐渐减少到2018年的130537吨，出现先增后降的趋势。这说明河南从2015年起，更加注重生态保护，粮食生产从注重数量转到注重质量上来。为做好农用地土壤污染防治和粮食安全有关工作，2020年5月，河南省人民政府办公厅印发了《关于做好农用地土壤污染防治和粮食安全工作的通知》，要求全省各地强化土壤污染源头管控、实施农用地土壤分类管理、加强粮食收储和加工市场监管、建立完善长效机制等，全面打好净土保卫战，加强粮食安全管理，切实消除安全隐患，促进经济社会高质量发展。农用化肥、农用薄膜和化学农药制造产量的具体增长变化情况如图5-7所示。

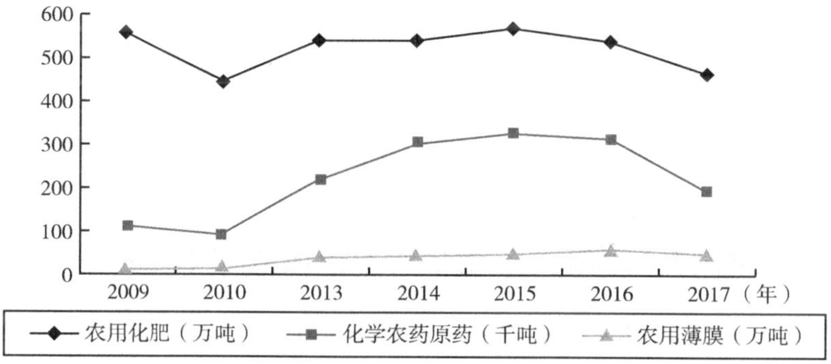

图5-7 河南化学农药、农用薄膜和农用化肥产量变化

注：自2019年起，《河南统计年鉴》不再统计农用薄膜产量，故2018年没有农用薄膜产量数据，该图统计到2017年。

资料来源：《河南统计年鉴2018》。

（2）农副食品加工业。河南省农副产品加工主要涉及饮料酒、方便面、速冻米面食品、罐头和畜肉制品，如图5-8所示，2009—2017年河南农副食品加工产量均保持着上升趋势，其中，饮料酒增势平稳，罐头增长比较迅猛，方便面、速冻米面食品的增势一致，畜肉制品先升后降。近年来，河南省通过大力推动绿色食品业转型升级，保证农产品加工大省的优势地位地不断巩固提升，2019年规模以上农产品加工业的营业收入位居全国第二位，高达1.18万亿元，农产品已经向130多个国家和地区出口，实现从“国人粮仓”到“国人厨房”再到“世人餐桌”的华丽转身。

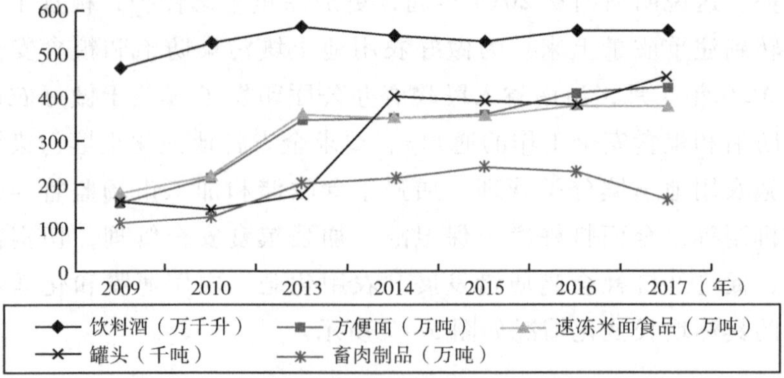

图5-8　河南主要农副食品产量变化图

注：自2019年起，《河南统计年鉴》不再统计方便面、罐头和畜肉制品产量，故2018年没有数据，该图统计到2017年。

资料来源：《河南统计年鉴2018》。

案例1　永城：打造全省乡村振兴的永城样板

永城市是全国县域经济百强县（市），也是河南省第一批践行县域治理“三起来”示范县。永城市人民政府副市长梁廷振介绍，永城作为粮食生产核心区，耕地面积206万亩，小麦播种面积180万亩，小麦产量稳定在18亿斤，居全省第二位。建成高标准农田106万亩，高效节水灌溉5.7万亩，实现了“旱能浇、涝能排”，确保了“粮食不减产”。围绕“四优四化”，实施了“3030”工程，建立富硒小麦和强筋小麦生产基地各30万亩，并选取了5个“万亩方”，实现富硒面粉源头可追溯，让富硒面粉市斤单价达到10元以上，实现了优质小麦的专种、专收、专储、专用。为了实现农民增收，永城依托“中国面粉城”优势，通过“三链同构”，延伸“产业链”，提升“价值链”，打造“供应链”，组建了华星、三顺、汇丰、远征、金源五大面粉食品集团，年加工小麦58亿斤。培育了6个万亩水产养殖基地，中粮集团百万头生猪繁育基地和林洋光伏、协鑫光伏产业基地，生猪年生产能力由37万头提高到230多万头，实现了“生猪保供应”的目标。打造了时庄村、黄桥村等一批特色文化旅游村。通过这些，带动了群众就业，增加了群众收入，为县域治理“三起来”、实施乡村振兴战略插上了腾飞的翅膀。

案例2　新安："小樱桃"撬动沟域经济"大杠杆"

沟域经济是洛阳破解丘陵山区发展难题，推动脱贫攻坚、乡村振兴，促进农业农村深度变革的一种新模式。新安县通过发展沟域经济和乡村旅游，带动农民增收致富，促进县域经济高质量发展。新安县委副书记、县长王智在答记者问中介绍，新安县作为全省首批践行县域治理"三起来"县（市），全县特色农业产业种植面积达27万亩，其中，新安樱桃被认定为国家地理标志农产品，种植面积8万余亩，规模为豫西之最，远销北上广，年收益超过10亿元，"小樱桃"撬动了沟域经济"大杠杆"。

与脱贫攻坚相结合，新安县通过沟域内流转土地、发展特色产业、务工就业、代种代养等多种形式，辐射带动贫困户2545户8709人实现稳定脱贫。与全域旅游相结合，依托县域内1家5A、3家4A、4家3A级景区，创新龙头景区带动、民俗文化融合、生态旅游康养等模式，打造休闲农庄35个、采摘园58个，年接待游客180万人次，叫响了"丝路汉关、山水新安""心安礼得"等文旅品牌。截至目前，新安县已经成功打造12个沟域生态经济示范带，覆盖24.9万人，年综合收益超过20亿元。

案例3　灵宝："苹果+"产业助推乡村振兴

灵宝苹果是灵宝实施乡村振兴战略的重要支柱产业，是国家农产品地理标志产品、全国第一批名特优新农产品。灵宝市副市长王泉钧介绍，全市苹果种植面积90万亩，年产量14亿公斤，品牌价值186.42亿元，位居全国县级第一位。

可以说，"苹果经济"为灵宝县域经济发展带来了强劲动力。在苹果生产方面，灵宝将苹果生产管理细化为99道工序，确保了灵宝苹果的品质。同时，近两年更新老果园10万余亩，引进新品种23个，品种结构得到优化。培育壮大苹果龙头企业，运用4.0苹果智能分拣线、冷链物流运输，24小时内入库冷藏，确保苹果品质。对现有的果汁、果醋、果酒等加工工艺改造提升，延长产业链，提升产品竞争力。推广"果—菌—肥—果"等循环经济模式，发展以苹果剪枝代料香菇为主的食用菌产业，目前食用菌年产量1.2亿袋、总产值15亿元，2020年灵宝获批了国家级食用菌产业集群项目（伏牛山香菇优势特色产业集群）。重点打造"灵宝金苹果"品牌，在全国开设统一标准的苹果直销、联营、加盟销售店，建设电子商务产业孵化园、冷链交易中心，积极探索产销新模式。目前，全市果品企业53家，年吸纳农村劳动力30余万人，带动果农年增收3亿元，灵宝苹果产业化集群总产值达207亿元。

(3) 高效生态农业。高效生态农业是全球农业发展的方向，围绕着农业生产、农村生活，构建生态农业体系，以实现生态化、绿色化高质量发展，可以系统解决农村生产生活过程中的生态问题。近年来，河南省的高效生态农业探索取得了丰硕的成果，已建成三批生态农业示范园，示范园不仅成为高效生态农业引领者，可以指导当地群众掌握新技术、培育新品种，推动发展高效生态农业的意识的养成，而且成为国内多家农林院校、农业技术研究所等科研单位的实验及成果转化基地，并依托园区形成的游客采摘、研学等项目，形成了农游一体化的农业发展路径。例如，信阳市光山县“稻虾共作”综合种养模式，不仅减少甚至杜绝了化肥农药的使用，更改善了土壤结构，提升了水稻品质，提高了稻田效益，实现了农业增产、农民增收、农村增绿的目标。南阳市内乡县中以高效农业科技创新示范园集现代农业技术示范推广、农业观光旅游等于一体，致力于优质生态蔬菜生产销售。牧原集团利用专业的固液分离技术处理集中进行三级沉淀的猪粪，一方面将固体粪制作成有机肥，另一方面通过厌氧反应，将液体废水发酵、稀释、储存后产生的沼液用于农田灌溉，实现了对养殖废弃物的循环、综合利用。

5.2.2 基于投入产出表的河南农业与相关产业的关联分析

中间需求率是指国民经济各产业对某产业产品的中间需求量与该产业产品的总需求量之比，中间投入率是指产业的中间投入量与总投入量之比。产业的中间需求率越高，越具有原材料产业的性质。根据产业经济学的有关理论，按照中间投入率和中间需求率的差异，以大于或小于50%为标准，把产业部门划分为四个不同的产业群，如表5-2所示。

表5－2　　产业类型划分表

	中间需求率<50%	中间需求率>50%
中间投入率>50%	最终需求型产业	中间产品型产业
中间投入率<50%	最终需求型基础产业	中间产品型基础产业

如表5－3所示，河南农业中间需求率虽然由2012年的71.58%下降为2015年的66.15%，但一直高于50%，处于比较高的水平；中间投入率相对稳定，一直处于43%左右，说明农业虽然对最终需求的依赖有所降低，能够与其他产业融合发展，农产品加工增值能力提高，能够形成系列加工产品，但本质上还是中间产品型基础产业。为进一步分析，表5－4罗列了2012年、2015年对农业的中间需求量最大的9个产业，这些产业对农业的中间需求量占中间需求总量的95.70%以上。2012年食品和烟草对农业的中间需求占51.22%左右，2015年增至53.94%；农业对自身的中间需求比重从2012年的23.82%下降至2015年的20.16%；建筑业对农业的中间需求比重基本保持不变。2012—2015年，纺织服装鞋帽皮革羽绒及其制品对农业的中间需求比重上升，成为继食品和烟草、农业、纺织品之后的第四大农业中间需求方。2015年食品和烟草、农业、纺织业、纺织服装鞋帽皮革羽绒及其制品对农业的中间需求占近90%。

表5－3　　河南农业中间需求、中间投入分析

	2012年	2015年
中间需求（万元）	54121992	73023916
中间需求率	71.58%	66.15%
中间投入率	43.56%	43.09%

资料来源：根据2012年、2015年河南省投入产出表整理。

表5－4　　河南各产业对农业的中间需求情况

排序	2015年			排序	2012年	
	产业	中间需求量（万元）	比重		中间需求量（万元）	比重
1	食品和烟草	39270508	53.94%	1	27645631	51.22%
2	农业	14675391	20.16%	2	12856264	23.82%

续表

排序	2015 年			排序	2012 年	
	产业	中间需求量（万元）	比重		中间需求量（万元）	比重
3	纺织品	8826582	12.12%	3	6114350	11.33%
4	纺织服装鞋帽皮革羽绒及其制品	2495538	3.43%	5	1494950	2.77%
5	化学产品	2321873	3.19%	6	1485239	2.75%
6	木材加工	2058162	2.83%	4	1974462	3.66%
7	建筑业	1338530	1.84%	8	926623	1.72%
8	住宿餐饮	1269526	1.74%	7	1084417	2.01%
9	造纸、印刷和文教	550330	0.76%	9	388983	0.72%
合计		72806440			53970919	

资料来源：根据2012 年、2015 年河南省投入产出表整理。

为进一步分析农业与相关产业的关联关系，将农业进行细分（见表5－5）。对种植业的中间需求大的产业主要有农副食品加工业、酒、饮料、精制茶制造业、纺织服装服饰业，对畜牧业中间需求比较大的产业有皮革、毛皮、羽毛（绒）及其制品和制鞋业、食品制造业。从表5－4 可以看出，农副食品加工业、皮革、毛皮、羽毛（绒）及其制品和制鞋业、食品制造业、酒、饮料、精制茶制造业、纺织服装服饰业对农业的中间需求都很大，达80%，但是增加值指数并不是很高，说明河南尽管农产品初级加工较多，但是精深加工少，而且农产品增值能力有限。作为小麦大省，河南有以三全、思念为代表的面食深加工企业；从畜牧业看，漯河市培育出了世界最大的肉类加工企业双汇集团等6 家农业产业化国家重点龙头企业，产量占全省的1/10；全市年加工转化粮食600 万吨，占全省的15%；年加工生猪1600 万头，占全省的23%；鲜冻猪肉出口量占全省的90%以上，占全国的1/4；拥有中国名牌产品4 个，名优产品数量居全省前列。但是从全省看，精深加工仍然不足，过度注重数量而忽略了质量，没有充分利用河南的特色资源，生态产品、特色产品等没有及时跟上市场的变化，时效性差，没有对产业结构进行科学的划分，出现盲目趋同的现象。推进农业产业化经营，完善农业产业体系，是提高河南农业产业竞争力的关键。

表5-5 种植业、畜牧业内部投入产出情况表 单位：亿元

	中间使用	中间投入合计	增加值	增加值指数	总产出	中间消耗率
畜牧业		995.45	1233.56		2225.01	
种植业	1465.54	1878.23	2625.48		4503.71	32.59%
农副食品加工业	5255.47	5555.66	452.2	105.33	6005.86	85.45%
皮革、毛皮、羽毛（绒）及其制品和制鞋业	1175.34	1304.52	134.19	103.82	1408.34	83.46%
食品制造业	2362.34	2513.48	255.01	112.55	2772.49	83.21%
酒、饮料、精制茶制造业	1238.63	1373.96	115.58	106.19	1480.15	83.68%
纺织服装服饰业	1034.45	1086.69	94.13	112.99	1195.68	86.23%

资料来源：根据2015年河南省投入产出表、规模以上工业企业主要指标整理。

5.3 主要经验

5.3.1 四链融合，促进业态多元化

以特色生态农业为抓手，做强产业支撑，持续探索和推行以“全产业链、全生物链、全供应链、全利益链为一体”的“四链”融合模式，采取“政府（党支部）+龙头企业+合作社+农户+银行+保险”的运行机制，进一步提升创新生态系统能级。“四链”融合的关键在于共赢共生，尤其是农户，处于产业链底端，如何让他们公平分享到产业增值收益，共赢共生是关键。要推进农村一二三产业融合发展，必须保证所有利益相关者的利益，使各方在协作中共赢共生。在一二三产业融合发展中，企业、合作社、农民各利益相关者都是受益群体，大家在协作中共赢，从而能够共生。在当前农村各次产业融合中，关键要打破产业链、价值链之间的割裂状态，重构农业产业链和价值链。随着企业规模不断扩大、产业链条逐渐完善，农村公共服务设施也不断完备，环境得到了改善。从要素流转看，农业与农产品加工业、流通业共振，农民可以共享加工流通增值收益。共赢共生是一二三产业融合的本质要求，也是促进现代农业发展、农民增收致富的本质要求。

休闲旅游农业是立足“三农”优势资源，依托河南良好生态环境，借助河南特色民俗文化，吸引城镇游客观光休闲，促进农业功能拓展，实现农民就业增收的朝阳产业。河南农村与农业旅游资源丰富，产业特色鲜明，中原民俗文化丰厚。依托农村和农业资源，河南已经涌现了一大批“农家乐”、观光采摘园、休闲农庄、现代农业示范园等各种模式的休闲与旅游结合的新兴农业。这些新业态以其十足的活力成为调整农业产业结构、促进农民就业增收、改善农村生态环境、以旅强农、转变农业经济发展方式的重要渠道。发展休闲农业是解决“三农”问题的重要抓手。实现“强农业、美农村、富农民”的三农健康发展目标，必须不断推出以旅促农的农旅结合发展方式，进一步推动一二三产业纵横融合，促进业态多元化。

5.3.2 延长产业链，促进农业产业化

（1）推进农业产业化示范区建设，延伸农业产业链。依托现有农产品加工物流园区，以优势产业为基础，以优势企业为主体，大力推进农业产业化示范区建设，推进产业集群和龙头企业集群发展，形成一批农业产业化示范区，引领、提升河南农业产业化创新。

针对粮食、畜牧等优势产业，培育几个关联度强、产业集中度高、竞争优势明显、带动面广的领军龙头企业。以农产品加工，尤其是小麦、猪肉加工转化为重点，大力发展河南农产品加工业，延伸产业链，挖掘河南农产品增值潜力。重点发展农产品精深加工，实现产地初加工与精深加工优势互补、分工合理、协调发展。

（2）完善“龙头企业 + 农民专业合作社 + 农户”的农业产业化经营模式。在增强农民组织化程度，扶持农民专业合作社发展的基础上，推动“龙头企业 + 农民专业合作社 + 农户”这一农业产业化经营模式的逐步完善，引导龙头企业与农民专业合作社对接，并逐步增强农民的市场经济意识，提高抵御市场风险的能力；引导龙头企业与农户通过订单、合同、股份合作等诸多方式合作，形成利益共享、风险共担的共赢体，让农户享受到加工、销售等多环节的增值利益；在种养、加工、运输、营销农产品的各个环节，引导农户自主创业，将创业的主战场扩大到发展农业产业化上来，使之成为支持农民创业的重要途径；在满足龙头企业的需求下，在乡内、县内培养一批中

小企业，充分吸纳农村剩余劳动力，扩大就业，缩小外出打工队伍规模，推动城镇经济发展，保障农民就业增收。

（3）加快农业生产管理与现代化信息技术衔接。推动智慧农业，完善智慧农（牧）场，规范精准化农（牧）业作业，推动生产管理智能化。完善农业科技成果转化网络服务体系、健全农业科技创新应用信息服务平台，推动农业装备、农机作业服务和农机管理信息化。形成农产品质量安全追溯体系，推动绿色农业发展，树立农业知名品牌。

5.3.3　生态技术融合，促进农业生态化

纵观国内国际经验，农村一二三产业融合发展无一不在走向生态之路。马克思、恩格斯认为，“人靠自然界生活”，人类在同自然的互动中生产、生活、发展，人类善待自然，自然也会馈赠人类，农业发展尤其如此。这也与党的十九大提出的乡村振兴战略的发展总要求——“产业兴旺、生态宜居、乡风文明、治理有效、生活富裕”高度吻合，与习近平总书记的“绿水青山就是金山银山”理念高度一致。在“提供更多优质生态产品以满足人民日益增长的优美生态环境需要的攻坚期”，在“解决生态环境突出问题的窗口期”，我们更有必要贯彻创新、协调、绿色、开放、共享的发展理念，积极推进农村一二三产业生态性融合，才能有力推进现代农业的发展。利用科技的内在动力和一二三产业融合的外在力量，加快形成节约资源和保护生态环境的农业空间格局、农业产业结构，促进生产方式、生活方式转型，把经济活动、人的行为限制在自然资源和生态环境能够承受的范围内。

作为农业大省，河南农业生产要素资源、农业生态环境都具有得天独厚的优势。充分挖掘农业资源潜力，种养结合发展有机农业，提高土地有机质和农产品品质。融合各种生态技术，建立“从农田牧场到餐桌”的全过程质量监控体系，提高有机农产品综合竞争力和经济效益。

（1）发展有机农业。利用生物有机肥技术，把畜禽粪便开发成为高效有机肥，将农业废弃物“变废为宝”，控制农村面源污染，迈向绿色农业。培育区域有机农业品牌，提高农民有机种植积极性。

（2）发展家庭农场和农民合作社，开展适度规模的“种植养殖”。推广种养结合生态农业模式，有效融合发展畜牧业和种植业，助力生态文明建设，

增加农民收入。将规模适度的圈舍建在连片种植生产区域内，既方便对粪尿进行收集、发酵，又方便就近实现粪便还田，缓解农业发展和生态保护之间的矛盾。

（3）农业功能拓展。随着经济的发展，农业食品保障功能逐步弱化，传承文化、休闲观光旅游等生态功能逐步拓展，围绕优化生态环境，积极发展现代休闲旅游农业示范建设工程，调整农业产业结构、加强城乡统筹发展、促进农民增收。休闲农业与乡村旅游农业将会使农业经济社会效益明显增加，可持续发展能力明显增强。

（4）增强乡村数字化发展能力。推动数字技术与乡村特色产业深度融合，发展创意农业、认养农业、观光农业、都市农业等新业态，促进游憩休闲、健康养生、创意民宿等新产业发展，规范有序发展乡村共享经济。实施农村电子商务推广普及工程和“互联网＋”农产品出村进城工程。

5.3.4 经营主体创新，促进农业规模化

“谁来种地”“怎样种地”，是近年来困扰农业发展的一大难题。合作社为农业现代化经营提供了一种极大的可能性，成为“转变农业发展方式”的生力军。同类农产品的经营者联合起来组建合作社，统一收割、统一播种、连片耕作，可以充分发挥机械效益，提高农业的专业化水平（这是现代生产方式的根本特征之一）；统一供种、统一施肥，既降低价格又保证质量；地块集中、统一测土配方，可以进行科学种植、科技推广；统一储存、统一排灌，可以大大促进现代农业基础设施建设。近年来河南新型粮食生产经营主体快速发展，种粮大户、粮食生产合作社逐渐成为河南粮食生产的排头兵、生力军。

加强“三农”（即懂农业、爱农村、爱农民）工作队伍建设，使之能与农户协作共生。推动农户在资本上、业务上、管理上积极全面参与合作社。政府在考察丹麦“绿色证书”制度的基础之上，应当定期开展农民培训班，推动农民的综合素质提高与合作理念养成。没有合作精神的企业家，毋庸提及合作社，所以更要重视选拔和培训农民合作社负责人的工作。一方面，要大胆吸纳从业经验丰富、有合作理念、管理能力强的乡村能人，诸如专业种植大户、工商业主、村干部等参加农民合作社；另一方面，制定优惠政策吸

引大学毕业生、城市返乡创业者、退伍军人等经营家庭农场，使其成为新型职业农民。这不仅是合作社发展、乡村振兴的需要，更是合作社功能发挥的重要基础。经营主体的创新必然带来农业的高级化。

（1）提高耕种收综合机械化水平。充分挖掘现有农机合作社、粮食生产合作社的发展潜力，增加两者服务的耕地面积，扩展跨区作业领域，有效提高农机服务的组织化程度和经济效益，节省时间，降低成本，提高机具的利用率。

（2）提高品牌效益。合作社和家庭农场有利于农业专业化水平的提高，而农业的专业化有利于实施生态品牌战略，可以充分利用河南农业资源丰富的优势，靠品牌拓市场，向品牌要效益。

（3）加快新一代信息基础设施建设。推进“全光网河南”全面升级，加快加大物联网建设，把新技术、新科技尽快应用于新一代农业农村信息基础设施建设，尽快构建覆盖农村的高速光纤宽带网，积极推动5G在农村地区应用。农业遥感技术和北斗卫星导航系统在农业农村应用范围非常广泛，非常适用于规模种植，需要进一步加大研发投入力度，实现技术的落地生根。

第6章

一二三产业融合推进农业功能扩展：理论与实践

产业兴旺的重要路径是一二三产业融合，随着乡村振兴战略的推进，推进一二三产业融合已成为传统农业改造升级的突破口。随着农业数字化、智慧化、低碳化的发展，农村产业结构不断调整优化，信息技术的高渗透性、快捷性、自我膨胀性不断在农业领域展现，农业的外部经济性和边际效益递增，农业功能不断扩展，一二三产业之间的融合特性更加突出。为了尽早实现我国农业的现代化，在新时代新技术的催发下，必须不断拓展农业的多种功能，向农业的广度化和深度化迈进，以一二三产业融合推进多功能农业的发展，促进农业产业结构不断调整与优化升级。

6.1 一二三产业融合推进农业功能扩展的理论

2020年中央一号文件明确提出，“支持各地立足资源优势打造各具特色的农业全产业链，建立健全农民分享产业链增值收益机制，形成有竞争力的产业集群，推动农村一二三产业融合发展”。要推进乡村振兴特别是产业兴旺，就必须充分发挥农村（农业）的正外部性并与较高收益的二三产业有机结合起来，这就要求农村产业必须把一二三产业融合发展作为根本途径，坚持以农业、农村为基础和依托，通过农业的功能扩展以及生产要素自由流动等路径创新性地形成农村一二三产业融合的新业态和新模式等。

6.1.1　农业内部子产业间渗透融合，强化了农业生态功能

农业内部子产业间进行渗透融合，之后发展成了生态农业，这就增强了农业的自然环境保护功能。之所以称为生态农业，是因为这种农业以经济学原理、生态学原理和系统思维为基础，运用现代科技成果、现代管理手段和传统农业的有效经验，从而形成具有更高社会、生态、经济效益的现代农业发展模式。在实现碳达峰碳中和目标压力下，我国形成了独具特色的低碳高效生态农业模式。主要有：一是时空结构型，即根据生物种群的生物学、生态学特征和生物之间的互利共生关系组成农业生态系统，使处于不同生态位置的生物种群形成时间上多序列、空间上多层次的三维结构；二是食物链型，即按照农业生态系统的能量流动和物质循环规律构成农业生态系统，使得系统内各环节的产出和投入相衔接，达到系统内能量转换率和资源利用率的提升；三是时空食物链综合型，即以上两种模式的综合。生态农业模式的实质是农业内部种植业、养殖业、畜牧业等子产业之间的重组融合。不同的子产业之间或子产业内部更细分的产业之间按照生物链系统循环的原理而重新整合，形成不同的生态农业模式。相对于农业内部各子产业独立的传统产出模式，生态农业强调农业产出的系统性和融合性，是一种基于资源整合、生态优化、维护农业可持续性的农业产出方式的改进。生态农业相对于传统上分立的种植业、养殖业和畜牧业，是一种产业融合的新形态农业，其出发点就是降低能量消耗，改善环境质量、保护自然资源、改善农产品质量和提高经济效益，它是人类利用生态原理自觉纠正现代农业所带来的环境负外部性的表现。基于产业融合的多种模式的生态农业的发展，以新的理念、新的方法，改进了传统农业的产出方式，极大地拓展了农业的生态保护功能或者说，基于产业融合的生态农业就是充分发挥生态保护功能的农业。

6.1.2　旅游业和农业的融合扩展了农业的文化功能

作为农业与旅游业交叉融合而催生的新业态，休闲农业是指以农业为主题，利用自然环境、农事活动、农村生活等农业自然文化资源，满足人们观光、休闲需求，以增强人们对农业的体验为目的的农业与旅游业相结合的一

种新型产业。休闲农业无论是从劳动力就业的角度还是从产业产值的角度，都很难把它简单划归为农业或旅游业。农业与旅游业的产品融合、技术融合和市场融合使得农业的产业属性被深度注入旅游业的服务属性，相对于传统的农业，休闲农业的产出结果大大改进。它不仅产出实物产品，而且产出服务产品，农业的多功能性在休闲农业中得到最集中的体现。农业的生产过程、生产手段、生产成果，农村的生活方式、生活习俗、生活状态，都成为一种场景、一种文化，为顾客提供的是一种基于体验和感受的服务产品。总之，传统的生产要素如土地、劳动力、资本与知识、技术、文化等新的要素相结合，使得农业的生产目的、价值取向、市场定位都发生了改变。产业融合即为产业创新，融合而成的新产业比融合前的单一产业能带来更多的经济效益，近些年来国内外休闲农业的蓬勃发展就是明证。农业与旅游业的产业融合把旅游业极高的产业关联性注入到农业中来，为农业产业结构优化、农民增收提供了新的路径。它既在横向上增加了农业的产业幅度，使农业的产业体系得以拓展，又使得农业的综合产业效益得到提高。同样，农业与旅游业的产业融合也把农业所包含的丰富的文化内容和生活体验注入到旅游业中来，为旅游业的发展增加了新的品种，开拓了新的市场，也创造了新的经济增长点。更值得注意的是，休闲农业充分发挥和利用了农业的正外部性，或者说休闲农业是基于农业正外部性的一种新型产业。它是在不影响甚至是提高了农业传统的实物产出的基础上，对农业文化教育功能的集中的、产业化的利用和发挥。

6.1.3 农业现代技术融合扩展了农业的生态和经济等综合功能

农业与生物技术、化工技术、能源技术融合之下的生物质产业拓展了农业的经济、生态等综合功能。随着化石能源资源的逐渐枯竭和环境问题的日益突出，20 世纪末以来人类对生物质进行系统的产业化开发。生物质产业是指通过工业化把能源植物和农业废弃物等生物质原料利用化学或生物技术转化为高附加值的生物质能源、生物基材料、石油产品替代品及副产品等环境友好产品。生物质资源在中国主要包括农业废弃物和能源生物资源。目前，能源生物资源主要是指能源农业、能源林业种质资源，包括现有种质资源的挖掘、保护和开发以及专用品种的培育。生物质产业直面我国“三农”、能源和环境三大主题，是世界发展之大势和新兴的朝阳产业。生物质产业的发展模式将林业和能源工业相结合，构成了从原料到产品的生物质能源生产一体化体系。它以传统的农业有机废料为产业基础，从工业用生物质能源和清洁的农村能源两个层面构成了两个不同的应用系统。

工业用生物质能源以生物质液体燃烧生产为主体，农村用生物质能源以生物质气化和农村生态环境建设为主体。从产业形态上看，生物质能源产业是农业与能源工业、化学工业等产业相互融合的新形态农业；从技术层面上看，生物质产业是现代生物工程技术、化学和生物化学技术等高新技术对农业的渗透、改造和提升的结果。一方面，生物质产业种质资源的培育和开发，是现代科学技术融入农业的表现，具有高新技术渗透到传统产业的融合特性。现代科学技术融入农业，培育了新的生物质资源，比如，通过转基因的方法培育出高产、高抗逆性的能源作物品种，如能源甘蔗、甜高粱等，从而实现了农业生产方式的创新，发掘了原有生物的潜在功能，如按树、黄连木用作能源原料，白薯、玉米淀粉用于塑料聚乳酸脂产品的开发。另一方面，生物质产业体系本身是林业、工业能源工业、化学工业等产业相融合的结果，具有产业技术和产品的融合属性。生物质产业体系中，农业成为工业的前期工序，工业成为农业的延伸环节，农业和工业之间通过产品、技术、市场的整合而最终融合为一体化的新型产业。生物质产业的发展对于拓展农业的功能而言，具有丰富的内涵。首先，技术进步使生物质产业的发展越来越具有经济可行性，使农业除了提供食品和纤维原料之外，还提供日益常规化的能源和化工原料，这是对农业经济功能的突破性的扩展。其次，生物质产业将从根本上改变人类传统的化石能源结构，从而减轻资源环境的压力，生物质产业自身的可再生性、可循环性和环境友好的性能，充分体现了农业的生态环境保护。

产业融合模式通过产业功能和产业属性的复合、产业资源的深度利用和市场的重新定位，拓展了现代农业的功能和现代农业产业体系的内在机理。产业融合模式下的新的农业形态的出现，推动现代农业建立起一个以食品和纤维产业为主体、涵盖休闲农业、生态农业、能源农业、医药农业、保健农业的多功能、宽幅度的现代产业体系。

6.1.4　现代农业产业体系和产业融合的横向扩展

当代农业的基本特征包括完善、健全的产业系统等，农业产业系统完善、发展的路径与基本内容之一便是农业产业体系的横向拓展，这意味着现代产业经济发展和完善的突出特征与内在逻辑不但表现为农业产业分工的结合化与深化，也表现为结构化产业的高度结合与高度分工。农业产业体系的横向拓展，是现代社会经济在飞速发展过程中所显现出来的必然结果。而推动农业产业体系横向扩展的因素既包括农业生产力水平，也包括与社会发展水平和经济结构相适应的市场需求。从产业融合的角度看，农业产业体系的横向扩展，不仅仅是在产业分工的基础上产业结合的结果，也是农业产业与外部产业的市场、产品、功能、技术等相结合进而形成产业分工的结果。

首先，在农业的实物产出领域，高新技术产业对农业的渗透融合为农业产品种类的增加和农业产品的功能扩展提供了可能。传统衣食农业狭窄的产业范围固然与自给自足的自然经济条件下人类对初级产品的需求相适应，但传统农业条件下较低的科技水平和落后的生产手段也决定了人类在改造自然过程中的局限性。在“经验农业”条件下，人类对动植物资源利用和改造的局限性大且水平较低。种植、养殖构成了农业的主要内容，而且种植和养殖的动植物品种数量和品质长期保持较低的水平。高新技术产业对农业的渗透融合，尤其是生物技术产业对农业的融合，不但极大地扩展了农业种质资源的范围，而且极大地拓展了农业产品的功能。转基因技术的应用，突破了传统育种方法面临的中间生殖隔离，可以将不同物种的动物、植物、微生物的有益基因导入目标载体而培育出新的品种、开发出农产品新的功能，从而催生新的产业，从传统的食品、饲料、纤维产业扩展到能源农业、医药农业、化工农业，高新技术产业对农业的渗透融合是农业产品创新和功能创新的关键因素。

6.2 一二三产业融合推进农业功能扩展的实践——以河南省低碳农业为例

6.2.1 河南农业结构现状

6.2.1.1 河南农业总产值、增加值分析

由图 6－1 可以看出，河南省农业总产值稳步提升，从 2009 年的 4795.67

亿元增长到 2018 年的 7757.94 亿元，实现了 61% 的增长，其中 2009—2014 年增速最快，2014—2018 年增速放缓。可见河南的农业经济总体实力有较大的提高。种植业一直是农业结构中的主体，平均占农业总产值的 60.73%；其次是畜牧业，平均占农业总产值的 31.55%；第三是牧渔服务业，平均占农业总产值的 4.41%；剩下的林业和渔业占比很少，分别为 1.99% 和 1.35%。

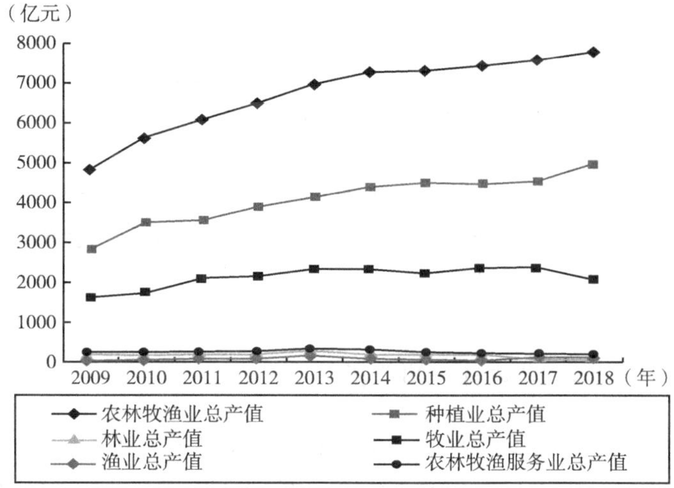

图 6－1　河南 2009—2018 年农林牧渔业总产值

资料来源：《河南统计年鉴 2019》。

农业增加值是指“报告期（一年）内农林牧渔及农林牧渔业生产货物或提供服务而增加的价值，为农林牧渔业现价总产值扣除农林牧渔业现价中间投入后的余额”。它反映了农业生产经营活动的最终成果和对社会的贡献。如图 6－2 所示，2009 年河南农业总产值为 4795.74 亿元，农业增加值为 2726.29 亿元；2018 年河南农业总产值为 7757.94 亿元，农业增加值为 4500.54 亿元。十年间农业总产值增长 61.77%，农业增加值增长 65.08%，可见河南的农业经济发展水平有较大的提高。

2009—2018 年河南的农业增加值率稳定在 56% 左右，说明十年来河南农业虽保持增长，但仍然保持着粗放型的增长模式，处于主导地位的始终是物质费用。据统计，我国农业科技进步贡献率达到 59.2%，全国农作物耕种收综合机械化率超过 70%，主要农作物自主选育品种提高到 95% 以上。

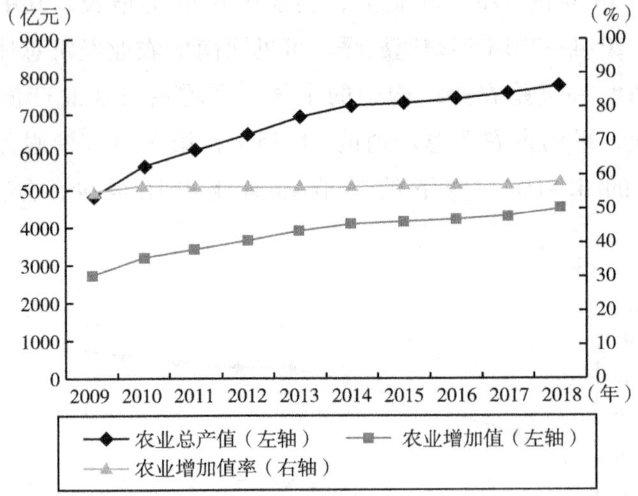

图 6－2　河南 2009—2018 年农业总产值、增加值、增加值率

资料来源：《河南统计年鉴 2019》。

6.2.1.2　河南农业内部结构分析

由于种植业、畜牧业占整个农业产值的比重达到 93% 以上，本书将分析重点放在畜牧业、种植业，并以畜牧业、种植业为切入点，深入分析农业内部各相关产业的投入产出情况，最终对河南农业整体生产经营情况、内部结构有一个清晰的了解。

河南的农业优势主要体现在粮食种植业上。河南耕地面积和粮食产量均位居全国前列，两者占全国的比重均在 10% 左右。

（1）种植业基本情况。2019 年河南省粮食种植面积 10734.54 千公顷，占全国的比重约为 10%。2019 年河南省全年粮食产量 6695.36 万吨，其中小麦产量 3741.77 万吨，占粮食总产量的 50%，比上年增加 136.92 万吨，增长 3.8%；玉米产量 2247.37 万吨，占粮食总产量的 33.5%，比上年减少 104.01 万吨，下降 4.4%。小麦、玉米两者合计占粮食总产量的 83.5%。

如表 6－1 所示，随着河南省农业结构调整，种植业占农业总产值的比重整体比较平稳，在 60% 上下波动；农林牧渔服务业占农业总产值的比重呈现不断上升的趋势，由 2009 年的 3.86% 增长到 2018 年的 5.99%；畜牧业占农业总产值的比重降幅较大，由 2009 年的 33.45% 下降到 2018 年的 26.65%；林业占农业总产值的比重则呈现稳步降低趋势；而渔业基本呈稳中有降趋势，由 2009 年的 1.28% 增长到 2018 年的 1.58%。河南省的农业结构还有较大调整空间。

表 6－1　河南 2009—2018 年农、林、牧、渔业及农林牧渔服务业占农业总产值的比重

	2009 年	2010 年	2011 年	2012 年	2013 年	2014 年	2015 年	2016 年	2017 年	2018 年
种植业占总产值	56.62%	62.35%	56.68%	60.20%	59.47%	60.73%	61.70%	60.22%	60.20%	64.11%
林业占总产值	2.80%	2.05%	2.10%	2.18%	2.20%	2.10%	1.84%	1.64%	1.70%	1.66%
牧业占总产值	33.45%	30.84%	34.48%	32.76%	33.34%	31.85%	30.54%	31.81%	31.32%	26.65%
渔业占总产值	1.28%	1.18%	1.10%	1.20%	1.19%	1.26%	1.44%	1.45%	1.62%	1.58%
农林牧渔服务业占总产值	3.86%	3.58%	3.64%	3.66%	3.80%	4.06%	4.48%	4.88%	5.35%	5.99%

资料来源：《河南统计年鉴 2019》。

图 6－3 反映的是河南省 2009—2018 年种植业投入产出情况，主要分析种植业总产值以及由总产值减去中间消耗而得到的增加值。中间消耗主要考虑的是整个种植业生产过程中的物质消耗和生产服务支出。物质消耗主要包括燃料、农药、肥料、种子、农具等的使用。在这些物质消耗中，肥料占据绝大部分比重。生产服务支出与物质消耗支出相对应，主要是指农产品运输销售加工、农业先进生产技术发明与推广等方面的投入。

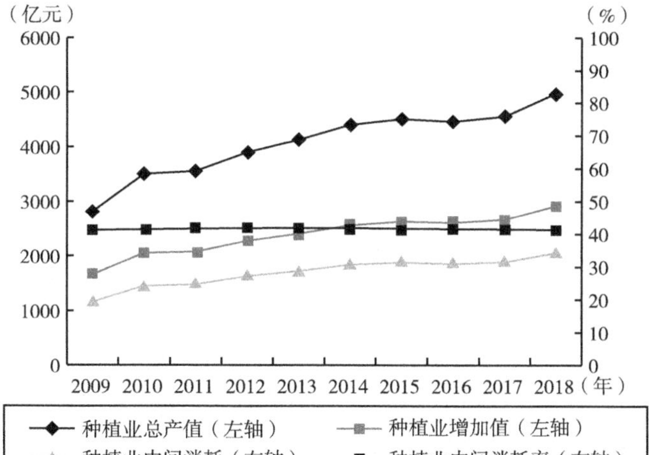

图 6－3　2009—2018 年河南种植业总产值、增加值、中间消耗和中间消耗率

资料来源：《河南统计年鉴 2019》。

从整个层面上看，由于技术进步、生产规模扩大、生产要素和农产品价格上升，总产值、中间消耗、增加值是逐年增加的。伴随着总量的增大，种植业内部各指标的构成比例基本保持不变，中间消耗率大约维持在41%左右（见图6－3）。也就是说，中间消耗占据总产值的比例即中间消耗率基本不变。同样，增加值占总产值的比重也基本不变，保持在58%左右。中间消耗率保持不变的局面说明河南种植业主要依靠物质投入，长期处于粗放经营模式。

（2）畜牧业基本情况。畜牧业是居民生活必需品中的肉类来源，主要包括猪、牛、羊、家禽等，畜禽产值占农业总产值的比重已经成为衡量农业发达水平的标志，在许多欧洲发达国家，这个比重达60%以上。近年来，河南加快生猪、肉牛、奶牛、家禽、肉羊五大优势产业发展，畜牧生产规模不断扩大（见图6－4），肉类、禽蛋产量稳居全国前二位，奶类产量稳居全国前五位。与2018年相比，2019年河南猪牛羊禽肉总产量553.99万吨，下降16.4%。其中，猪肉产量344.43万吨，下降28.1%；牛肉产量36.22万吨，增长4.1%；羊肉产量28.11万吨，增长4.5%；禽肉产量145.24万吨，增长19.1%。禽蛋产量442.42万吨，增长7.0%。牛奶产量204.07万吨，增长0.7%。如图6－5所示，年末生猪存栏3170.46万头，下降26.9%；生猪出栏4502.10万头，下降29.7%；外调生猪1755万头，居全国第一。

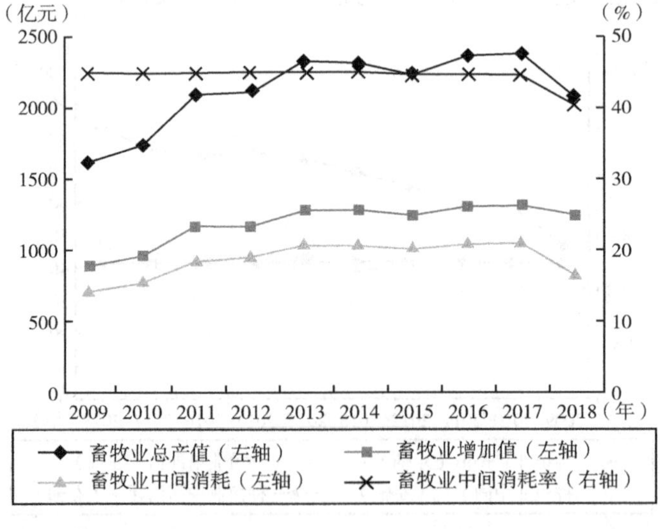

图6－4　河南2009—2018年畜牧业总产值、增加值、中间消耗及消耗率

资料来源：《河南统计年鉴2019》。

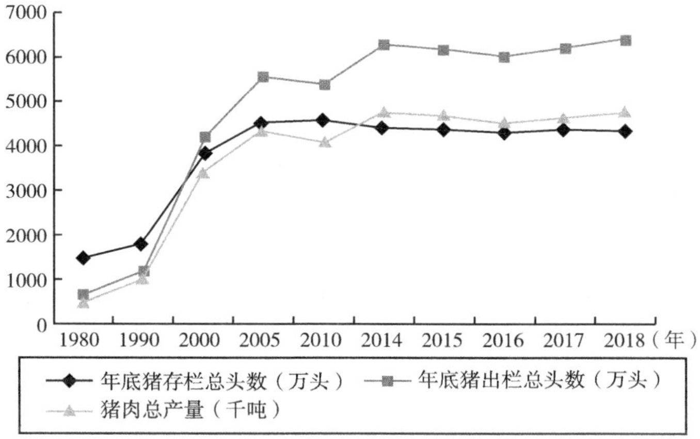

图 6－5　河南畜产品年末存数量及产量

资料来源：《河南统计年鉴 2019》。

6.2.2　低碳农业是实现农业现代化的支撑

近年来，农业生态环境短板问题日益突出，对生态环境构成巨大的威胁，成为农业现代化发展的桎梏。基于农业的双重性质，低碳农业是实现农业现代化的支撑。新发展理念更加注重种植业和畜牧业低碳发展，促进了一二三产业生态融合。

如表 6－2 所示，河南省主要农业机械年末拥有量中，排第一位的仍然是小型拖拉机配套农具，排第二位的是小型拖拉机，说明河南省农业规模化、社会化、集约化、机械化、信息化水平仍然较低。

表 6－2　河南主要农业机械年末拥有量

排序	指标	2018 年	2017 年	2016 年	2015 年	2014 年	2013 年	2012 年	2011 年	2010 年
1	小型拖拉机配套农具（部）		6286900	6415000	6613700	6709900	6752100	6798700	6734600	6664200
2	小型拖拉机数量（台）	3184500	3175400	3295000	3396200	3462600	3513200	3539400	3557600	3586100
3	农用排灌电动机数量（台）			1135200	1133600	1129600	1100500	1093600	1086100	1060600

续表

排序	指标	2018年	2017年	2016年	2015年	2014年	2013年	2012年	2011年	2010年
4	大中型拖拉机配套农具（部）	631900	1052000	1007400	948300	896100	849900	802200	732000	642550
5	机动脱粒机数量（台）	517500	527100	540800	545900	546400	546100	536700	542300	557280
6	农用排灌柴油机数量（台）		519900	526200	541000	545800	546800	547300	539800	539950
7	农用大中型拖拉机数量（台）	353481	458500	432700	402300	378100	357800	338500	310700	274445
8	联合收割机数量（台）	287700	278400	265500	241500	221300	200200	177100	157800	143760

资料来源：《河南统计年鉴2019》。

从表6-3可以看出，近十年来河南省有效灌溉面积和农用化肥施用量变化不大，尽管氮、磷、钾肥的使用量稍有下降，但是农用复合肥使用量呈增长趋势。这一方面说明河南省化学肥料的过度使用问题依然存在，过量的化肥和农药会使土壤出现板结，墒值降低，另一方面说明禽畜粪便没有在农业上得到充分利用，农作物废物利用率太低。以畜禽粪便处理为例，因为畜禽粪便的快速肥效并不如化学肥料，所以在空心化老龄化的农村，化肥理所当然成为肥料的首选。

表6-3　　河南有效灌溉面积、农用化肥施用量表

	2018年	2017年	2016年	2015年	2014年	2013年	2012年	2011年	2010年
有效灌溉面积（千公顷）	5286.69	5273.63	5242.92	526.64	5101.15	4969.11	5205.63	5150.44	5080.96
农用化肥施用折纯量（万吨）	692.79	706.7	715.03	716.09	705.75	696.37	684.43	673.71	655.15
农用氮肥施用折纯量（万吨）	201.67	219.98	226.3	236.66	241.45	243.51	245.5	245.28	243.92
农用磷肥施用折纯量（万吨）	96.35	106.08	113.76	117.54	119.77	121.15	121.7	120.94	117.94
农用钾肥施用折纯量（万吨）	57.44	56.34	63.31	63.58	64.22	63.86	64.58	63.43	61.57

续表

	2018年	2017年	2016年	2015年	2014年	2013年	2012年	2011年	2010年
农用复合肥施用折纯量（万吨）	337.34	320.3	309.65	296.31	280.31	267.85	252.65	244.06	231.72
乡村办水电站个数（个）	534	531	530	530	1753	520	515	547	545
乡村办水电站装机容量（万千瓦）	50.95	50.43	49.27	49.27	49.1	47.95	46.12	36.23	36.84
农村用电量（亿千瓦小时）	330.59	326.82	317.23	321.01	313.23	305.42	290.03	281.82	269.41

资料来源：《河南统计年鉴2019》。

目前来看，河南省农技研发投入力度不足，产学研合作还不太紧密，高精尖新产品较少，企业辐射带动能力弱。河南种植业和畜牧业都未迈入“全产业链”时代，造成一些农作物废物利用率太低，农业资源浪费严重，比如，小麦和玉米秸秆既是农业肥料，也是可利用的宝贵资源：可以发酵制成沼气，用于做饭、取暖；可以把小麦和玉米秸秆加工成饲料、肥料，循环用于种植业和畜牧业；经过回收，可将秸秆压缩成建筑材料等新型产品。农业产业链的长短和附加值的高低是衡量农业现代化程度和农业产业化程度的主要标志，目前河南省农产品的生态融合程度不足，产业链过短，农产品深加工产业有待进一步发展。这是补齐农业产业化短板的必然途径，也是补齐农业生态环境短板的必然手段。同时，农业发展观念滞后，大部分土地仍以分散、小块经营为主，这与农业现代化、机械化的目标依然有很大的差距。土地流转进程缓慢，尽管目前流转涉及的承包地和农户占比超过了1/4，但规模经营仍然滞后，与农业现代化生产方式的要求相去甚远。此外，由于承包期限短，农业基础设施和生产条件改善滞后，粗耕与滥耕普遍存在，农业还远远没有转到依靠劳动者素质和科技进步的内涵式发展道路上。大力发展低碳农业能够为实现农业现代化提供支撑。

（1）为农业现代化提出了新要求。低碳农业是农业现代化非常重要的一部分，也是实现农业现代化的一项很重要的措施，低碳经济时代赋予了农业现代化新内涵，同时也提出了新要求。刘海玉、刘永静（2019）等人认为发达国家在农业现代化的进程中，依靠了大量的现代化农业机械装备。然而，广泛地使用现代化的机械装备，需要消耗大量的化石能源资源，客观上会增加温室气体排放。低碳农业作为一种新型的经济模式，具有低能耗、低排放、高效率的特点，在农业现代化的过程中，对农业机械提出了更高的技术要求。在使用农业机械的过程中，要尽量减少废弃物排放，促使低碳理念深入人心。

（2）是农业现代化的必然选择。传统的农业生产方式已经不能满足人们日益增长的需求，大量化肥、农药的使用使得土壤和水体受到严重的污染，土地带来的经济效益不断下降，生态和经济之间难以权衡，不符合可持续发展的理念。胡中应（2015）等的研究表明，石油是化肥生产的主要来源，而石油属于非再生能源，这种“石油农业”过度依赖能源的消耗，忽视了资源的可持续利用。因此，低碳农业的概念应运而生，它以减少温室气体的排放为主要目标。在这种理念下，各种石油消耗都将受到限制，包括化肥和农用机械等。由此可见，低碳农业是立足于整个生态系统的生产方式，农业发展必须走低碳经济之路。

（3）推动农业现代化的发展。低碳农业对推动农业现代化的发展起着不容小觑的作用。吴长莹（2014）认为，低碳农业是适应可持续发展要求的生产模式，与农业现代化的目标基本一致，并且可以加大农业现代化的转型力度。从总体上来看，我国农业现代化发展进程中的“高碳”模式很难改变，而低碳农业使农业发展步入低碳良性循环轨道，在保证生态环境不被破坏的基础上从事可持续发展的农业生产活动，是农业现代化进程中不可缺少的推动力。胡中应、胡浩（2015）认为低碳农业是农业的经济功能、生态功能与文化功能的合成，发展低碳农业，有助于构建可持续性的现代化生产模式。Peter Newton、Angelo Eduardo Angel Gomez（2016）等提出低碳农业项目旨在减少温室气体排放，恢复被砍伐和退化的土地，促进森林生物群落的可持续发展。

6.2.3 农业现代化为低碳农业创造了有利条件

以农村人口大省、粮食大省、农业大省为基础的河南，坚持规划推进乡村振兴，取得了显著成效。2018 年，全省粮食总产量达到 1329.78 亿斤，居全国第二位；亩产量不断提高，2018 年为 406.43 公斤/亩。河南耕地面积占全国的 1/16，粮食产量占全国的 1/10，小麦产量占全国的 1/4 以上，不但承担了全省 1 亿人口的粮食消费，而且是全国仅有的 5 个粮食净转出省份之一，每年转出原粮和加工品约 400 亿斤，为保障国家粮食安全做出了重大贡献。

（1）农业生产标准化，实现粮食安全生产。农业标准化是指以农业为对象的标准化活动，具体来说，是指为了实现各方面的利益，统一协调技术、经济、科学、管理等，制定统一的标准来实现标准化的活动。其宗旨是将理论与实践结合起来，将“逻辑严谨、通俗易懂、文字简明、易于操作”的农业标准化理念深植于农户心中，在农业生产中推广应用，既能提高农产品的质量，又能满足消费者的期望，促进农业经济效益的提高。合作社作为农民自己的组织，可以提高农民的组织化程度，统一农业生产标准，如农业工艺、生产设备的标准化和统一化（闵莎，2014），优化和整合生产要素，实现食品安全生产。截至2018年12月，河南共建成高标准农田61630000亩，约为全省耕地面积的1/2。2018年，河南省的测土配方施肥到户率达到84.1%，主要农作物良种面积超过97%。“十三五”以来，河南省农业机械化发展速度快速提升。2018年，全省农业科技进步贡献率达到60.7%，比全国平均水平高2.2个百分点。2019年，河南省主要农作物的机械化水平高达84.2%，比2015年高7个百分点。到2019年底，全省农业机械总功率达到10357万千瓦，居全国第二；拥有拖拉机351万台，精密播种机83.7万台，稻麦联合收割机20.9万台，配套农具725万台，居全国第一；全省农机合作社有7094家，居全国第三，农机社会化服务向“全面、优质、高效”发展。

（2）农业发展绿色化，实现农业与自然和谐发展。2015年，中央一号文件首次将“以农业现代化为重点”作为建设高效生态农业的核心任务。农业生产越来越重视生态环保，安全、天然、优质的绿色农产品市场空间不断扩大。河南省大力推进绿色防控技术，加强病虫害监测预警，提高防控精度，促进农药科学安全使用，提高农业发展质量、效率和竞争力。全省农业化肥、农药施用量呈下降趋势。2018年，全省化肥用量706.7万吨，比2015年减少9.39万吨；全省农药施用量120700吨，比2012年减少7600吨。

（3）农业发展产业化，实现一二三产业平衡发展。当前，现代农业的内涵和外延得到了极大的拓展。从内涵上看，农业的范围不断扩大，不仅有传统的种植业、养殖业，还有农业生产资料业、食品加工业等。近几年来，农业逐渐向第三产业延伸，农业服务业逐渐成为农业领域的一个新名词、热名词。同时，现代农业的功能得到了很大的拓展。单一生产转向美化、观赏、休闲等模式，新型农业如旅游农业、度假农业、观光农业、休闲农业等在各个领域发展。以农业生产为核心的产业集团已形成。河南以自身优厚的农产品资源为基础，加大力度促进农产品加工业的发展，以此来建设“高效率、全链条、高质量、全周期”的农业产业化集群，使得三大产业更好地融合共生。2019年，河南在农产品加工业方面进行快速转型，重点发展果蔬、奶、油、肉、面五大产业，河南省农产品加工业的产值保持全国第二。由于农村产业的飞速发展，河南省农民收入增长幅度大大提高，2019年人均可支配收入15163.75元，同比增长9.6%。

2018年，河南省计划培育520个现代农业产业化集群，大力发展油脂、面（米）、果蔬、肉、乳等农业产业化集群，形成以思念、三全为代表的速冻食品产业链，以及以牧原、双汇为代表的猪产业链等几大产业链。中国一半的火腿肠、1/3的方便面、1/4的馒头、3/5的汤圆和七成的水饺都产自河南。乡下旅游与休闲农业继续火爆，以乡村农耕、赏花、采摘和体验为重点的休闲与亲子游成为亮点。2018年，全省休闲农业经营主体超过1.6万个，乡村旅游和休闲农业每年接待游客9000多万人次，经营收入达到440亿元。农村电子商务继续快速发展，前两批省级与前四批国家级电子商务在农村综合示范县（市）的销售总额达1606.1亿元，网络零售额达到796.6亿元。

（4）发展农业智慧化，实现“四化”协调发展。智慧农业是以信息技术为代表的高新技术产业与农业相融合的产物。随着农业信息技术的应用与发展，以3S技术为代表的精准农业大大减少了农业大田劳动力；基于互联网的农业生产现场指导、农业技术培训、网上商务信息、农产品交易平台等新型信息化农业生产技术，让农民坐在家里，拿着电话，享受许多服务；随着城镇化和新型工业化的发展，农民可以住在城镇，开车到村庄，耕种农田。物联网技术在现代农业中的应用，很大程度上促进了农业现代化、信息化、新型工业化和城镇化的同步发展。

6.3 河南省低碳农业发展测度及评价

河南省低碳农业发展水平的测度与评价是根据河南省农业现代化建设的目标，主要凸显智能、生态、集约和协同式发展，通过因子评价方法的应用，构建科学合理的指标体系，对河南省低碳农业发展的实际情况进行综合评估。低碳农业发展测度及其评价的目的是客观地反映河南省低碳农业发展相关举措的具体实施效果，及时发现河南省低碳农业发展过程中存在的问题，采取相应的措施进行修正和改进，从而不断推进河南省低碳农业发展，助力河南省乡村振兴战略的全面实施。具体评价思路：设计低碳农业发展测度与评价方法、确定评价指标体系、收集和处理数据、确定评价方法模型、模型评价和输出评价结果。

6.3.1　低碳农业发展测度及评价方法与指标体系构建

（1）低碳农业发展测度及评价方法。因子分析法能消除指标之间的高度相关性和避免权重赋予时的主观性，依据各因子在旋转后的因子载荷矩阵中的权重提取公因子，各公因子贡献度即为因子得分系数矩阵中的特征值，是研究低碳农业发展质量比较好的研究方法。分析步骤如下。

第一步，对分析涉及的逆指标数值取负数，进行正向化处理，然后将正向化处理过的数据采用标准差标准化法进行无量化处理，得到标准化处理后的矩阵 X，x'_{ik} 的均值为 0，方差为 1。标准化处理公式为：

$$x'_{ik} = \frac{x_{ik} - \overline{x_k}}{S_k}(i = 1,2,3,\cdots, n;\ k = 1,2,3,\cdots, p;)$$

式中，x_{ik} 为标量值，$\overline{x_k} = \frac{1}{n}\sum_{i=1}^{n} x_{ik}$，$S_k^2 = \frac{1}{n-1}\sum_{i=1}^{n}(x_{ik} - \overline{x_k})^2$，$x'_{ik}$ 为标准化后的变量值。

第二步，求相关矩阵或协方差矩阵 R 的特征值和特征向量。解相关矩阵 R 的特征方程 $|R - \lambda I| = 0$，记特征值为 $\lambda_1 \geqslant \lambda_2 \geqslant \cdots \geqslant \lambda p \geqslant 0$，特征向量为 A，并令 F = AX，其中 F 为主因子矩阵，X 为标准化处理后的矩阵。

第三步，建立因子模型 H，求因子模型的主成分解，得到最小因子数、公共方差及因子贡献率、因子载荷系数等相关参数，根据因子贡献率和累计贡献率确定主因子个数 m。因子模型 H 如下：

$$x_1 = a_{11}F_1 + a_{12}F_2 + \cdots + a_{1m}F_m + a_1\varepsilon_1$$

$$x_2 = a_{21}F_1 + a_{22}F_2 + \cdots + a_{2m}F_m + a_2\varepsilon_2$$

……

$$x_p = a_{p1}F_1 + a_{1p2}F_2 + \cdots + a_{1pm}F_m + a_p\varepsilon_p$$

式中，F_1，F_2，…，F_m 称为公因子，即在各变量中出现的因子；α_{ij} 叫作因子载荷，反映出第 i 个变量在第 j 个主因子上的相对重要性；ε_i 为特殊因子；a_i 为特殊因子的载荷。

第四步，采用最大方差旋转法对因子载荷矩阵进行旋转，使得因子载荷的平方按列向 0 和 1 两极转化。

第五步，将公因子表示为变量的线性组合，即用 $F_j = \beta_{j1}x_1 + \beta_{j2}x_2 + \cdots + \beta_{jp}x_{1p}(j = 1,2,\cdots,m)$ 来计算各个公因子得分，然后依据公因子所占权重计算得到低碳农业发展质量指数 F。

$$F = \frac{\sum_{j=1}^{m} V_j F_j}{t}$$

式中，F 为低碳农业发展质量综合得分，V_j 为第 j 个公因子的方差贡献率，F_j 为第 j 个公因子的得分值，t 为 m 个公因子的累积方差贡献率。

（2）低碳农业发展测度及评价指标体系构建。河南省低碳农业测度与评价指标体系是低碳农业发展评价的前提和基础。因此，需要根据河南省低碳农业的运作模式、机制等方面内容，构建科学合理的低碳农业发展水平评价指标体系。

根据国内外研究成果和河南省低碳农业的发展状况，本书在借鉴相对成熟的关于低碳农业测度评价方法经验的基础上，结合河南省低碳农业发展的实际状况与特征，从农业经济社会发展、能源低碳利用、要素减量投入和资源环境安全四个维度出发，构建河南省低碳农业发展水平评价指标体系，具体如表 6－4 所示。

表 6－4　　河南低碳农业发展水平评价指标体系

维度	具体指标	单位	属性	指标说明
农业经济社会发展	农业总产值	亿元	正	农林牧渔业生总产值
	农业增长率	%	正	农业产值增量/上一年农业产值总量
	农业劳动生产率	元/人	正	农业总产值/农林牧鱼业从业人员
	土地产出率	千元/公顷	正	农业总产值/耕地面积
	农村居民恩尔系数	%	负	农村居民食品消费支出/个人消费总支出
	农业碳排放强度	吨/万元	负	农业碳排放量/农业总产值

续表

维度	具体指标	单位	属性	指标说明
要素减量投入	农药施用强度	吨/公顷	负	农药施用量/总耕地面积
	化肥施用强度	吨/公顷	负	化肥施用量/总耕地面积
	农膜施用强度	吨/公顷	负	农膜施用量/总耕地面积
	农业碳排放密度	吨/公顷	负	农业碳排放量/总耕地面积
能源低碳利用	柴油使用强度	吨/公顷	负	农用柴油使用量/总耕地面积
	农业机械化水平	千瓦/公顷	正	农业机械总动力/总耕地面积
	农业能源利用效率	元/吨标准煤	正	农业总产值/农业能源消费总量
资源环境安全	森林覆盖率	%	正	森林面积/土地总面积
	有效灌溉系数	%	正	有效灌溉面积/总耕地面积
	人均耕地占有量	公顷/人	正	耕地面积/总人口量

（3）调查数据的搜集与处理。为保证实证分析的有效性，河南省低碳农业发展指标体系中涉及的数据主要来源于2001—2020年的《中国农村统计年鉴》《中国环境统计年鉴》和《河南统计年鉴》，同时借鉴2018—2021年河南省农业厅、农村工作指导委员会等相关部门所发布的政府统计公报，从而能够进一步降低数据搜集、处理的难度，并能够真实有效地反映河南省低碳农业的发展水平。借鉴广西低碳农业实施运营中碳排放的计量指标，本书主要对农药碳排放量、农业塑料地膜碳排放量、农机燃料（汽油、柴油）碳排放量、化肥碳排放量，以及农业生产方面灌溉和翻耕等的碳排放量进行分析和研究。碳排放量计算公式为：

$$C = \sum_{i=1}^{n} x_i y_j$$

式中，C为河南省农业生产运营过程中的碳排放量，单位为万吨；x_i为碳源i的碳排放系数，如表6－5所示；y_i为碳源i的使用量。

表6－5　　　河南省农业生产运营各个因素碳排放量系数

碳排放源	碳排放系数	单位	对应统计指标	参考来源
农药	4.9341	Kg C/kg	农药施用量	美国橡树岭国家实验室
农膜	5.18	Kg C/kg	农用塑料膜施用量	南京农业大学农业资源与生态环境研究所

续表

碳排放源	碳排放系数	单位	对应统计指标	参考来源
化肥	0.8956	Kg C/kg	农用化肥施用量	美国橡树岭国家实验室
柴油	0.5927	Kg C/kg	农业作业耗用量	联合国政府间气候变化专门委员会
灌溉	266.48	Kg C/hm^2	农田有效灌溉面积	段华平等
翻耕	312.6	Kg C/hm^2	农作物播种面积	中国农业大学农学与生物技术学院

6.3.2 河南省农业生产运营碳排放量分析

结合2000—2019年河南省农业各个生产要素碳排放量的统计值，我们可以进一步得出，与2000年相比，2019年河南省主要碳源的碳排放量增加了297.52万吨，增长率为40.35%，年均增长2.0175%。其中农药、农膜、化肥以及柴油、灌溉的碳排放量在样本期内都呈现出了不同程度的增长，年均增长率分别为40.35%、40.61%、29.2%、84.56%和21.01%；而翻耕所产生的碳排放总量相对较少，增长率为2.45%；化肥和翻耕是河南农业碳排放的主要碳源，两者合计占河南农业碳排放总量的77.65%。根据增长速度的差异，将河南农业碳排放量在样本期间划分为三个阶段（见表6-6）。

表6-6　河南省农业生产运营各个因素碳排放量统计值

年份	碳排放主要来源及排放量（万吨）						碳排放总量（万吨）	年际增速
	农药	农膜	化肥	柴油	灌溉	翻耕		
2000	31.82	33.44	654.24	72.56	65.01	191.71	1063.78	
2001	32.76	34.83	683.21	76.06	70.67	226.57	1124.10	5.67%
2002	35.34	35.54	657.24	77.09	70.4	214.7	1090.31	-3.01%
2003	37.68	36.27	746.89	77.5	70.42	223.16	1193.92	9.50%
2004	40.42	36.73	795.09	81.69	70.56	225.96	1250.45	4.73%
2005	41.26	36.42	812.09	84.56	70.5	223.43	1270.26	1.58%
2006	41.72	36.57	859.78	89.41	70.5	222.52	1322.50	4.11%
2007	41.65	39.26	876.09	93.48	70.51	223.68	1344.67	1.68%
2008	43.21	36.96	912.22	97.46	70.52	226.04	1390.41	3.40%

续表

年份	碳排放主要来源及排放量（万吨）						碳排放总量（万吨）	年际增速
	农药	农膜	化肥	柴油	灌溉	翻耕		
2009	44.16	40.99	874.43	112.61	70.35	222.48	1365.02	-1.83%
2010	45.27	41.01	923.67	125.67	70.56	221.34	1427.52	4.58%
2011	45.76	42.61	892.33	116.07	70.75	226.35	1395.87	-2.22%
2012	46.31	43.69	96.54	127.25	71.74	224.76	1424.29	2.04%
2013	46.32	44.57	917.84	136.52	71.4	233.85	1450.50	1.84%
2014	45.78	46.21	924.05	129.34	72.53	236.38	1456.29	0.40%
2015	47.12	47.24	931.73	130.62	73.23	243.77	1473.71	1.20%
2016	46.53	46.67	866.57	132.51	73.82	223.52	1393.62	-5.43%
2017	46.12	46.13	875.34	137.65	74.55	216.62	1396.41	0.34%
2018	45.55	47.47	831.24	122.08	79.27	212.7	1336.31	-4.30%
2019	44.66	47.02	845.25	133.92	76.67	211.78	1361.30	1.72%
增长率	40.35%	40.61%	29.20%	84.56%	21.01%	2.45%	1063.78	

第一个阶段为2000—2008年，是河南农业碳排放量快速增长的时期，增长率为27.66%。主要原因为该阶段的农业经营方式有了较大改变，人们的物质需求增加要求农业增产增效，进而导致农业要素投入比重迅速增加，农药、农膜、化肥、柴油在2009年的碳排放量与2000年相比分别上涨了38.78%、22.58%、33.66和55.2%。

第二个阶段为2009—2015年，是河南农业碳排放量缓慢增长的时期。从2009年开始，国家加快了现代化农业建设的进程，农业整体产能结构得到完善，机械化程度有了明显提升，更注重生态农业的可持续发展。尽管农业、农膜、化肥和柴油、灌溉的碳排放依旧增量较大，但整体增幅得到有效控制。

第三个阶段为2016—2019年，是河南农业碳排放量缓慢下降的时期，碳排放量减少112.41万吨，减幅达到7.63%。为了顺应建设美丽河南的要求，以及响应国家推动农业供给侧结构性改革的号召，自2015年起，河南省开始实施农药使用量零增长、化肥使用量零增长的行动，推广水肥一体化技术，鼓励绿色种植，以生物技术防治害虫等。在严格控制的力度下，化肥、化学农药使用量迅速下降，有效抑制了农业碳排放恶化的趋势。

6.3.3 河南省低碳农业发展质量测度与综合评价

(1) 河南省低碳农业运营发展质量测度。为了进一步验证测度评价指标体系的科学性，运用 SPSS11 统计分析中的 KMO 检验及 Bartlett 球形度检验，以此来验证河南省低碳农业发展质量综合评价的 16 个指标是否适合进行因子分析。经过相关数据分析，KMO 统计量为 0.576 >0.5，而 Bartlett 球形检验的卡方统计值为659.876，概率值处于0—0.05 区间，表明各个变量之间存在一定的相关性，数据服从正态分布，因子分析模型的选择与设计有效且合理。与此同时，按照特征值大于 1、累积方差贡献率不低于 80% 的衡量标准，发现在因子特征值和总解释方差表中前 3 个要素概括了原始变量 95.3712% 的信息量，故决定提取前 3 个要素作为河南省低碳农业发展质量综合评价的公因子，采用方差旋转法对因子载荷矩阵进行旋转，使得载荷系数向 0 或 1 两极分化，经过迭代 5 次后进行收敛，如表 6 - 7 所示。

表 6 - 7　　旋转后的因子载荷矩阵和因子得分系数矩阵

指标名称	旋转后的因子载荷矩阵			因子得分系数矩阵		
	F_1	F_2	F_3	F_1	F_2	F_3
农业总产值	0.894	0.357	-0.016	0.118	0.027	0.023
农业增长率	-0.186	-0.031	0.967	0.021	-0.104	0.816
农业劳动生产率	0.927	0.389	-0.032	0.107	0.007	0.015
土地产出率	0.977	0.196	0.015	0.127	-0.027	0.063
农村居民恩格尔系数	0.925	0.234	-0.165	0.128	-0.013	-0.094
农业碳排放强度	0.784	0.567	0.305	0.134	0.045	0.231
农药施用强度	-0.179	0.949	-0.045	-0.105	0.188	-0.074
化肥施用强度	-0.022	0.982	-0.147	-0.078	0.184	-0.123
农膜施用强度	-0.976	0.033	0.109	-0.151	0.064	0.026
农业碳排放密度	0.273	0.095	0.047	-0.013	0.157	0.030
柴油使用强度	0.155	0.938	-0.167	-0.027	0.167	-0.159
农业机械化水平	0.945	-0.314	-0.054	0.163	-0.114	0.015

续表

指标名称	旋转后的因子载荷矩阵			因子得分系数矩阵		
	F_1	F_2	F_3	F_1	F_2	F_3
农业能源利用效率	0.507	0.507	0.728	0.057	0.055	0.125
森林覆盖率	0.903	0.153	-0.283	0.112	-0.018	-0.196
有效灌溉系数	-0.503	-0.913	-0.103	-0.023	-0.130	-0.090
人均耕地占有量	0.331	0.879	0.129	0.003	0.144	0.104

对旋转前后的因子载荷系数表进行对比分析可知，所提取的 3 个公因子的各变量存在载荷系数的差异。公因子 F_1 作为农业经济社会发展公因子，包含农业劳动生产率、土地产出率、农村居民恩格尔系数、农业总产值、森林覆盖率、农业碳排放强度、农膜施用强度、农业机械化水平等 8 个指标，这 8 个指标有较多的因子载荷信息；化肥施用强度、农业碳排放密度、有效灌溉系数、人均耕地占有量、农药施用强度、柴油使用强度这 6 个指标，都有较多的因子载荷信息，这 6 个指标主要涉及资源环境安全和要素减量投入相关维度的因子，因此将 F_2 视作要素利用与环境安全公因子；因为能源利用效率、农业产值增长率这两个指标有较多的因子载荷信息，公因子 F_3 反映了农用能源利用水平与农业经济增长之间的关系，因此将公因子 F_3 定义为农业能源利用效率公因子，二者相互影响、制约和促进。

如表 6-8 所示，根据因子得分系数矩阵信息，运用公式，计算各公因子具体得分，可以得到 2000—2019 年河南省低碳农业发展的质量指数。

$$F_1 = 0.118x_1 + 0.021x_2 + 0.107x_3 + \cdots + 0.003x_{16}$$

$$F_2 = 0.027x_1 - 0.104x_2 + 0.007x_3 + \cdots + 0.144x_{16}$$

$$F_3 = 0.023x_1 + 0.816x_2 + 0.015x_3 + \cdots + 0.104x_{16}$$

$$F = 0.492F_1 + 0.415F_2 + 0.093F_3$$

2000—2018 年河南低碳农业发展质量的测度结果表明，农业经济转型以来，在农业经济增长扩张的同时，低碳农业发展质量指数也在随时间变化不断提高，农业经济社会发展指数由 2000 年的 -1.28942 增长到 2019 年的 1.71632，而低碳农业发展质量指数由 2000 年的 -1.17547885 增长到 2019 年的 1.32592295。

表 6-8　　2000—2019 年河南省低碳农业发展质量指数

年份	农业经济社会发展	要素利用与环境安全	农业能源利用效率	低碳农业发展质量指数
2000	-1.28942	-0.8572	-1.99297	-1.17547885
2001	-1.15847	-0.67824	-1.00045	-0.94447869
2002	-0.87352	-0.59102	-0.76076	-0.74579582
2003	-0.67967	-0.69043	-0.65473	-0.68181598
2004	-0.41508	-0.92093	-0.57892	-0.64024487
2005	0.09125	0.23512	0.26752	0.16734916
2006	-0.86052	0.14783	-0.1696	-0.37779919
2007	-0.96786	0.00752	0.37894	-0.4378249
2008	-0.58919	0.19195	0.87445	-0.12889838
2009	-0.47101	0.33973	0.90935	-0.00617942
2010	-0.21307	0.43497	0.76517	0.14684292
2011	0.50731	0.64357	0.82001	0.592939
2012	0.51185	0.60345	0.94364	0.59002047
2013	0.69526	0.73619	0.94574	0.73554059
2014	0.57324	0.60942	0.93374	0.6217812
2015	1.21074	0.76074	0.98062	1.00258884
2016	1.44197	0.66289	1.12311	1.08899782
2017	1.39743	0.70401	1.23623	1.0946691
2018	1.5923	0.80482	1.27425	1.23591715
2019	1.71632	0.83276	1.46127	1.32592295

（2）河南低碳农业发展质量综合评价。如图 6-6 所示，河南低碳农业发展质量指数整体上呈现上升趋势，但结合河南省农业碳排放分析可知，2000—2010 年，低碳农业发展质量在 2005 年达到一个关键节点，出现短暂的“J”型上升，随后迅速发展平缓。2006—2015 年，河南省低碳农业发展基本平稳，然而随着“藏粮于技和藏粮于地”的战略部署，2016 年以后，河南省低碳农业发展质量指数呈现明显上升趋势。

由于河南省农业结构的优化转型与调整，经营模式的创新，以及资源融

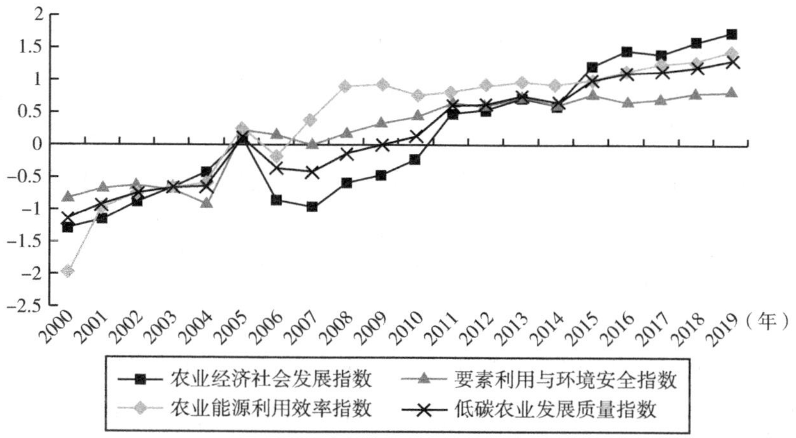

图6－6　河南省低碳农业发展质量各项指数

通意识、生态环保意识的增强，农业经济社会发展、要素利用与环境安全、农业能源利用效率等指数呈现出不规则的变化，但整体上与低碳农业发展质量指数的走势基本保持一致。2000—2019 年，农业经济社会发展指数从－1.28942 上升为 1.71632，要素利用与环境安全指数从－0.8572 上升为 0.83276，而农业能源利用效率从－1.99297 略微上升为 1.46127，导致低碳农业发展指数亦从－1.17547885 上升为 1.32592295。以上数据表明，低碳农业的发展质量直接关乎着河南省农业发展的经济效益、农业要素和能源的利用效率与环境安全可持续发展程度。其中，农业劳动生产率、土地综合利用率及农民收入等农业经济社会指标的持续稳定增长对低碳农业的发展质量起了拉动作用，也是促使低碳农业发展质量不断提高的重要因素。伴随着河南省区位优势的发挥，省内多个城市成为“一带一路”关键节点城市。河南省通过优化产业结构，推进产业价值链转型升级，集中优势资源推进农业现代化进程，以十大优势特色农业为依托，发挥辐射带动效应，以实现农业增值提效、农民稳定增收及“三农”协同发展，为河南低碳农业发展奠定了坚实的基础。

低碳农业发展质量指数在 2011 年有一个明显的分水岭。2011 年之前，低碳农业发展质量指数均在 0.5 以下，而 2011—2019 年，该指数分别为 0.592939、0.59002047、0.73554059、0.6217812、1.00258884、1.08899782、1.0946691、1.23591715、1.32592295，2019 年的低碳农

业发展指数是2011年的2倍多，是2010年的近10倍。特别是2004年之前，要素利用与环境安全对低碳发展质量指数的贡献是负向的，表明当时河南省现代化农业的经营方式粗放、环保意识不强、协同性差等导致要素利用和环境安全等指标测度值过低。随着我国经济结构的优化转型升级，河南省作为我国的主产粮区之一，通过推进美丽河南建设、保护农田耕地红线、加强重点区域生态防护林保护等一系列工作，大大改善了全区的生态环境，要素利用与环境安全从2006年起逐年助力河南低碳农业高质量发展。

2000—2019年河南省农业能源利用效率指数也有较大的变化，从-1.99297上升为1.46127，主要是由于河南省以农业发展为依托，加速推进一二三产业融合，农业生产的效率与效益得到明显提升。具体表现：一是河南省经济发展起步晚，经济发展水平相对滞后，而作为我国的产粮主要区域之一，唯有提高农业的效益才能缓解我国粮食危机，这就要求必须加速农业产业链的链端整合，在种子研发、融资、科技和信息服务方面加强服务功能的发挥，使农业能源利用效率提升有一定的保证；二是政策上支持和扶持力度明显加大，在创新农业经营主体，发挥农民专业合作社、家庭农场、种粮大户等组织的资源配备协调能力方面效应突出；三是农业主要参与主体的经营观念得到有效转变，从传统的人机结合模式，逐渐向智能化、生态化、集约化和协同化方向发展。

6.3.4 河南低碳农业发展的总体特征

结合以上分析评价可知，河南低碳农业发展质量指数的提高代表着河南省低碳农业发展水平的明显提升，3个影响因子之间在相互作用的同时亦相互制约，如有的影响因素对低碳发展质量指数既有正影响，也有负影响。整体来看，农业经济发展、要素利用与环境安全这两个指数对低碳农业发展质量的影响较大，而农业能源利用效率指数的影响相对较小，这与农业发展的经营观念、经济发展和技术发展的现状有直接的关系。具体来说，河南低碳农业发展出现上述特征的主要原因可以归纳如下。

（1）耕地资源禀赋稀缺，生产要素利用率低。推进中原经济区建设，打造郑州、洛阳、新乡等区域协同式发展，在一定程度上加速了城镇化的发展，导致城市的规模不断扩大，势必影响耕地资源，导致河南省保护耕地红线的压力不断加大。农业增质保效仍处于较低水平，农民的收入水平相对较低，新型农业经营主体的关键功能发挥仍旧滞后，使得河南省在发展低碳农业的进程中，面临的重点难题是耕地资源稀缺和要素利用效率低。这就导致河南农业过于依赖农药、化肥以及农膜的使用，致使河南低碳农业发展面临巨大挑战。根据中国农业科学院 2020 年的统计，河南单位化肥施用强度（0.056）超过全国平均水平（0.041），但化肥利用率及单位化肥粮食生产效率却在全国处于低水平，农业机械利用效率也远不及邻省和长江三角洲地区。种植群体的定位和新型农业经营主体的功能发挥在一定程度上反映了生态农业生产方式的理念无法与低碳要求相匹配，农户之间的生产缺乏联系和组织，土地难以实现整合，出现农业生产单位机械投入冗余，智能化程度明显偏低，导致生产要素利用率低下。

（2）农业经济区域发展不均衡。河南农业经济区域发展不均衡问题具体体现在农林牧渔业总产值、农村居民收入、农业经济设施以及农业生产率的异质性等方面。河南省耕地面积 1.2229 亿亩，南阳、信阳、周口、驻马店和商丘 5 个地区的耕地面积接近全省耕地面积的一半，然而这 5 个地区的人均 GDP 却低于全省平均水平，位于全省后 5 位，农业经济区域发展的不均衡态势相对突出。农业的发展离不开经济的支撑，经济发展能够为低碳农业发展提供相应的基础设施和服务体系，而上述 5 个地区的经济发展现状说明农业的效益相对较低，制约了河南省低碳经济的发展。

（3）低碳农业的科技支撑力度较弱，科研资金投入不足。河南农业科技进步贡献率为 42%，低于全国平均水平（57%），与全国排名靠前的省份存在较大的差距，主要原因为科技财政投入水平偏低，科技组织与团队建设相对滞后。从科技财政投入来看，河南在低碳农业科技方面的投入主要侧重于低碳技术的推广和应用等，而在技术攻关、科技创新等基础研究方面的投入较少，农业科学研究投入仅占农业总投入的 0.32%，低于其他省份平均水平（0.67%），且这部分支农资金主要流向农业事业单位（事业费），不能有效促进农民增收和农业低碳技术转化，农业科技成果的转换率相对较低。同时，受农业参与主体的文化程度和观念制约，科技与农业生产的衔接效果较差，导致在河南低碳农业发展过程中，部分具体措施无法被农户认可和运用。

6.4 河南省发展低碳农业的制约因素和有利条件

随着社会的不断发展，低碳农业已经成为现代化农业的主流趋势，也是可持续发展的必经之路。河南作为人口大省和农业大省，正处在工业化、城镇化和农业现代化发展的关键时期。但是近年来，随着河南经济的高速发展，环境质量却不容乐观。这非常不利于河南未来的绿色发展战略。现如今，低碳经济已经成为全民关注的焦点，发展低碳农业，保护资源环境，对建设美丽中国、美丽河南具有重要意义。

6.4.1 制约河南低碳农业发展的相关因素

（1）人均资源较低，耕地分散。河南是全国耕地面积前三名的省份，农业发展不仅对河南省内整体经济发展有重要影响，对全国的粮食安全也举足轻重。河南省的国土面积为16.7万平方千米，其中耕地面积占比达47.9%。虽然整体来看，河南省资源丰富，但是作为全国的人口大省，人口基数大，根据2021年统计数据，河南耕地面积11271.10万亩，常住人口9883万人，人均耕地面积1.14亩。根据第七次人口普查的结果，我国人口总数达到14.1178亿，目前我国的耕地面积大约是16.26亿亩，人均耕地面积1.29亩，河南人均耕地面积低于全国平均值。由于河南地势多样，山区丘陵较多，耕地较为分散，部分地区还存在土地利用不合理、生产力开发不充分等问题，导致整体农业生产效率不高。从森林资源来看，和全国相比，河南省森林覆盖率并不高，在全国排名靠后。众所周知，森林是天然的碳处理加工厂，树木通过光合作用将空气中的二氧化碳转化成氧气释放到大气中，因此林业在低碳农业中发挥着至关重要的作用。由于森林资源较少，河南省森林生态系统薄弱，对自然灾害和极端天气的抵御能力有限。由于人多地少、森林资源匮乏，加上土地流转市场尚不成熟，耕地面积小而分散，河南省低碳经济难以形成较大规模。

（2）农业现代化水平仍需提高，基础设施较为落后。作为粮食生产大省，农业是河南省至关重要的产业，农业经济在河南省国民经济发展中占据重要地位。自国家提出低碳经济以来，河南省积极响应号召，立足自身，大力支持低碳农业的发展。近年来，不断加大对省内各地区农业基础设施的建设和维护力度。随着社会的发展和科学技术的进步，人们不断利用现代化的科技、机械化的产品等进行农业生产。相比于传统的人工农业，机械化使得田间作业更加高效、便利、快捷。河南作为农业大省，也积极建设农业现代化。但是相关研究表明，河南省农业现代化水平呈现东高西低、北高南低的空间格局。由于各地区经济发展水平和发展速度不同，各地区农业现代化发展节奏不一致，不同地区差距较大。新乡、鄢陵等地一直保持着较高水平的发展态势，鲁山县等地发展水平较低。整体来看，河南省的农业现代化处于中等水平。近年来，随着全省经济的不断发展，河南省不断加大对农业基础设施的投入，修建了水利等农业基础设施，但是由于资金有限，许多农田水利设施的维护并没有得到有效保证，对水资源造成了严重浪费。综上来看，要发展低碳农业，河南省还需要不断提高自身的农业现代化水平，加强基础设施建设。

（3）农业生态环境恶化，低碳农业模式尚不成熟。近年来，通过机械化技术、化工技术等高碳农业技术的运用，中国粮食产量不断提高，实现了粮食“十连增”。然而，产量增长的背后是化石能源的大量消耗，导致农业资源的污染和浪费。这样的增产风险很大，是一种不可持续的发展模式。作为粮食大省，河南每年生产的粮食高达约1000亿斤，近年来，大面积推广使用农业机械化作业，通过消耗大量的能源、资源来获得高产量。在农作物的日常管理方面，投入大量化学农药、化肥等化学试剂。2000—2012年，河南省粮食产量从4101.5万吨增长到5636.6万吨，增长了37.43%，化肥的使用量由420.71万吨增长到684.43万吨，增长了62.68%，大大超过粮食产量的增长速度。化学产品的使用，导致了一系列生态问题，如耕地污染面积增加，农业生态环境恶化，农产品质量下降，农业投入成本上升等。农药和化肥的生产需要耗费大量能源，从而产生巨大的碳排放，加之土壤污染、土壤固碳能力下降，农业可持续发展受限。

为改善上述情况，河南省积极响应国家号召，根据省内不同地区的地理环境特点和资源状况，开展低碳农业模式试点。《河南省2014—2015节能减排低碳发展行动计划》中提到，在郑州、洛阳等有条件的城市实施“煤改气”工程。加快推进鹤壁、焦作等矿区瓦斯提纯、发电、集输管线等项目建设。重点建设秸秆生产纤维乙醇、沼气高值化利用示范等项目，慎重规划、合理布局城市生活垃圾焚烧发电项目。但是至今尚未形成成熟的低碳农业模式，高投入、高污染、高排放依然存在，由于多年的生产习惯，农业生产依然呈现高碳化特征。事实上，对低碳农业的研究大多基于对低碳农业概念和模式的研究，对如何发展低碳农业的研究很少。如何尽量减少农药和化肥的使用，同时保持农作物原有的产量甚至增加产量，以及如何合理利用农业废弃物，都需要先进的技术作为保障。然而目前有关发展低碳农业的技术手段尚不成熟，低碳农业的发展存在诸多不利因素。

(4) 农民文化程度较低，低碳意识薄弱。虽然河南省进行了一系列的模式探索，但是农村人口众多，农民的文化程度普遍不高，农民整体素质有待提高。河南省第二次农业普查数据显示，农村劳动人员的文化程度在初中水平以上的仅有11.8%，文化程度在初中水平的占60.4%。农民对低碳农业的了解不多，对低碳农业带来的效益也不太信任，所以农民的低碳生产意识还很薄弱。尤其在农村，焚烧田间秸秆，大量使用化肥农药等现象层出不穷。现在低碳农业发展依赖于低碳技术创新，而低碳农业技术多属于新兴技术，创新前景不确定，风险比较高。出于对风险的规避，大部分农民在进行农业生产时，会选择比较稳定的传统农业生产方式。也就是说，在没有更好的粮食增产技术替代的情况下，依赖化肥、农药增产的方式仍占据主导地位。但是这将导致土地污染加大，温室气体增多。而且施用农药化肥的边际效用是递减的，于是农民就陷入了“施用化肥—土地贫化—施用更多化肥—土地更加贫化”的恶性循环。随着思想的转变，现在越来越多农民选择外出务工，尤其是具有高文化程度的农民，外出务工收入成了家庭的主要收入来源。据统计，真正从事农业生产的高素质农民并不多。农民的知识水平越低，其在农业生产中越会采用比较粗放的生产方式，而且他们的目的就是获得更高的收益，不会考虑资源和环境的问题，从而使得推广低碳农业发展理念比较困难。况且，低碳农业生产体系还不够完备，虽然社会效益和生态效益还是比较显著的，但是经济效益并不令人满意，示范效应有待加强。

6.4.2 河南省发展低碳农业的有利条件

(1) 地理位置卓越。河南，古称中原，位于我国东部，黄河中下游，东接安徽、山东，北壤河北、山西，西连陕西，南邻湖北，历来有“天地之中”的美誉。交通便利，四通八达，拥有公路、铁路、航空、水运相结合的综合交通运输体系。河南横跨黄河、淮河、长江和海河四大水系，黄河横贯河南中部，流域面积达3.62万平方千米，约占河南全省面积的1/5。得益于天然的水系，河南水力资源丰富，水量充沛，地下水平均每年水资源总量可达430亿立方米，发展农业经济具有得天独厚的优势条件。气候环境方面，河南属于温带亚热带、湿润半湿润季风气候，春季干旱，夏季炎热、雨量充沛，秋季晴朗、日照充足，冬季寒冷、雨雪较少。适宜的气候使河南省降水充沛、日照充足、光热资源丰富，为多种农作物的生长提供了有利条件。自然资源方面，河南耕地面积达7179.2万公顷，土地资源丰富。河南省拥有广阔的平原、丘陵和山区，其中平原和盆地面积9.3万平方千米，占全省总面积的一半以上。土地肥沃，土壤优质，为农作物的生长提供了丰富的营养。2020年在新冠疫情等内外部复杂的生产环境下，河南粮食产量保持稳定，连续四年稳定在1300亿斤以上。河南拥有林地7053.03万亩，森林覆盖率达到17.32%，森林独特的碳化功能，为低碳农业的发展，提供了支持。黄河周边的湿地系统带来了丰富的湿地植被种类以及大量的湿地鸟类资源。生物多样，具有发展低碳经济的先天条件。

改革开放后，河南为了谋求经济的跨越式发展，提出中原经济区发展战略。中原经济区以河南为中心点，东临山东菏泽，西接山西长治，南临江苏徐州，北抵河北邯郸，涉及29个地级市和7个省份，包括河南、山东、山西、河北、江苏、安徽和湖北，总面积达30万平方千米。总的来说，中原经济区的建设目的是加快中国内陆地区跨区域经济发展的速度，同时也兼顾了生态文明的社会主义经济建设和中原经济区的科学文明建设。河南省委曾多次邀请多方学者和专家召开座谈会，就中原经济区的现代化建设提供理论及技术支持。河南省在征集多位专家意见后，结合自身的经济发展现状，制定了“三化”协调发展的战略方向。其中，“三化”战略目标的实现是以农业现代化为基础，实现农业现代化又是以保护生态环境为基础。因此，在中原经济区建设时，发展低碳农业是必然的选择。

（2）耕地面积大，种植农作物多样。“民以食为天，食以粮为先”，河南每年为全国人民提供千亿斤粮食，满足了国民对粮食的需求。2016年，全省粮食种植面积达15429.23万亩，粮食产量达到5946.60万吨，农业机械总动力达9856.82万千瓦。2020年河南全年粮食播种面积为16106.19万亩，比2019年增加6.38万亩，粮食总产量为6825.80万吨，比2019年增长1.9%。从粮食作物的种植生产情况来看，小麦、玉米、水稻三大高产农作物均实现播种面积、平均亩产、总产量的增长。对发展低碳农业来说，耕地是重要因素，而河南天然的地理优势加上广阔的耕地面积，无疑是发展低碳农业的重要基地。河南以平原为主，“农—林—牧—加”复合低碳农业模式适合在平原地区和盆地地区开展。河南自古以来就是农业种植大省，小麦、玉米、水稻在这里都能生存并丰收，畜牧业发达，森林资源较为充裕，具备发展低碳农业的优越条件。

（3）农产经验丰富，生态农业模式兴起。河南作为全国粮食大省，响应国家号召，不断推进有自身特色的循环经济发展模式，形成以种植业为主，以秸秆肥料、饲料、基料、能源为辅的“五省”农业发展新模式。养殖业要继续探索和完善自身的生产技术，推广畜禽粪便沼气的使用，促进畜禽养殖集中区模式的发展。沼气工程是一种绿色、环保、节能、高效的清洁生态农业发展模式，不仅能减少二氧化碳等温室气体的排放和能源消耗还能有效解决农村生活的能源问题，更可以为农业生产提供有机肥料，减少传统农业生产所造成的环境污染。近年来，河南省加大技术方面的投入，在农村推广普及沼气工程，促进了水产养殖、畜牧和绿色农产品的大力发展。沼气是一种很好的清洁燃料，1立方米沼气燃烧和0.714公斤标准煤燃烧所提供的能量相当。若每年产生172亿立方米的沼气，相当于替代2420万吨标准煤，从而减少煤炭等不可再生资源的使用，同时减少秸秆焚烧，大大减少了温室气体排放和农村环境污染，对生态保护和环境治理都有重要意义。另外，河南省建立了以科技为支撑的现代化循环农业生产经营体系，为河南省发展低碳农业奠定了坚实的物质基础。河南省利用相对成熟的农业市场，将低碳技术与农业发展有机结合，逐步将低碳技术、低碳农业推向市场，充分发挥低碳农产品的环保、营养和安全优势，并取得了较为理想的社会效益及市场效果。

（4）国家政策支持。国家对低碳经济的空前重视为河南省低碳农业的发展提供了历史机遇。近些年来，国家不断加大对低碳农业的投入和政策支持力度，一些先进节能减排技术和农业生产管理经验随着国家的高度重视和推广直接影响了河南低碳农业的深入发展。2019年习近平总书记在黄河流域生态保护和高质量发展座谈会上提出一项重大战略——“黄河流域生态保护和高质量发展”。河南作为黄河流域上的重要省份，面临着前所未有的发展机遇。生态保护就是要坚持“绿水青山就是金山银山”的发展理念，坚持生态优先，绿色发展。我国的低碳经济也得到国家领导人的高度重视。习近平总书记指出要把节能减排作为经济发展的约束性指标，深入推进绿色发展、循环发展、低碳发展。河南省各级政府积极落实中央关于农业发展的一系列政策，把农业工作摆在首位，河南对农业的重视有利于低碳农业政策的落实。另外，河南的农业和农业经济发展的相对完备，也为低碳农业的实行打下了较好的现实基础。因此，河南省作为农业大省主动发展低碳农业，不仅顺应时代潮流，而且符合国家的政策方针，为低碳农业发展提供了便利。

低碳农业的发展是中原经济区建设的重要组成部分，同时也是中原经济区发展的基础和关键所在。河南自然地理位置优越，耕地面积广，人口多，农产经验较为丰富，虽然存在部分制约因素，但是在国家和省政府的大力扶持下，河南省的低碳农业发展之路必将一片光明。

6.5 河南省低碳农业发展的对策建议

6.5.1 宏观政策引导

低碳农业是复杂的系统工程，国家着力于顶层设计，对我国未来低碳农业发展的战略方向进行指引，并制定与低碳农业发展相配套的发展政策与补偿机制。

（1）促进农业生产结构向低碳转型。根据农业部门排放温室气体结构（见图6-7），在农业系统内部，种植业和养殖业属于“碳源”产业，林业、渔业属于“碳汇”产业。在制定“保安全，促低碳”低碳农业财政政策时，首先要调整优化农业生产结构，在保证人民正常生产生活的基础上，注重对农业低碳产业、低碳品种和低碳产品的支持，促进农业生产结构的低碳转型。

（2）促进农业生产方式向低碳转型。我国已成为世界上最大的化肥生产和消费国，但化肥使用效率相对较低、污染严重。虽然我国的耕地面积不足世界耕地面积的10%，但氮肥使用量却占世界肥料用量的32%，除草剂、农药的使用量也在逐年增加。在这种高碳土地利用模式下，土地盐碱化和土壤

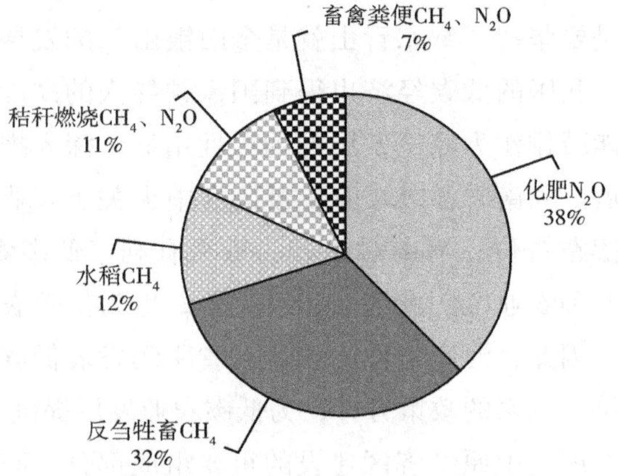

图6－7　农业部门排放温室气体结构

侵蚀严重，土壤有机质含量急剧下降，粮食保障力低下。因此，保护土地的自然力量，减少化肥及农药使用，积极休耕，加速土地利用方式从高碳向低碳转型应是低碳农业支持政策的重点之一。

（3）促进农产品消费向低碳转型。消费是经济发展的重要环节，低碳农产品消费在低碳农业发展中发挥着承上启下的重要作用。在环境资源双约束的当下，倡导低碳消费，不但节约资源、减轻环境污染，而且，这种消费模式可以倒逼农业生产的低碳化，加快我国低碳农业发展的进程。因此，引导消费者转变消费观念，变高碳为低碳，也是“保安全，促低碳”财政政策的着力点。

6.5.2　中观机制协调

农业是温室气体重要排放源之一，有巨大的碳汇潜力。很显然，新时期现代农业发展除了要保障粮食安全、食品安全之外，还承担了保障生态安全的重要任务。着力发展低碳农业，促进固碳增汇，有助于实现碳达峰碳中和目标。

针对农业的“双重身份”，如何尽可能地减少农业碳排放，发挥农业的碳汇作用是新时代农业发展亟待解决的现实问题。推动农业绿色低碳发展，是实现河南碳达峰碳中和目标的重要抓手。针对低碳农业发展水平存在差异这一现象，区域间、省域间构建协调机制，有条件的地方先达标，逐步推进，实现不同地区低碳农业发展的协调共进。同时，进一步提升生态碳汇能力，强化国土空间规划与用途管控，有效发挥森林、草原、湿地、海洋、土壤、冻土的固碳作用，提升生态系统碳汇增量。要顺应农业绿色发展趋势，制定农业碳达峰的总体规划。农业活动的碳排放包括农业物资与农地利用、动物肠道发酵、水稻种植和粪便等农业废弃物管理等方面。据测算，2016 年河南省农业活动碳排放以农业物资与农地利用、水稻种植为主，占比均在 40% 以上，其次是动物肠道发酵和动物粪便管理。近 20 年来，河南省农业活动碳排放整体呈下降趋势。然而，在确保粮食安全的前提下，随着农业现代化建设进程的加快，河南省农业实现碳达峰与碳中和仍面临巨大挑战。建议在保障粮食安全和适应农业现代化建设趋势的前提下，预测河南省农业碳排放的趋势，评估固碳减排的潜力和成本，制定农业碳达峰的总体规划和行动方案。

要着力统筹推进科技创新支撑引领农业碳达峰碳中和工作。从技术研发、推广示范、人才培养和国际合作等方面统筹发力，助力河南碳达峰碳中和行动。建立农业碳达峰碳中和专业研究平台，加强农业碳达峰碳中和理论、方法、技术和政策等方面的系统研究，不断完善农业碳计量监测体系和提出相应的技术标准、政策建议，以加快农业碳达峰碳中和法律法规、政策体系等的制定。

6.5.3　微观技术推进

强化宣传与教育，鼓励农民采用低碳技术，实现农业生产过程的低碳化。要着力统筹推进科技创新，支持和引领农业碳达峰碳中和工作。全面推进国际合作、人才培养、技术研究、推广示范等，助力河南碳达峰碳中和行动。建立农业碳达峰碳中和的专业研究平台，加强对农业碳中和理论、方法、技术和政策的研究，不断完善农业碳计量监测体系，并提出相应的技术标准和政策建议。设立专项资金，全面支持农业固碳减排关键技术的不断发展创新，重点加强高效农作物等低碳技术及设备的研发和应用。构建具有河南特色的农业固碳减排技术模式，率先在农业绿色发展先行区、乡镇、大型种养企业等进行试点示范，因地制宜构建农业碳中和示范县、示范乡镇、示范企业，并为低碳农业发展提供强有力的科技支撑，让低碳农业为区域碳达峰碳中和助一臂之力。

要大力发展低碳农业，充分发挥农业系统固碳减排的潜力。力求把握好四个环节：一是采取合理的农业管理措施（包括秸秆、生物炭或有机肥还田、茶果园生草覆盖等）和减少土壤侵蚀，提高农业土壤的固碳量；二是优化养殖结构，大力推广种养结合和生态健康养殖技术，不断改进和提升畜禽粪便等废弃物资源处理水平和还田率；三是合理发展农村生物质能源产业，利用秸秆、粪便、农村有机垃圾等废弃资源开发生物质能源，抵消农业生产的部分能源消耗；四是因地制宜地发展有机农业，满足日益多样化市场需求的同时，实现农田生态系统从“源”向“汇”转变。

第 7 章

数智科技对现代农业渗透融合的激化

随着农业现代化和农村改革步伐的不断推进，农业生物技术、农业信息化快速发展，新材料、新能源、先进装备制造等高新技术广泛应用于社会主义新农村建设之中，迫切需要一二三产业加快融合发展。在现实经济中，现代农业与服务业融合发展是发展农村经济、推进新农村建设的重要着力点，对促进现代农业生产发展，提高农业综合生产能力，增加农民收入有着重要的现实意义，是实现农业现代化的有力举措。

大数据、云平台、人工智能等信息技术的发展促使传统农业向农业现代化转变，推进农业价值链转型升级。本章依托现代化农业发展对数智信息技术的融合需求，按照科技推动农业发展的理论演进，现代化智能化农业建设进程的特征，数智科技与现代化农业渗透融合的互动机制、运行机制、运行模式，以及现代化农业发展的决定力量等依次展开，系统地论证了数智时代科学技术对现代化农业的促进和融合渗透功能，进一步构建了科学的现代化农业与智能技术渗透融合的运行模式，推动了医药农业、智能农业、低碳农业等农业新业态的延伸拓展。

7.1 科技推动农业发展的理论演进

根据技术的应用程度，国内外学者一致认为农业的发展主要经历了原始农业、传统农业和现代农业三个阶段。发达国家的农业基本上进入现代化农业初级阶段，而发展中国家正处于传统农业向现代化农业转变的关键时期。按照中国农业大学李道亮教授的观点，发达国家处于农业 3.0 时代，而我国正处于农业 2.0 向农业 3.0 转变的特殊时期，并且在 2022 年基本上进入以机械化为主要生产方式的农业 3.0 时代。农业发展从原始农业到现代农业，从农业 1.0 到农业 4.0，实际上是农业生产力的发展与生产资料的优化配置，在此过程中，科学技术作为主动力发挥了关键作用。基于科技对农业发展的推动及农业发展的转型升级，科技推动农业发展的理论演进主要分为三个阶段。

第一，科技推动现代化农业发展的理论模型构建。科学技术在农业发展进程中的渗透融合应用决定着现代化农业建设的质量与速度，科技推动农业现代化发展无法脱离对农业科技变革创新的要求。速水佑次郎和弗农·拉坦（1971）依托农业科技变革对农业的发展演变机制创造性地提出“速水佑次郎－拉坦”模型，该模型认为，受生产资源的弹性影响，推进农业科技变革的渠道是多维的。在此基础上，速水佑次郎和弗农·拉坦（2000）进一步提出，现代生物科学技术的进步能够有效地消除土地无弹性所带来的农业发展制约，机械化科学技术则能够有效消除农业劳动力对农业的影响。鉴于此，速水佑次郎和弗农·拉坦提出，不同国家应该结合各自的资源禀赋、农业生产环境和社会制度发展优势产业，以形成相对竞争力较强的现代农业发展模式。人口较多而可利用耕地面积较小的国家，应采取精耕的方式或向农业产业链两端发展，如大力发展生物制药、育种、农业服务等农业产业以集聚核心竞争优势；劳动力资源稀缺而土地资源相对丰富的国家，则应大力推进农机技术创新以促使农业规模效应发挥。该模型的关键在于不同国家要依托本国的资源禀赋优势集中发展特定农业技术以形成农业核心竞争力，任何国家都不能完全照搬其他国家和地区的农业发展模式。依托“速水佑次郎－拉坦”模型的观点，注重发展中国家的现代农业建设技术路线选择意义重大。

第二，科技推动现代化农业发展的内涵建设。进入 21 世纪，各个年度中央一号文件关于现代化农业建设的关键举措和指导思想，为现代化农业建设指明了方向，大力发展现代化农业技术并推进技术与农业发展的渗透融合是促进我国传统农业向现代化智能农业转变的关键。基于此，我国学者以我国农业发展的特点和资源禀赋为基础，从过程和结果两方面对科技推动现代化农业发展的内涵进行界定。

从过程方面看，康芸、李晓鸣（2000），丁泽霎、杜志雄（2001），李道亮（2015）等学者认为，科技推动现代化智能农业的发展实际上是现代科学技术在农业产业链条上各个节点的渗透融合并相互作用的过程，即在传统农业发展的基础上引进新的生产要素，通过科技进步促进农业资源的优化配置及价值链的转型升级，以实现农业增效、农民增收。

从结果方面看，杨雄年（2015）认为，现代化农业是传统农业充分运用现代化科学技术，通过构建现代农业管理制度和服务体系以提升农业生产的效率和质量，是我国社会转型期农业发展的新模式。蒋和平（2012）在对我国农业现代化发展现状进行调研的基础上，采用定量与多级指标综合指数分析方法，对现代科学技术在农业生产运营过程中的融合机制和融合效果进行系统研究，认为高新技术是推动现代化农业建设的决定力量。韩瑞玺、朱岩（2018）认为，科技推动现代化农业建设实际上是在农业发展过程中有效地利用现代化技术以提升农业生产力发展水平，促使农业向更高层次的现代化农业发展。于佃风（2018）认为现代化农业的标准是通过科学技术应用提升现代化农业生产能力和推进生产资料的优化配置，并规范现代农业生产关系。林咏华（2020）、徐三锋（2020）则以现代化农业的具体体现为导向，认为农业现代化是在市场需求机制的引导下，通过完善农业发展制度、创新发展农业现代化技术、优化农业管理组织结构、规范农业服务体系等具体措施，实现农业生产、储运、销售的一体化，达到优化农业资源优化配置的农业形态先进水平。胡洪梅（2017）认为现代农业是以生物技术、信息技术为依托形成的农工贸一体化运作模式，并导致由单一的传统农业生产经营向以农产品生产智能化、育种生物化、低碳化等领域拓展的一种农业新业态，涵盖农业生产、农业服务、农业旅游、农业科技等多个产业。魏宣利（2020），王兴国、曲海燕（2020），景丽（2020）等人则认为科技推动现代化农业建设是以科学技术发展为支撑、以现代工业装备为物质条件、以统筹城乡经济协调发展为目的，推进农业产业结构优化升级、价值链转型提升和新型农业经营主体建设，从而实现农业产业化。

第三，科技推动现代化农业发展建设路径。由科技推动现代化农业发展的理论模型与内涵可知，结合不同区域的资源禀赋和要素条件，关于现代科学技术推进现代化农业建设路径的研究有：刘玉忠（2015）、仇裕淇等（2019）、刘欢（2020）等人在分析欧美及日本等国家和地区农业现代化建设经验的基础上，提出我国应该走机械化大农业与园艺化小农业相结合的生态农业道路，以生态、集约、协同、环保为目标推进现代化农业建设，全面提升农业生产运营的机械化水平和智能化水平，借助劳动资源优势提高农业生产效率，增加农业产业附加值，取得比较优势与竞争优势。黄祖辉等（2008），许瑞（2017），殷志扬、王志斌（2020），杨郭林、张文怀（2021）等学者则从制度和组织创新的角度，提出创新农业经营主体、变革土地制度，以推进现代化农业的内涵式发展，构建科技、制度和农民“三位一体”的现代农业发展体系。

7.2 数智时代现代农业科技的主要内容

综合科技推动现代化农业发展的演进历程，传统农业向现代化农业转变，实质上是科学技术逐渐取代土地、劳动力等资源的核心地位，以创新农业经营主体为依托，通过现代科学技术的应用，推进农业生产力的发展和生产资料的有效整合，推动传统农业向现代农业转变，即数智时代的现代化农业。

7.2.1 数智时代现代农业科技的特征

农业发展是在农业科技创新变革的推动下由传统农业向现代农业演进，对应的不同农业发展阶段的科技为传统农业科技和现代农业科技。传统农业科技是在经验积累的基础上形成和发展而来的，传承、保守和技术缓慢发展是其主要特征。相对于传统农业科技，数智时代的现代农业科技呈现出以下特征。

（1）前瞻性。现代农业科技是在各个不同领域创新的基础上相互作用而形成的，是在原有农业科技基础上结合社会发展与产业结构优化升级需求所进行的技术创新变革，与传统农业科技有着较大的差别。新的农业科技推进了生产力发展与生产效率提高，是伴随着社会对现代化农业技术的需求而发展起来的，表明数智时代的农业科技具有很强的前瞻性。

（2）综合性。现代农业科技创新过程中，人才和智力为第一要素。科技创新团队以地理学、化学、天文学等众多基础学科为依托，以农业生产运营发展需求为研发动力，形成了包含多种科学技术知识的科技体系，涵盖农业生产运营的各个环节。

（3）渗透性。农业科技的发展并不是孤立存在的，而是属于综合性、交叉性较强的技术领域。该特性决定了现代农业科技不仅能够与农业生产运营的各个环节与过程相匹配，也能够改变传统的作业模式与作业方法，进一步带动农业产业生态网络的构建与发展，凸显农业在整个经济社会发展中的功能作用。

（4）高风险与高收益并存。农业科技的创新变革需要投入大量的人力、物力资源，任何一项技术突破都需要投入大量的资金，属于典型的资金密集型产业。受限于传统农业生产方式与农民固有意识，现代农业科技是否能够与农业发展相匹配，进而大规模推广应用，使农业科技研发创新具有较高的风险。然而，高风险意味着高收益，高投入的现代农业科技对促进农业生产效率提升发挥了关键作用，能够为社会经济效益提升做出巨大贡献，可见现代农业科技是高投资、高风险与高收益并存。

（5）外溢性。技术外溢是技术推广应用过程中不可避免的社会现象，除了需要专利制度和公民道德制约之外，政府资金支持和补贴制度能够有效地强化资源的优化配置。现代农业科技不同于工业科技，由于受众较广、应用者专利意识不强等，技术外溢现象比较明显，部分农业高新技术甚至属于“公共物品”或具有“公共物品”性质，很难消除应用中所谓的“免费搭车”问题，这就决定了农业技术创新不可能完全市场化。

7.2.2　现代农业科学技术的主要内容及其分类

现代农业科学技术是在现代自然科学和社会科学理论的基础上，通过技术创新变革以有效提升农业生产效率，进一步优化农业生产要素配置的手段、工具和方法的系统总和，是一系列技术变革创新的结果，包含丰富的内容。从现代科学技术对农业的渗透融合角度来看，现代农业科技通过与种植业、畜牧业、水产业、林业及农产品加工业等产业的渗透融合，推进了现代化农业体系构建。现代农业科学技术包括动植物育种工程技术、化肥研制工程技术、农业水利工程技术、耕地土壤改良工程技术、动植物基因工程技术、动物饲喂工程技术、农业环境保护工程技术、动植物细胞酶发酵工程技术，以及动植物产品加工机械工程技术、信息技术等，同时还包括为提高各个领域管理效率的计算机信息技术、人工智能技术，以及其他化工材料技术，如互联网信息技术、生物工程技术、信息遥感技术、激光技术、新材料技术等。

分类标准不同致使现代农业科技分类混乱且缺乏一定的逻辑主线。本书依据农业产业链不同环节的技术渗透融合应用，将现代农业科学技术分为农业生物技术、农业信息技术、现代农业资源与环境工程技术和现代农业管理技术。其中，前三种技术主要表现为现代农业发展对农业生产能力发展的推进，现代农业管理技术则是为了确保现代化农业管理效率的提升。同时，按“技术开发层面”和“产业应用层面”对现代农业科学技术进行四维划分，如表7-1所示。

表7-1　现代农业科学技术的分类

领域范围	技术开发层面分类	产业应用层面分类
农业生物技术	基因工程、细胞工程、酶工程、微生物（发酵）工程	遗传育种、转基因育种、植物快速繁殖、动物快速繁殖、农业生长素生产、生物农药、畜禽疫苗、药用保健食品
农业信息技术	遥感技术、地理信息系统、全球定位系统、远程通信技术、计算机网络技术、数据库技术	智能化农业专家系统的建立 模型模拟的农业决策支持系统的建立 计算机网络技术的农业应用 3S支持下的精确农业的技术开发 农业管理信息系统数据库的建立
现代农业资源与环境工程技术	新能源技术、海洋技术、新材料技术、空间技术、环境控制技术、诊断施肥技术、工程管理技术、无疫害生产	高效水资源利用技术、设施（工厂化）农业、田间信息实时采集技术和设备、农业环境可控技术、动植物产品安全生产技术、农业智能机械和设备、无疫害化生产技术体系

从表7-1可知，现代农业科学技术包含的内容相当广泛，结合现代化农业建设的要求与特征，生物技术和信息技术是现代农业科学技术体系中的核心内容。生物技术以基因转移和重组为代表，主要应用在农业动植物的选育种领域；信息技术以大数据、云平台、人工智能等新技术为依托，对农业信息知识进行收集、处理、存储和转换，应用在农业生产运营的各个领域和环节，甚至渗透到与农业相关的其他产业。就我国而言，土地资源相对稀缺、劳动力资源相对丰富，按照“速水佑次郎-拉坦”模型，走生物技术进步的道路是我国农业发展的必然选择。同时，农业现代化建设由机械化逐渐向智能化方向发展，对农业信息技术的创新变革提出了新的要求，通过信息技术

消除农业生产运营过程中的信息不对称，加速农业资源的优化配置，强化不同区域间农业发展的竞争合作，对农业增效、农民增收将会起到极大的促进作用。针对我国“藏粮于技、藏粮于地”的农业发展战略，生物技术和信息技术势必成为我国现代化农业建设的源动力。

7.3　现代科学技术对农业渗透融合的作用机制

产业结构优化升级的关键在于技术的创新变革。通俗来讲，技术创新通过创新理念、方式、方法与工具，注重转化引用，实现提升产业生产力和经营主体的效率，节约资源、提高附加值。产业融合过程中的技术渗透，不仅包含自身技术的研究和产业化，还包括技术集成创新与技术扩散、组合创新。前者是基于多种新技术的整合重构，结合智能农业发展进程中对新知识、新技术的应用，派生出的耦合联动技术创新形式，其中以计算技术与交换技术的融合、信息技术与现代生物的融合为代表；后者则是通过对其他技术的改造，把不同产业技术有机衔接起来，将传统农业生产技术与信息化技术、生物技术、制造技术等组合起来，形成现代农业技术发展体系，进而推进传统农业向现代农业转变，推进现代农业进行价值重构、链条整合。

7.3.1　推进农业生产运作技术创新重组

现代农业是在现代科学技术的变革创新、转化应用、推广普及的基础上发展起来的，提高了劳动生产率、土地产出率，增加了农业产品的数量、种类，提升了农业产品的质量，推动了农业供给侧结构性改革的进程。通过现代科学技术对农业的渗透融合，推进农业科学技术的创新重组，包括农业技术的开放系统构建与农业技术的转型升级。传统农业是在长期的生产作业过程中通过改良创新而形成的一个处于均衡状态的闭合循环系统，生产过程中的生产资料、生产工具所涉及的技术要素均来自农业生产系统，农业的产出也主要用于农业系统内部的消费，投入和产出构成低水平的闭合循环。现代科学技术对农业发展渗透融合的关键在于打破传统农业的技术系统，引进新的技术、新的理念和方法，注重生物技术、信息技术、管理技术、金融服务等先进科学技术与农业生产的融合应用，构建开放的现代农业生产技术系统，如推进生物技术在育种、农药、饲料等领域的应用，在种植、栽培、灌溉、采摘、储运、销售、加工等领域引进管理信息技术，在发展低碳农业、生态农业过程中采用现代环境工程技术等。在市场竞争、制度创新和社会文化的引导下，传统农业技术采用科学理论，构建科技创新组织与创新团队，融合多领域科学技术，促进传统农业技术转型升级。

7.3.2 强化现代农业生产力系统构建

推进现代农业技术创新和构建新的农业生产力系统，是现代农业建设的主要任务。现代科学技术对农业发展的渗透融合，有效地提高了农业参与主体的素质，改进了农业生产工具，扩大了农业劳动对象的范围，进而构建了完善的、相对高水平的农业生产力系统。现代科学技术对农业的渗透融合的生产力提升作用机制主要体现在：首先，提升农业参与主体的素质。农业参与主体的素质对农业科学技术的有效扩散和转化发挥了关键作用。加大对农业参与主体的投资力度，提升农业参与主体的素质，使其完善新知识结构体系，提升技能水平，进而发挥其主观能动性。其次，改进农业生产工具。现代科学技术对农业发展的一个重要影响，是持续推进农业生产工具的创新，优化农业生产工具的性能并提高作业效率，全面促进农业生产力的发展。最后，优化农业资源配置。农业生产运营过程中现代科学技术的应用，能够扩大农业作业范围，充分挖掘并利用各种自然资源，特别是在育种、农药、信息系统建设方面，如杂交育种、杀虫剂、农业综合管理信息系统建设等，不仅提高了农业生产效能，而且促进了农业内部与外部其他产业间的资源优化配置。

7.4 现代科学技术对农业渗透融合的运行机制

农业生产运营前中后三个环节的创新变革离不开现代科学技术的应用，在以经济利益为中心的动力机制、市场竞争机制和管理机制等的制约下，对传统农业生产进行技术改造，加速构建新的生产力系统。同时，渗透融合在实际运行过程中呈现螺旋式循环上升的特征，即完成前一轮现代科学技术对农业生产力的推动、高级生产力系统构建和传统农业经营模式的改造升级以后，农业经济发展对科学技术的研发、推广提出了更高要求，并为科学技术的转化应用与推广普及提供了强力支撑，然后开始下一轮的农业科学技术改造。因此，农业与科学技术渗透融合的运行机制，是在两者渗透融合的动力机制和环境机制的作用下，实现农业生产力的科学发展和农业生产资源的优化配置。

7.4.1 现代科学技术对农业渗透融合的动力机制

现代科学技术对农业渗透融合的动力机制，是指各参与主体以获取经济利益为目的，驱使现代科学技术在农业生产运营及产业结构优化升级过程中发挥功能作用，有微观和宏观两个方面表现。

微观上表现为现代科学技术供需双方在经济利益的驱动下，通过现代科学技术成果的转让与推广应用，取得预期的经济效益。现代农业科技成果的供给动力主要表现为以满足市场需求为驱动，通过现代农业科技产品技术的研发与应用转化，从科技产品成果的所有权与使用权让渡过程中获得一定的经济回报，或依托科技研发项目获取政府及社会的资金补贴与制度支持。以上两种情况是现代农业科技产品供给的关键动力。现代农业科技成果的需求动力则来自农业生产经营主体对超额收益的追求。物质利益是农业科技成果需求的直接驱动力，主要表现为农民、农业企业、农村为构建高效生产力系统而对农业科技供给的引发力。

宏观上表现为政府以社会经济的稳健性发展为目标，通过推进农业供给侧结构性改革过程，满足实施我国粮食安全战略、提升综合国力和保障社会安定繁荣的具体要求。在推进一二三产业融合并创新融合模式的过程中，充分发挥现代化农业技术对农业发展的技术创新效应和产业优化效应，构建政府对现代农业科技成果研发、转化、推广应用等活动激励与扶持的倒逼机制。农业科技成果供需双方对现代科学技术与农业发展渗透融合的需求，促使政府通过完善现代农业科技成果研用一体化政策和构建服务体系，形成政府引导下的现代科学技术对农业支持发展的根本动力。

7.4.2 现代科学技术对农业渗透融合的环境机制

现代科学技术对农业的渗透融合的动力机制是推进农业科学技术与农业发展的内源性动力，环境机制则是加速两者渗透融合的外源性动力。环境机制是指由农业参与主体、社会制度体系、社会服务网络、农业运作流程及农业生产要素等环境要素构成的农业生产运营制度体系、农业经营交换市场机制和农业运营文化环境。发挥现代科学技术对农业渗透融合的环境机制作用，首先，建立完善的政策和制度。完善的农业科技政策和制度是规范农业科学技术成果供需双方行为的保障，不仅会对双方产生极大的激励作用，还能够促进人财物等各项资源的优化配置，从而产生预期收益。农业科技相关制度具体包括现代农业科技产权制度、价格制度、税收制度、金融制度等。其次，构建合理的市场机制。完善合理的市场机制是现代科学技术转化为农业生产力的前提，加速农产品市场、生产要素市场、农业科技市场的建设，优化市场管理制度和市场竞争环境，能够有效地促进现代科学技术对农业发展渗透融合中的技术扩散与组合。最后，塑造稳定的文化环境。文化环境的关键在于农业生产经营参与主体的综合素质，提高农业劳动经营者的综合素质是创建现代科学技术与农业渗透融合的文化环境的基础，经营主体的综合素质提升包括参与主体文化水平的提高、风险意识和竞争观念的塑造，以及开拓创新能力的锻造。

7.5 现代科学技术对农业渗透融合的运行模式

现代科学技术对农业渗透融合的运行模式，是现代科学技术在农业生产运营过程中的具体应用，是农业科技成果供需双方在经济利益驱动下，农业生产技术服务网络体系构建和农业生产技术研发、转化、推广普及的综合体现，是现代科学技术应用于农业生产经营，以实现农业生产能力、生产效率提升和具有科技含量的新型农产品的培育、生产和市场化。现代科学技术对农业的渗透融合是一个动态复杂的过程，在不同的区域环境下，渗透融合受到供需主体间的相互作用、农业经营组织结构的创新变革、农业管理制度的完善优化、农业生产基础设施的完备程度等多重因素的影响和制约，导致现代科学技术对农业渗透融合的运营模式多样性。鉴于我国农业生产力、农村社会经济发展的不均衡及农业从业人员的差异性，传统农业技术与现代农业技术并存、先进的农业生产方式与落后的人工作业方式并存是我国现阶段农业生产经营过程中存在的典型特征。这两个特征决定了我国的现代科学技术对农业渗透融合的运行模式并非单一模式，从现代科学技术在农业生产运营中的嵌入节点来看，主要包括现代科学技术对农业渗透的一体化融合模式和现代科学技术对农业渗透的嵌入式融合模式。

7.5.1 现代科学技术的一体化渗透融合模式

现代科技的一体化渗透融合模式是农业科技研发、农业科技商品化、农业科技产品规模化与市场化的一体化，推动现代农业科学技术转化为现实生产力和现实经济收益，并采用现代化农业信息技术对整个一体化流程进行系统的规划、管理和运作，实现现代农业科技与农业经济相互促进、共同发展。具体来看，一体化渗透融合模式主要包括现代农业科学技术的研发、转化、产品的大规模生产和市场开发运营四个过程，通过四个过程的相互作用，推进农业科学技术的转化、应用、大规模开发的一体化运作，以现代农业科技产品为载体，形成新的农业业态和农业产品。同时，该渗透融合模式不仅是农业生产要素和生产方式的科技化、现代化，而且渗透到了与农业相关的其他业态领域，如金融、商业和服务等，以现代农业科学技术为核心，形成产业集聚效应，加速农业产业结构的优化与价值链的转型升级（见图7－1）。

现代科技的一体化渗透融合模式对我国经济增长具有极大的推动作用，一般是国家或地方政府依托现有科技力量，围绕重大农业科学技术项目而做出整体性规划。如我国黄淮海平原农业综合开发项目及部分地区的农业高新技术园区的建设都是采用一体化渗透融合模式。除了政府主导以外，个别具有较强经济和科研实力的大型企业，凭借其敏锐的市场洞察力，以市场的实际需求为依托，开展农业高新技术研发、产品转化和推广等活动，不仅能够满足企业逐利需求，还能够为推进我国农业现代化建设贡献力量。

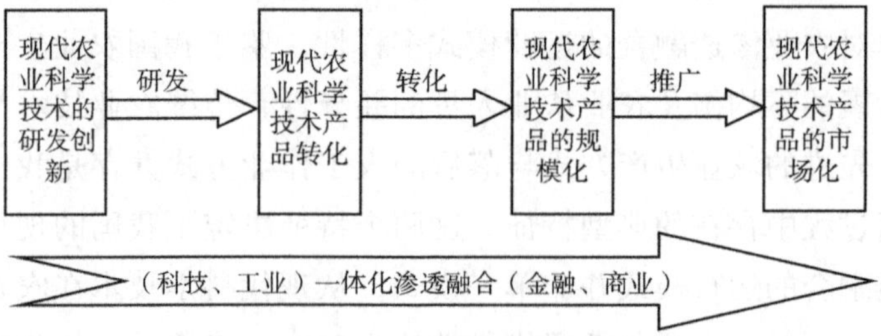

图 7－1　现代科学技术对农业渗透的一体化融合模式

7.5.2　现代科学技术的嵌入式渗透融合模式

相较于一体化渗透融合模式，嵌入式渗透融合模式更侧重于不同参与主体的协作与配合，具有更强的灵活性和专项性。该渗透融合模式的主要优势在于现代农业科技研发与科技成果转化、应用不是同一参与主体，任何参与主体都能够结合具体项目的实际情况进行有机抉择，项目发起人不需要进行科技自主研发，而是利用技术外包或技术引入的形式，实现传统农业生产经营与现代农业科学技术的有效融合渗透，达到提高农业产业效能的目的。该模式也分为四个关键步骤，即传统农业经营主体嵌入现代农业科技、现代农业科技在传统农业中的应用转化、现代农业科技产品的规模化生产与市场化运作，通过以上四个步骤，实现现代农业科学技术在传统农业中的嵌入式渗透应用，推进农业现代化的建设进程，加速传统农业向低碳农业、智慧农业转变（见图 7－2）。

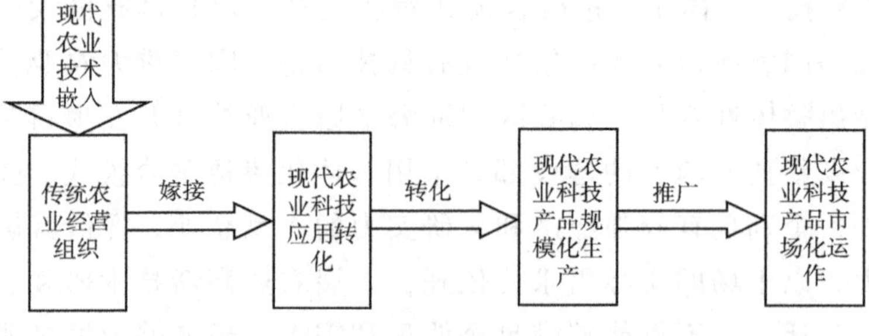

图 7－2　现代科学技术对农业渗透的嵌入式融合模式

与一体化渗透融合模式相比，嵌入式渗透融合模式的低成本、专项性和灵活性等特征具有更强的市场针对性，科技成果转化的风险更低，更加适应我国农业生产力发展不均衡的现状。我国珠江三角洲的“两头洋、中间土”的科技融合模式，就是围绕传统的大宗农产品和农村土特产品，有针对性地引进国内外农业科技，通过创新农业经营主体，形成具有示范带动效应的农民专业合作社、家庭农场和龙头企业，引导更多的农户加入专业化分工的社会大生产体系，统一将深加工的最终产品销往国内外市场。

综上所述，两种不同的渗透融合模式各具特色，其实质均为在特定市场竞争机制约束下，农业生产运营的各相关要素相互作用，加速农业发展过程中的技术产品市场化和技术组织企业化，促进农业生产组织的运作转化为现实的生产力并成为农业生产经营相关主体的利润源泉，这也是产业结构优化和经济增长的关键所在和产业融合创新效应的集中体现。然而，不管是哪种运行模式，所创造的创新效应都不是一次性的，而是在关联产业的循环互动和持续创新中不断被提升和强化，进而构建智能化的农业生产网络体系。

7.6　数智时代现代化农业科学技术的应用发展

在技术经济效益的驱动下，数智时代现代化科学技术的应用领域不断拓展。现代化农业以技术发展变革和应用为主导，推进社会经济稳健发展与农业产业结构优化升级，实现了农业产业价值链的整合创新。结合我国农业与现代技术发展现状，生物技术产业和信息技术产业凭借源头、主干优势，为现代化智能农业、低碳农业发展提供了有力支撑。通过构建返贫阻断机制，加快我国一二三产业融合，实现产业结构优化升级和乡村全面振兴。

7.6.1　现代生物技术对农业渗透融合的具体应用

以基因工程为核心，推进现代细胞工程、现代发酵工程、现代蛋白质工程和现代酶工程等现代生物技术的发展，并将其运用到动植物育种、农药研发等领域，加速我国农业向现代智能化方向发展。同时，现代生物技术与农业发展的渗透融合，涉及农业的技术、产品、业务及市场等多个领域，并且在渗透融合过程中促使农业功能改进和创新，推进我国农业向低碳、能源化工、医药等多个领域延伸拓展。

（1）现代生物技术促进农业功能改进与创新。现代生物技术对农业渗透融合发展的主要功能是能够极大地促使农业功能的改进与创新，是制约农业增效的关键因素，是现代化农业建设的根本动力。在农作物育种方面，基因工程技术打破不同物种间的生殖隔离，通过基因合成与移植，培育出具有优良品质的农作物品种，不仅有效地改善了初级农产品的品质，而且能够减少农业生产过程中劳动力、化肥等资源的投入，实现农业生产经营成本的降低和农业生产运作效率的提升，构建农业生产运营的核心竞争能力，加速现代化农业的建设进程。如植物抗性基因工程有效提升了农作物对环境的适应性，并能够消除潜在危害，减少农业和化肥等化工原料的使用，实现成本降低和生态改善的“双赢”。在动物育种方面，体外受精、克隆技术等现代生物技术对动物的育种品质和规范化管理发挥了关键作用，提高了动物养殖与产品加工的经济效益。在动植物育种方面的农业功能改进与创新是现代生物技术对农业渗透融合发展的直接体现。

（2）促使农业向其他产业领域延伸和拓展。现代生物技术的发展改变了传统农业发展的初级性、低附加值和低知识技术含量，在充分发掘农业潜在产出能力和产出功能的基础上，不断拓展农业产业领域，促使化工农业、低碳农业和医药农业等新的农业业态出现。①能源化工农业。发展能源化工农业能够有效地减少资源环境压力，推进农业生态化发展。能源化工农业是以动植物的粪便、残体和有机废物等为原料，通过现代生物科学技术和工业技术的融合应用，推动生物能源、生物基产品、生物燃料等产业化。②低碳农业。传统的石油、煤炭等不可再生能源和各种化工产品的应用对环境造成较大影响，如当前的温室效应、冰川融化、气候复杂多变等均与碳排放量有直接关系。这就要求现代化农业向低碳领域拓展，推进现代生物技术在农业的渗透应用，走低碳农业发展道路。如以光合作用产生的淀粉、纤维素、半纤维素等可再生资源为原料生产新型产品，加大以聚乳酸为代表的脂肪族聚酯制成的一次性生活用品、以玉米淀粉为原料的全淀粉材料等新型产品的研发生产与推广应用，充分利用生物质材料的易降解、易转化特性，加速农业的低碳化发展。③医药农业。医药农业以现代生物技术为依托，通过生物制药、动物疫苗、生物肥料、动植物生长调节剂的研发创新，向服务于农业的新兴绿色环保产业和应用于人体的农产品医药领域延伸拓展。特别是将生物技术运用于医药制造，利用植物作为生物反应器，生产各种药用及保健用的活性功效分子，如用水稻种子作为生物反应器生产人血清白蛋白的分子，用转基因植物生产口服疫苗等。同时，利用生物技术对动植物基因进行选择性控制，使农业产品的功能和用途发生根本性转变，实现农业产品由低附加值的初级产品向高附加值的高科技产品转变。

7.6.2　现代信息技术对农业渗透融合的具体应用

现代信息技术产业对农业的渗透融合发展，实质上是采用现代信息技术，对有关信息进行收集、传递、储存和处理，从而提升农业生产效率、经营质量，降低农业生产经营过程中的决策风险，降低农业生产经营成本，提高产品附加值，提升农业整体经济效益。推进现代信息产业与农业发展的渗透融合，加速现代信息技术在各个领域和部门的应用扩散，是现代农业信息化建设的基本要求。

（1）推进农业信息化建设。农业信息化就是用信息技术装备现代农业，依靠网络信息技术、数字化技术和计算机技术搭建农业综合信息服务平台，研发生产农业生产信息监测工具，创新现代化农业生产运作模式，推进智能、协同、集约的现代化农业建设，实现农业生产运营的“无人化”和“效益化”。通过有效地监测管理农业资源和环境减少农业生产劳动力投入，科学调配农业产品，确保运营效益的最大化和农业经营服务网络的全面覆盖。因此，农业的产业特性决定了推进农业的信息化建设是现代化农业发展的必要路径。首先，农业主要依托光、热、水、气、土等自然资源进行生产创造，由于自然资源的区域特征明显并且相对分散，加上农业生产的影响因素较多，这就需要通过现代信息技术对不同区域、不同属性和不同要求的农业生产经营与市场化运作进行有效匹配，实现现代信息技术在农业生产各个领域的全方位渗透。其次，农业的产业特性与社会属性决定了农业在生产经营过程中面临着更多的不确定性，具体表现为赖以生存的自然资源风险和为稳定社会经济发展所面临的市场风险，这些不确定性产生的主要原因是信息的不对称。现代信息技术通过对信息的搜集、处理、转化与传递，能够加速农业资源的优化配置，进一步优化农业产业结构，实现农业产业价值链的转型升级。

（2）现代信息技术产业对农业的渗透和改造。结合我国现代化农业建设的进程与特征，现代化信息技术产业对农业的渗透改造主要包括以下几个方面：一是农业工具和技术操作的信息化。充分运用互联网信息技术与计算机技术，通过信息技术与传统农业的渗透融合，实现农业基础设施、育种工程设施、生产作业设施和贮藏设施的信息化、自控化和智能化，以及农产品深加工过程的自动化、自控化。二是农业市场经营的信息化。通过农业信息化建设，加强农业市场信息的整合能力，对农业市场信息进行合理的搜集、整理与分析，将分析结果及时地反馈给不同的农业生产经营参与主体，不仅能够帮助农民对农药、化肥、农具、饲料等生产资料及动植物农副产品信息进行精准把握，以做出准确的决策，从而降低生产成本、提高农业经营收益，而且能够加快农产品的流通速度，使农产品尽可能地实现区域间的优化配置。三是农业生产作业的信息化。通过现代信息化技术工具的研发应用，能够对农业生产、加工等领域进行有效整合，如使用特定的仪器对土壤的肥力、酸碱度进行有效监测，结合农业信息网络，快速形成有效的解决方案，实现农业产能的增加。四是农业资源环境的信息化。我国农业作业区域的资源、气候等差异较大，农业从业人员素质参差不齐，这就要求现代化农业建设进程中必须强化对土地、水、森林等环境资源进行精准监控，推动我国农业向生态、集约、环保的智慧农业转变。借助各种环境资源监测工具与仪器，构建农业资源环境的信息网络和农业资源环境的决策支持系统，便于及时了解掌控农业资源环境的变化，并为制定科学合理的应对机制提供信息支持。

7.6.3 数智时代现代科学技术与农业融合的未来发展模式

数智时代农业科学技术的创新型、超前性、综合性、外溢性、高风险和高收益等特征，推进了农业产品功能的开发，农业生产过程逐步达到可控化、标准化和批量化，农业从传统的劳动密集性、资本密集性向知识、信息、技术密集性转变，实现了农业生产经营方式的变革，如智慧农业和工厂化农业。大数据、云平台、人工智能等信息技术的发展促使传统农业向现代农业转变，数智技术是实现农业农村现代化的重要举措，为全面推进乡村振兴注入了新动力。2023年中央一号文件提出，“加紧研发大型智能农机装备”，“支持北斗智能监测终端及辅助驾驶系统集成应用”。我国正加快推进数字化、信息化与农业农村经济社会发展的深度融合。这种融合发展以数据要素为基础，促使传统乡村向数字乡村转变，赋予农业生产新模式、新业态，从而驱动现代农业高质量发展，为数字乡村建设提供了新的驱动力。

（1）智慧农业。智慧农业是在现代信息技术产业的渗透应用过程中，充分利用全球卫星定位系统、地理信息系统、遥感技术、变率处理技术、决策支持系统等相关技术，实现对农业耕种、养殖作业的精准调节与控制，通过信息监测系统及时地将农业生产经营过程中的各种信息及时地传递给经营者以便做出科学决策，促使现代化农业向知识、信息、科技密集型农业转化的农业发展模式，是现代农业生产方式创新的突出表现。

智慧农业生产模式强调农业生产规划、产业布局和部署实施的智能化，各项具体活动都是在现代信息技术的应用转化基础上开展的，注重农业生产投入量、投入时间、投入方式及生物个体生长的科学合理，使农业产出量、产出结构、产出时间等与市场需求状况相匹配，实现农业资源利用率和配置率的提升，降低成本投入，减少环境污染和生态破坏，进而获取最大的社会经济效益。具体实施过程中，利用农业综合信息管理决策支持系统和智能化农业装备技术，结合特定作物的生产特性与市场需求状况，定期对作物生长所涉及的土壤、灌溉、施肥、防虫等作业过程进行智能化决策安排，匹配市场的实际需求，完善农产品的供应与流通机制，实现农业生产效率提高、农业增效、农民增收的目的。

（2）智能工厂化农业。智能工厂化农业发展模式充分体现了现代化农业集约、协同和智能化的要求，通过创新农业经营主体，发挥农民专业合作社、家庭农场、种粮大户和农业龙头企业的带动效应，在完善社会分工和现代科学技术融合的过程中引发农业生产方式的创新变革。智能工厂化农业是在相对可控的技术、经济和政策大环境下，以新型农业经营主体的经济利益为中心，以市场需求为导向，融合现代生物技术、现代信息技术、现代环境工程技术和现代管理技术等数智科学技术而进行的农业社会化大生产，是实现农业生产运营的集约高效和追求合理投入与最佳产出的现代化农业生产方式。

与传统农业生产方式相比，智能工厂化农业生产方式通过创新农业经营主体并发挥其辐射带动作用，采用工厂化的设施装备、生产技术与手段，按工厂化作业流程组织农业生产，强化对农业投入、种养、产出、贮藏、深加工等流程的规范化、智能化和集约化管理，在节省土地、水资源的基础上持续、大幅度地提高单位面积的产出率，为市场提供安全、优质的农产品，实现社会、经济、生态效益的统一。

智慧农业和智能工厂化农业是数智时代现代科学技术对农业发展渗透融合的两种不同的结果，是现代科学技术在现代化农业建设进程中的系统化应用，发展智慧农业和智能工厂化农业是我国现代化农业建设的必然选择。然而，任何一种农业生产方式都要以具体的资源禀赋和要素情况为基础。鉴于我国农业发展的滞后性和区域特征的复杂性，智慧农业只能是局部区域的试验研究，且研究的内容难以覆盖农业的全部，只是在部分具备条件的生产基地进行生产实践。智能工厂化农业的发展方向应该是提高产品质量，从而提高产品单价和土地单产。我国劳动力资源相对丰富且成本低，农业管理制度相对滞后，服务体系构建不够完善，智能工厂化农业运作应该优先考虑提高土地产出率和发挥劳动力密集优势，对劳动力具有强替代效应的自动化生产技术的应用范围相对较小。但是，随着我国现代化农业建设的推进以及现代科学技术与农业发展的渗透融合，智慧农业和智能工厂化运作时代未来可期。

第 8 章

我国农村一二三产业融合的经验借鉴

本章结合我国不同地域经济发展情况，选取黑龙江省、云南省大理州、河南省新野县、台湾省四个地区，对其一二三产业融合的发展现状进行综合评价，总结不同层次农村一二三产业融合的经验教训，为一二三产业融合推进现代农业发展提供借鉴。

8.1　黑龙江省农村一二三产业融合发展状况

8.1.1　黑龙江省农村一二三产业融合支撑条件

推进农村一二三产业融合必须具有强有力支撑，黑龙江省在推进农村一二三产业融合过程中，区位优势突出，产业结构合理，政策制度相对完善。

首先，区位优势突出。黑龙江省土地资源丰富，耕地面积 1118.3 万公顷，占全国耕地面积的 8.67%，居全国第一，为推进一二三产业融合提供了有效支撑。同时，黑龙江省黑土质资源丰富，土壤肥沃，加上黑龙江省平原区位特征使得大规模、成片经营成为可能，更加适合机械化生产，在提高农业现代化程度的同时激发新型农业经济体出现这些优势在一定程度上更能够推进其农村一二三产业融合发展。

其次，产业结构合理。黑龙江省统计年鉴和国家统计年鉴的数据显示，黑龙江省 2017 年生产总值为 16198.9 亿元，同比增长 6.4%，三次产业结构占比从 2012 年的 15.3%、44.2%、40.5% 调整至 2017 年的 18.3%、26.5%、55.2%。从结构层次看，农业呈现良性发展态势，服务业增长较快，具体表现在：①第一产业发展势头良好，粮食生产实现“十四连丰”，2016年农林牧渔业生产总值2731.7亿元，比上年增长5.3%，其中农业作为主要增长来源，积极调整生产结构，进一步调减玉米种植面积，引种经济作物，提高农业产品的附加值，以黑龙江垦区为例，2016年调减玉米种植48.8万亩，扩种其他经济作物近400万亩，农业生产结构的调整离不开农业机械化应用程度的提高和配套服务业的发展。②第二产业稳步发展，与农业融合程度不断增强。与2016年相比，2017年黑龙江省第二产业增长2.9%，食品工业增长5.8%，农产品加工产业稳步发展；在固定投资方面，黑龙江省加大投资力度。在去库存、去产能和去杠杆的作用机制下，黑龙江省由传统的重工业制造逐渐向轻工制造业方向发展。③服务业增速明显，与2016年相比，2017年黑龙江省第三产业增长8.7%，远超国家平均水平（0.7%），金融、科技、物流、旅游等服务业的发展为推进一二三产业融合提供强了有力的支撑。

最后，政策制度相对完善。为推进农村一二三产业融合，黑龙江省出台多种保障政策与制度。在财政支持方面，鼓励发展新型农业经济体、互联网+农业、农业创新运营模式等，对新型农业经济主体、“互联网+”等组织给予一定的财政补贴，除财政支持之外，委托农业社会服务机构进行技术指导和运营规划。在金融支持方面，从不同角度满足涉农组织贷款融资困难的局面，如建立“农户农林牧副渔专项贷款”“农户消费和其他生产经营贷款”“农村企业及各类组织农林牧渔业贷款”和“农村企业及各类组织支农贷款”四类涉农贷款体制。在制度层面，为保证农村现代化农业的发展，推进农村一二三产业融合，出台人才引进政策、农业技术创新政策、涉农融资政策等，大力推进各类农业示范园区建设，力求推动农业发展，推进农业新形式、新业态的出现，进而为推进农村一二三产业融合提供政策支持。

8.1.2 黑龙江省农村一二三产业融合路径

在推进农村一二三产业融合过程中，黑龙江省充分利用区位优势、产业发展基础和相对完善的政策体系等相关支撑条件，探索出适合不同地区的一二三产业融合路径，主要包括延伸农业产业链、拓展农村能力、推进产城融合和加快农业信息化建设。

（1）延伸农业产业链。农业产业链延伸指的是以农业的某一个行业为基础，向产业链的上下游延伸，上游与农业生产技术、育种、种肥供应等进行一体化运营模式，下游与产品销售、深加工、金融服务、物流服务等进行一体化运营模式，进而达到优化资源配置、创新价值体系的目的。在这种模式下，以专业服务、托管代耕为主，专业服务涵盖农机推广、生产性服务、物流、供销系统服务、金融融资服务等，托管代耕则倾向于创新农业经营模式以提升农业主体的资源整合能力。黑龙江省宾西开发区通过延伸农业产业链，有效地推进农村一二三产业融合。

2016年6月26日，宾西开发区被认定为国家级经济技术开发区。在推进农村一二三产业融合方面，宾西依托区位优势和丰富的自然资源，以推进农副产品精深加工基地建设为目标，大力整合农业资源，积极引进培育农业产业化企业，推进农业社会服务体系建设，延伸农业产业链条。

截至2017年，宾西初步建成大豆、玉米、果蔬、饲料、畜产品、木制品、食品饮料七大农副产品加工产业链，引进发展农副产品加工企业61家，建设宾西农副产品加工产业集群、玉米产业园、大豆产业园，逐步形成以企业为载体，以七大产业链为支撑的综合性的产业融合集聚效应。其中，在农产品供应方面，形成以长春大成为代表的玉米产业园，以禹王集团为代表的大豆产业园，利用产业集聚效应为饲料、养殖业提供一定的发展基础；在饲料供应方面，以哈尔滨鹏程饲料有限公司、哈尔滨双胞胎饲料有限公司等12家公司为代表的知名饲料企业先后在宾县落户，不仅为农业产品提供销路，还有效地提高农产品附加值，降低物流运输费用，为产业融合提供发展条件；在养殖方面，以饲料供应产业链为发展基础，利用资源整合优势，形成以宾西牛业、宾西肉业、安格斯肉牛养殖公司等为代表的肉类加工产业集聚效应。同时，以农业生产为基础，加大农产品深加工力度，优化养殖业发展环境，有效利用互联网信息技术、冷链物流技术，加速产业链条的整合，进而形成完整的产业链条。

具体来讲，宾西农业产业链的延伸采用“公司+农户”“龙头企业+合作社”的经营方式，有效地延伸了农业产业链，推动一二三产业深度融合，带动经济发展，拉动就业。例如，吉庆豆业有限公司开展订单农业，打通大豆种植的销售渠道，带动周边大豆种植200万亩，为10万户豆农增收1000多万元；大北农通过“公司+农户”的发展模式，延伸养殖业产业链，通过饲料供应到肉产品销售流通规划，带领宾西800户养猪农民增收4000万元；

高泰公司的有机蔬果加工产业链发展迅速，2017 年营业额达 2 亿元，开发国外新销售渠道，产品远销欧美、东南亚等国；安格斯肉牛养殖基地在延伸产业链的同时，走“肉牛—沼气—有机肥—绿色无公害蔬菜”的循环农业、绿色种植、生态养殖的道路，使农业产业链条形成闭合回路，进一步优化了资源配置。

综上所述，黑龙江省在推进农村一二三产业融合过程中，坚持延伸产业链条以优化资源配置，提高资源的利用效率，加强区域间交流融合以提升产品的附加值，为全省农村一二三产业融合提供一定的借鉴。

（2）拓展农村能力。随着人们收入水平的提升，人们的物质需求逐渐向精神需求转移。在这种背景下，乡村旅游、乡村养老、观光农业、生态农业、休闲农业等新的农业经营模式应运而生，这些农业经营模式集农业生产、自然风景、风俗文化、休闲、娱乐及旅游于一体，融合新的技术、理念和服务内容，推进农业拓展生态、文化、教育、科技、旅游、度假、养老等能力，通过建设乡村民宿、乡村旅游、乡村农场、乡村养老等新经济组织形式，进一步使农业与旅游业、服务业深度融合，在融合中推动传统农业经营过程中的价值链条重新定位整合。

在乡村旅游观光及休闲方面，黑龙江省紧抓资源优势，加大农村农业能力拓展力度，大力推进乡村一二三产业之间的融合，通过为消费者提供优质、新鲜、无公害的农产品，到为消费者进行解说、引导及提供餐饮、住宿、交通等一系列服务，建成一批具有科技示范作用的高科技农业示范园，以及农村体验与旅游结合的农业新业态，打造农业产品种养、观光、产品深加工一体化模式。至 2017 年，黑龙江省发展乡村旅游景点 1000 余家，乡村旅游经营户将近 10000 家，承担了全省 70% 以上的旅游项目，在全国乡村旅游发展及农业能力拓展中名列前茅。其中，休闲生态农业示范县共有 8 个，国家示范乡村旅游景点、全国乡村旅游模范基层组织 35 个，中国乡村旅游金牌农家乐 256 家，从业主体达 5640 个，年收入 83 亿元，在确保农民收入水平提高的同时全面提升一二三产业融合程度。

在乡村养老方面，黑龙江省森林覆盖率高，气温适宜，南北温差较大，适合开发候鸟式养老产业。结合黑龙江省特有的北极光、五大连池、天然矿泉等旅游资源，黑龙江省政府及多个部门联合发力，将黑龙江省的山水、湿地等优越的生态环境与发展相结合，建设 120 多处自然公园，推进新型城镇化、特色小镇、美丽乡村建设，打造一批独具特色的养老小镇、候鸟养老服务组织，大力发展养老式农业生产。2017年，黑龙江省接待养老旅游客户近100万人次，营收高达20多亿元。同时，在推动农业养老项目的过程中，黑龙江省农村固定资产投入1258.8亿元，订单农业、体验式农业、观光旅游农业项目得到迅速发展，对农村一二三产业融合发挥了极大的促进作用。

（3）推进农村产城融合。在新型城市化过程中，产城分离成为我国城市发展的必然趋势，产业与城镇化协同发展，推进农村产城融合是乡村振兴与返贫阻断的有效手段。黑龙江省倡导农村产业发展与新型城镇化建设有机结合，通过政府的引导与扶持，黑龙江省的二三产业逐渐向县、重点乡镇及各产业园区集聚，建设一批具有区域特色和竞争优势的农产品深加工、农产品贸易与物流小镇或产业园区。其中，牡丹江市的宁安市在实施产城融合过程中对推进农村一二三产业融合的作用尤为明显。

宁安市地处绥芬河、珲春两个国家级开放口岸中心，地理位置优越，高速公路与铁路贯穿宁安，是东北亚经济技术交流融合的重要区域，为宁安城镇融合奠定了雄厚基础。基于此，宁安以响水米产业化和区域城镇化的建设为依托，通过加快产业与新型城镇化的融合发展进一步推进农村一二三产业融合发展。在发展规划上，宁安率先规划2个中心城镇、10个特色小镇，并对26个卫星社区进行了系统改造，改造30千米以上道路53条，投资近10亿元建设同村公路3000千米，率先实现村村通公路，集中资源加快新型城镇化发展；在产业发展方面，以食品加工和体验为方向设立农业产品产业园区，创新农产品经营模式；在构建产业网络方面，推进优势农产品产业园、钢构产业园、机械制造产业园等融合性产业园建设，其中农用汽车项目已改组完工，部分农产品产业园及钢铁制造产业园已投入使用。

在产城融合的进程中，宁安市一二三产业融合效果逐渐显现，农村农业整体上呈现出规模化、绿色化、标准化、品牌化的特征，具体表现在：①粮食产量稳步增长。宁安农业园区成为首批国家级现代农业产业园区，2017年宁安市粮食总产量达到20亿斤，农村经济总收入达到105.8亿元，同比增长8%。②农业有机绿色无公害程度加深。至2017年底，宁安市建成国家绿色食品原料标准化生产基地140万亩，增加绿色食品认证品牌6个，绿色产品种植面积达8.7万亩，有机食品种植认证主体22个，种植面积达1.5万亩，无公害农产品认证主体28个，认证产品95个，地理标志农产品认证6个。

③特色小镇建设步伐加快。2017 年宁安市建设低碳小镇、生态旅游小镇 9 个，改造近百户农村危房。

综上所述，宁安市作为黑龙江省的典型代表，积极探索产城融合模式，有效地推进农村一二三产业融合，实现农业现代化与新型城镇化的协同发展。

（4）加快农业信息化服务建设。互联网信息技术的发展打破了传统农业生产的空间和时间限制，对延伸农业产业链、提升农业产业价值发挥了积极作用。而农业信息化的建设，则利用互联网、大数据分析技术，构建网络信息平台，加速资源整合，实现农业资源的空间整合。在推进农业互联网信息建设中，黑龙江省积极探索“互联网＋现代化农业”模式，推进农业电商园和农业电商孵化平台建设，完善“互联网＋农业信贷”模式，充分利用大数据、云平台、人工智能和移动互联终端等信息处理技术，加强农业生产与需求规划的科学合理性，进一步优化农业资源的配置。至 2017 年底，黑龙江省建设互联网高标准种植示范基地 1300 个，成立农业大数据管理中心，开发大数据综合服务系统，建设省级农产品交易平台，如黑龙江大米网，将现代信息技术与农村农业进行全面渗透融合，为黑龙江省农村一二三产业融合发展注入新的动力。

8.1.3 黑龙江省农村一二三产业融合取得的成就

黑龙江省通过延伸产业链条、拓展农村能力、推进产城融合和加快农业信息化建设，有效地推进农村一二三产业融合发展，其成就具体表现在新型农业经营主体培育、农业发展管理体制完善、农民收入水平提升和农业向二三产业延伸及融合等方面。

首先，新型农业经营主体的培育情况。截至 2017 年，黑龙江省注册的农民专业合作社 8.2 万家，合作社成员 23.8 万人，新增综合型合作社 129 家。同时，在黑龙江各级政府的大力推进与支持下，创业热情空前高涨，农业创业人数多达 68.3 万人，第二产业创业人数 18.2 万人，第三产业创业人数 61.5 万人，其中农民创业人数占比 46.2%，一二三产业融合发展的创业主体数量占总创业主体数量的 35%。

其次，农业发展管理体制的完善程度。黑龙江省持续推进土地集体所有权、土地承包权和土地经营权的“三权”改革，有效流转土地面积 1.39 亿亩，灵活处置土地承包经营确权，加快农村农业金融体制创新，新建水稻标准化育苗大棚6.2万个，新增生态高标准农田665.4万亩，绿色有机食品生产土地认证达7400万亩。

再次，农民的收入情况。通过创新农业价值体系、拓展农村能力、提升农产品附加值及建立农产品保障调控机制等手段，黑龙江省2017年新增经济作物种植面积178.7万亩，农村经济总收入105.8亿元，旅游观光农业收入83亿元，通过落实玉米收储制度改革与大豆目标价格改革，切实保障农民增收。

最后，农业向二三产业延伸及融合情况。黑龙江省依托自身农业优势，延伸农业产业链，利用互联网信息技术，在农业集聚效应、农业品牌塑造、农业经营主体方面取得一定成效。在农业集聚效应方面，至2017年底，黑龙江省建设完成农产品加工产业园区25个，农产品初加工服务行业企业共计293家，建设完成1170个"互联网+"标准绿色有机种植示范基地，这些农业发展平台对构建黑龙江省农村一二三产业融合生态链具有极大的推动作用；在农业品牌塑造方面，黑龙江省通过特许经营与产品地理标志识别，建设农业品牌1000多个；在农业经营主体方面，推进农民创业，采用线下与线上相结合的方式，黑龙江省建立农产品旗舰店100多家，农产品品牌店3000多家，对黑龙江农业农产品宣传推广及一二三产业融合发展发挥了积极作用。

8.1.4　黑龙江省农村一二三产业融合发展的不足

黑龙江省在推进农村一二三产业融合过程中，在新型农业经济主体培育、农业发展规划管理、农民增收和农业产业链延伸方面取得了一定的成就，但仍存在一些不足。

第一，产业结构优化的制约因素复杂化。其一，随着我国经济结构调整升级进程的加速，农业产业化发展面临着新的问题与挑战。在供给侧结构性改革背景下，降杠杆、去库存、提质量等举措要求黑龙江地区进一步减少玉米种植，提升经济作物种植面积，作为玉米主产区之一，黑龙江农业结构调整面临更大的压力。其二，在农业转型升级过程中，市场对农产品的需求多元化，绿色、无公害、生态、健康等消费理念促使农业逐渐向有机、绿色农业方向发展。其二，经济全球化使得黑龙江农产品国际市场竞争强度增加，导致其农业发展面临更大的压力。综合来看，黑龙江省农业发展的制约因素更加复杂化，在农村一二三产业融合过程中，黑龙江省在农业综合发展规划、农业转型和竞争力提升方面仍有较大提升空间。

第二，一二三产业融合利益联动机制不够健全。农村一二三产业融合的关键在于构建有效的利益联动机制，在利益联动机制的作用下更多的参与主体加速构建融合机制，进而实现一二三产业融合的目标。然而，黑龙江省在推进一二三产业融合过程中，农业发展与第二、第三产业之间融合的利益联动机制不够健全，主要表现在：农业产业化组织与农户的利益联结方式简单、机械，利益分配机制不合理，仅凭契约买卖合同难以制约农户的实际行为，导致农户参与的积极性不高；在农业规模化发展过程中，农业与农产品深加工制造、农业机械化生产的联系程度不高，存在低端竞争严重的现象；一二产业联动中，农产品深加工与农户的联系程度不够，使得农民的增收效果不明显，一三产业联动中，存在创新程度不高、同业竞争激烈的现象，导致利益摊薄最终影响农户的参与积极性。

第三，农业新型经营主体能力发挥不到位。尽管黑龙江省注册成立专业合作社 8.2 万家，但是信息、技术、管理、资本融合效果一般，存在农业新型经营主体能力发挥不到位的问题，主要表现在：其一，新型经营主体创新能力不强，乡村旅游、体验农业、养老农业等模式雷同程度高，在挖掘地方文化内涵、民族特色、农村优势方面比较欠缺，使得一三产业融合过程中差异化程度较低，对消费者的吸引程度不高，盈利空间有限。其二，新型农业经营主体的带动效应不强，如黑龙江省的 8.2 万家农民专业合作社，从业人数 23.8 万人，人数带动效应相对较弱；在经营业务带动方面，大部分局限于农产品经营，在服务联动和深加工方面还存在很大提升空间。其三，农业经济主体的服务能力弱。新型农业经济主体在农业的选种、种植、管理、销售、加工等流程中应提供更多的服务，但目前成立的农业经济主体中，有一些是空架子多、服务内容少，只是为了换取政府的补贴。

第四，农村产业融合保障支撑能力不足。农村一二三产业的融合离不开财政、金融、制度、技术、信息化平台等保障体系的支持，黑龙江省在推进农村一二三产业融合过程中整体表现出保障支撑能力不足。具体表现在：其一，在金融方面，农业经营主体规模偏小，抵押贷款的内容少，农业金融产品少，加上农业贷款审核严、进度慢、额度小，导致农村农业发展容易受资金制约而难以与二三产业深度融合。其二，在财政方面，尽管我国“三农”政策不断完善，但是在财政支持和优惠方面仍有较大提升空间。受财政支持政策限制，农户进行农产品深加工能够享受 13% 的税额抵扣，而农产品加工企业则享受不到相关优惠政策，同时没有结合地域的差异性进行财政补贴。其三，在制度保障方面，农村土地流转制度不够完善，致使农村在推进农业与服务业、农业与制造业融合过程中容易受到相关制度的制约而难以进行有效融合。其四，技术应用程度有待提升。黑龙江省农业机械化应用程度虽然比较高，但技术化应用程度仍有较大提升的空间，在绿色、生态、智能及农产品流通、储存、深加工领域技术化程度相对较低，具体如省内冷链物流运输机制和体系还不够完善，大型的农产品加工、储存机构仍需进一步建设。其五，农业信息化水平较低。农业与其他产业的融合离不开信息技术的支持，但黑龙江省在推进农村一二三产业融合过程中存在互联网铺设不到位的情况，大数据库建设处于起步阶段，在农业资源的优化配置中缺乏关键有效的综合性服务平台，信息化应用和建设整体上还比较盲目。

8.2　云南省大理州农村一二三产业融合发展状况

8.2.1　云南大理农村一二三产业融合支撑条件

相对于黑龙江省，云南大理在自然环境、文化、地理位置上更独具特色，在州委州政府的强力推动下，大理一二三产业结构得到有效优化。

首先，在自然环境方面，大理气候宜人、四季如春、山川秀丽、生态环境优越，适宜多种农作物种植，核桃、水果和茶叶在国内外具有一定的品牌效应，旅游资源丰富，为一二三产业融合发展奠定了基础；在文化方面，大理历史悠久，13 个民族聚集使得其文化资源丰富，在人均消费能力和精神需求不断提高的情况下，为乡村旅游和农村新业态发展提供了有利条件；在地理位置方面，大理处于滇缅、滇藏公路交汇地，作为古南方丝绸之路的主要中转站，是长江经济带、滇中经济区连接南亚、东南亚的重要节点，在发挥经济辐射带动效应的过程中为大理一二三产业融合发挥了积极作用。

具次，大理州一二三产业结构相对合理。在州委州政府的大力推动下，第一产业比重逐渐降低，第三产业比重逐渐提高，2017 年大理州第一、第二、第三产业产值分别为214.9 亿元、408.6 亿元和442 亿元，占总生产值比重为20.17%、38.35%和41.48%，与2013 年的21.2%、42.1%和36.7%相比，产业结构有明显的改善。其中，第一产业持续发展但比重有所下降，新增土地流转6 万亩，整体规模达百万余亩，农业生产机械化水平达到52%以上，粮食产量稳步增长，经济作物如饲料2017 年较2013 年净增24.33 万吨、乳制品净增4.1 万吨、饮料净增38.2 万吨、精制茶净增1.51 万吨，国家级电子商务进农村示范项目3 个，全国一村一品示范村5 个。从以上数据可知，第一产业逐渐与第二、第三产业加大融合力度，并呈现出新的经济业态。第二产业稳步回升，链条结构效应逐渐凸显，着力推进六大重点产业、三个后续产业培植和五个特色园区建设，重点建设大工业经济发展区项目80 个，工业、制造业的发展为农产品深加工提供了强力支撑，为一二三产业融合创造了条件。第三产业发展迅速，“十三五”期间大理大力推进旅游业发展，以自然旅游景区和特色农村传统文化为依托，推进巍山古城、喜洲古镇游客服务中心主体工程建设，创建3A 级以上旅游景区10 余个，开通航空、公路与铁路旅游专线，新开通大理至海口、贵阳、绵阳、南宁航线，新建希尔顿等高端酒店，引进恒丰银行等在大理设立分支机构，现代物流业、信息服务业、商贸流通服务业快速发展，为大理农村一二三产业融合提供新的动能。

综上可知，大理州凭借独特的自然、文化和区位优势，在州委州政府的宏观调控布局中不断优化调整一二三产业结构，为农村一二三产业融合提供了强有力的支撑。

8.2.2 云南大理推进农村一二三产业融合的路径和成效

农村一二三产业融合发展是推进农业现代化建设、激发产业能力发挥和三次产业协同发展的有效举措。大理州委州政府高度重视农业现代化的发展，强调通过引进先进生产技术、整合产业服务网络、引导三次产业融合的农业思路进一步推进高原特色生态农业建设，通过推进农村农业产业化经营、建设农村现代庄园、发展农村休闲与观光农业和创新农业发展新业态等手段加快特色农产品农业产业化效率提升、农产品附加值提升和农民收入增加，进而保证大理农村一二三产业融合的有序开展。

第一，推进农村农业产业化经营。农业产业化经营是对传统农业进行整合改造，以主导农业产业为基础，通过资源的优化配置，形成种养加工、产供销、贸工农、农工商、农科教一体化经营体系，进而使得一二三产业融合布局合理、分工明确、规模效应凸显的现代化农业经营方式。在推进农村农业产业化经营过程中，大理州以农工商一体化、贸工农一条龙为发展目标，打破传统的“以农养农、以工推工、以创建服”的三次产业发展模式，形成“以农为基、以工促农和以服增农”的发展模式，协同大理农、工、金融、供销等多个部门成立专门工作小组，通过加速土地流转、创新金融服务形式、招商引资、加大政策引导和资金支持等手段，进一步推进规模化农业生态园区建设、扶持农业代表性的加工企业、培育新型农业经营主体，进而实现产供销、贸工农、农工商协同发展的一二三产业融合经营模式。大理通过推进农村农业产业化经营，有效地推动了农村三次产业的融合发展，为现代化农村农业发展起了一定的示范带动效应。在农村经济作物种植基地建设方面，具有代表性的核桃产业在大理州种植规模高达1023万亩，永平、云龙、漾濞三县种植规模均达百万亩以上，大理被全国经济林协会认定为“中国核桃第一州市”；宾川建成优质水果种植基地30万亩，弥渡、祥云作为云南省主要的蔬菜外销和出口基地，对区域经济发展带来新的动能。在农业龙头企业扶持方面，大理重点扶持20余家横跨一二三产业的农业龙头企业，具有代表性的沱茶集团与州内10多个种茶合作社签订收购合同，通过引进先进工业制茶设备与工具，在全国建立650个品牌产品直营店，有力地推进了茶叶产业的三次产业融合发展。

第二，加速现代农业庄园建设发展。通过开发农业的休闲观光、养生旅游和文化营销能力，进一步将第一产业的种养、第二产业的加工和第三产业的休闲服务有机融合，进而形成一二三产业协同发展的产业园区模式。大理州利用生态环境优势和农业资源优势，按照“六有”要求，至2017年末建设10个省级现代农业庄园、40个州级现代农业庄园，面积达12万亩以上，分别实现农业生产总值、农产品增加值、休闲服务业产值15亿元、40亿元、13亿元，综合产值高达68亿元，平均每亩5.7万元，远高于传统农业。南涧县无量山区的高山乌龙茶庄园，占地面积达1200多亩，庄园融合了中国传统的茶道文化、彝族文化，利用无量山特有的樱花，打造“无量山樱花谷”旅游品牌。2017年，无量山现代庄园接待游客22万人次，带动南涧县旅游增收 2.4 亿元，在旅游过程中通过游客购物，有效拉动农业产品市场需求，进一步加大农产品的二次加工制造，实现农民增收、一二三产业协同发展的目标。

第三，注重休闲农业与乡村旅游发展。大理州自然风景秀丽、旅游资源丰富、文化浓郁，在推进大理州一二三产业融合发展的过程中，通过强化基础设施建设，深挖大理农业文化、民俗文化和自然遗产，优化农业资源和旅游资源的配置，积极推进农村休闲旅游农业发展。2017 年，大理州以 1300 余个农村经营主体（包括农家乐、休闲农庄、民俗村等新型经营主体）为依托，接待游客 1200 万人次，农业旅游收入 32.4 亿元，有效地带动近 5000 户农户增收。其中，在农业旅游休闲观光领域，形成以宾川绿色果品开发有限责任公司为首的 6 户省级示范农业观光企业，以大理市为代表的全国休闲农业旅游示范县，以巍山县东莲花村为代表的中国最美乡村，以金梭岛渔作景观、光明村核桃景观和云龙漕涧稻田景观为代表的中国最美田园等多层次、多种形式的农村休闲观光农业新业态。

第四，运用互联网信息技术培育农村发展新业态。互联网信息技术的发展使得农业参与主体的空间和时间发生有效转变，大理州积极开展运用互联网信息技术，打造"一馆三网"农产品电子商务运营平台，即大理特产网、大理农产品交易网、大理州农科院官网和淘宝特色中国·大理馆。至 2017 年末，大理的"三网"已经建设完成并开始运营，"一馆"涵盖了农产品、特色产品、旅游和手工艺品等，有近 80 家供应商，上架单品数量达 600 多种，包括电商平台、淘宝店、阿里巴巴店等 385 家经济主体。同时，阿里巴巴集团与宾川县签订战略融合协议，将宾川县作为阿里巴巴农村发展"千县万村"试点县，建设 100 个村级服务站，开展"网货下乡、农产品进城"的农村电子商务运营模式。通过宾川的示范带动辐射作用，大理州农村农业一二三产业融合新型业态初步显现。

8.2.3 云南大理推进农村一二三产业融合存在的问题

大理州在推进农村一二三产业融合的进程中，通过推进农业产业化、发展现代庄园、重视旅游观光农业和农业发展新业态取得了一定的成效，但仍存在一些问题。从产业链的角度看，大理州大部分地区的农产品种养、加工和销售管理处于脱节状态，体现为农产品加工规模相对较小、加工能力不强，附加值偏低，市场信息管理不到位致使农产品种养、加工与市场需求脱节；从价值链的角度看，大理州农村农业的发展仍处于价值链的末端，农户在分享农产品附加值提升方面仍缺乏相应保障。

第一，参与主体对一二三产业融合的认识不到位。一二三产业融合需要各个产业间进行技术、模式的融合式分工协作，以此形成更具特色的农村一二三产业融合新动能，在提升农民收入的前提下推动新型农业现代化发展。然而，大理州对农村一二三产业融合的认识仍不够到位，具体表现在缺乏必要的论证调研，认为农村农业生产的转型升级与二三产业间的融合就是农业种养结构合理、农产品深加工程度与领域扩大、农业与服务业嵌合式发展，忽略了不同融合模式中一二三产业的精化分工；同时，在制定政策方面，由于对农村一二三产业融合的整体把握程度不高，导致农民收入不增、税收欠缴、第一产业与第三产业间的整合程度不高，在整个利益机制设计过程中无法满足参与主体的实际需求，导致融合效果一般。

第二，产业链利益分配机制不够健全。建立健全农村一二三产业融合的利益分配机制能够有效地调动参与主体的积极性，进而充分释放各产业间的协作动能。然而大理州在推进一二三产业融合的过程中，农业产业链整体利益分配机制不够健全，主要表现在：首先，龙头企业示范带动效应不足。在扶持农业龙头企业发展的过程中，大理州过分强调规模、样板效应，致使龙头企业与农户间的地位悬殊过大而无法进行有效融合，加上农业龙头效应的辐射范围较小，难以实现真正意义上的农村一二三产业融合。其次，利益分配机制与理念滞后。大理州认为农村一二三产业融合的关键在于如何有效地进行参与主体间的利益分配，缺乏对一二三产业融合提升动能的研究与思考。最后，权益保护制度不够健全。健全的农业生产经营体系和服务体系是农村一二三产业融合的保障，大理州由于缺乏系统完善的权益保护制度使得部分参与主体的权益无法得到有效保障，如金融信贷服务的强势介入，农户在融资方面存在明显劣势，追求经济的短期效应而忽视对经济、环境与资源的可持续发展规划。

第三，综合服务体系不够健全。尽管大理州在构建农村一二三产业融合综合体系和应对机制方面取得了一定进展，但仍存在一定的问题，主要表现在：①政策引导与财政支持力度不够，如对农村一二三产业融合的协调引导相对薄弱致使各参与主体出现“零和谈判”而非“双赢谈判”，财政支持的覆盖面相对较小，难以发挥有效的推动效应；②农村信息化基础建设与管理滞后，如大理州农业市场需求数据库缺失、互联网络建设薄弱、信息资源平台建设与开发滞后，农村信息化管理人才匮乏，对农村信息化应用缺乏必要的支持与引导；③农村基础设施建设薄弱，基础设施建设的投入力度不足；④农村服务体系建设滞后，如农村农业规模化生产融资困难、农产品深加工企业融资渠道偏少，对应的技术研发、整体规划咨询服务匮乏。

8.3 河南省新野县肉牛产业融合发展现状

8.3.1 新野肉牛产业发展现状

对于肉牛产业来说，产业的融合主要包括肉牛的养殖、加工与销售流通三个环节，其中涉及肉牛饲料的种植研发、肉牛品种的改良、生产加工工艺的改进和流通物流服务，多个产业以肉牛产业为依托相互促进、相互融合。新野的肉牛产业发展可以从肉牛的养殖、肉牛的加工和肉牛的流通三个方面进行阐述。

首先，新野肉牛的养殖状况。在新野县政府的大力推动下，新野肉牛养殖迅速发展。从养殖规模来看，2017 年肉牛存栏数超过 15 万头，可繁殖母牛 8.2 万头，肉牛屠宰量达 10 万头，牛肉供应量达 2 万吨，肉牛养殖主体达 200 余个，千万元以上投资的养殖主体达 20 余家。从肉牛饲料产业发展来看，南阳市作为我国主要的粮食主产区之一，在肉牛饲料生产方面具有独特优势。新野县政府高度重视肉牛饲料的质量与安全，引进高层次人才加大饲料的研发力度，通过招商引资吸引科尔沁肉牛养殖公司投资近亿元，年产优质饲料 30 万吨以上，有效地带动农户增收 2500 余万元，为新野肉牛养殖提供基础保障。从肉牛种牛繁殖方面来看，新野县引进科尔沁牛业养殖公司、南阳黄牛科技中心，共投资 1.3 亿元元，在县内建设 800 头规模的种公牛养殖基地，建立标准化的采精、检验、消毒等种牛繁殖流程，为新野肉牛产业可持续发展提供保障。从肉牛的育肥发展来看，以科尔沁牛业养殖公司为代表的龙头企业建立了标准化的肉牛养殖示范基地，建立了肉牛的饲料、防疫和检查一体化的肉牛养殖流程。

其次，新野肉牛的加工状况。以肉牛养殖业为基础，新野县致力于现代畜牧养殖业的发展，在产业链整合角度，通过引进华宏食品、科尔沁牛业等23家食品加工企业，逐步形成了采取牛肉切割、干燥杀菌和真空包装等形式的以牛肉、牛肉干、牛肉丸、牛排、牛肉饺子和牛副产品加工为主的多种类牛肉加工产品。

最后，新野肉牛产品的流通状况。基于现代冷链物流技术、互联网信息技术的发展，新野肉牛产品逐渐形成了以互联网电子商务交易和线下实体交易模式相结合的“O2O”模式，如可以采用公开拍卖、网商交易和电子结算的方式，肉牛产品通过冷链物流运输覆盖周边地市。同时，新野肉牛养殖业历史悠久，在新野县政府的大力推动下，新野形成了以“十二黑”为主的“皮南牛”品牌。

8.3.2　新野肉牛产业融合发展模式与成效

（1）新野肉牛产业融合发展模式。新野县主要采用龙头企业带动、园区带动和产业集聚带动等三种模式，实现肉牛养殖与加工的一二产业融合、肉牛加工产品与销售服务的二三产业融合及肉牛养殖与销售服务的一三产业融合。

第一，充分发挥龙头企业带动效应。在推进新野肉牛产业融合过程中，充分发挥龙头企业的带动效应。在肉牛养殖方面，新野县政府招商引进科尔沁肉牛养殖公司，养殖用地30000余亩。实施“农牧一体化”战略，采用甜玉米种植加肉牛养殖的现代生态循环农业发展模式。与新野部分肉牛养殖大户签订收购协议，并为肉牛育肥提供4000元的担保，当达到相关要求时，以保护价格对农户肉牛进行收购。建成秸秆收购中心15个，年储存秸秆饲料30万吨。在充分带动农户农业作物种植、肉牛养殖和废物利用的同时为农户增收提供了保障。在肉牛加工方面，新野县重点培育河南可喜食品公司和金正佳生物肥业公司。河南可喜食品公司以果蔬罐头和肉类速冻食品的生产加工与销售为主，收购农户的肉牛产品和农作物产品；金正佳生物肥业公司则通过回收秸秆、牛粪，进行有机肥的生产、销售。同时，为确保新野肉牛产业的稳健发展，新野县政府、县财政局和科尔沁公司三方出资1亿元成立河南中牧联合担保公司，通过拓宽肉牛养殖、流通参与主体的融资渠道，有效推进了一三产业融合。通过引进和培育业内龙头企业，有效推进了新野肉牛产业的融合式发展。

第二，推进产城融合园区带动式融合。新野歪子镇作为肉牛产业园区，在园区规划方面强调“五化合一”，园区建设以厂路网、电力网、供水网、排水网、4G 网为基础，构建现代化的生产、仓储、流通及办公设施。同时，园区积极探索适合园区整体发展的土地流转制度，建设合理有效的土地分享收益机制，并在园区周边开发建设示范社区，使得生活、生产相融合，在实现农民增收、推动一二三产业协同融合发展的过程中发挥了肉牛产业园区的产业融合带动作用。

第三，推进产业集聚带动式融合。为进一步推进新野肉牛产业融合发展，新野县规划建设新野县肉牛产业化集聚群示范区，通过延伸肉牛产业链和价值链，形成肉牛养殖饲料种植、肉牛养殖育肥、肉牛加工、废物利用、技术研发、观光旅游等为一体的现代肉牛产业集聚区。在集聚区内，有有机肥生产、饲料种植加工、肉牛养殖、肉牛繁殖、肉牛加工、肉牛产品销售流通等多个项目，真正实现了产业链的循环可持续发展，进而有效推进肉牛产业集聚区内一二三产业的有效融合，提升产业附加值。

（2）河南新野肉牛产业融合发展的成效。在新野县肉牛产业融合的全链整合发展思路下，通过龙头企业带动、园区带动和产业集聚带动，新野肉牛产业的经济收益、农业效益、生态效益和社会效益得到全面提高。首先，在经济收益方面，肉牛产业的融合发展，有效地推动了地方经济的发展和农民收入的增加。2020 年，新野县肉牛相关产业总产值达 350 亿元以上。在产业融合过程中，肉牛产业链增收幅度较大，养殖环节可以实现每头肉牛净利润 4200 元，屠宰环节能够提升 35% 的利润率，销售环节每头牛的净利润达 6000 元。通过土地流转和一二三产业融合，亩均收入每月提升 1000 元，平均每户增收达 5000 元，通过再就业，参与企业经营，人均年收入达 40000 元。其次，在社会效益方面，肉牛产业融合实现农业生产的全链融合，在促进一二三产业融合过程中通过促进生产、带动就业、刺激服务业发展，提高了参与主体的生活质量，加快了城镇化的进程，提升了新野县城镇化的水平。最后，在生态效益方面，通过废物处理与利用，有效地控制秸秆、牛粪、牛尿等废弃物对生态环境的影响，提升了废物的利用效率，减少碳排放约 900

吨，增加新能源约3亿立方米。

8.3.3　新野肉牛产业融合发展存在的问题

尽管新野肉业产业融合取得很大的成绩，在经济、社会和生态效益方面效果明显，但在其产业融合发展过程中仍存在一定的问题，具体表现在以下几个方面。

首先，农户参与肉牛产业融合的意识不强。受限于新野传统养牛观念，在推进新野肉牛产业融合发展过程中，出现农户的认知度较低、参与度不强、自我保护意识不强和养殖率低等现象，产业融合更多停留在理论研究和政策导向方面。对农户来说，对肉牛产业融合可以增加收入还没有足够的认识，农户普遍认为养牛的最终目的是将牛卖给中间商，使得养牛中间环节增多，无形中农户的增收受到一定影响；同时，由于新野县肉牛产业融合的程度依然处于较低水平，由于一二三产业融合的环节与流程不够优化，农户的参与程度和积极性比较低，而参与整个产业链和价值链的农户并没有感受到融合带来的真正好处。由于农户和加工企业的各种原因，农户在与企业签订销售协议后经常出现违约现象。

其次，肉牛企业的带动能力不足。肉牛养殖成本逐渐走高、本土肉牛企业边缘化和肉牛产品品牌缺失导致肉牛企业的整体带动能力较弱。对于肉牛养殖来说，饲料价格持续上涨，导致肉牛的料肉比过高，加上牛多为单胎、孕期长、个体差异大，养牛需要的场地面积大，肉牛养殖成本过高，肉牛养殖企业不得不转产转型。新野县本土肉牛企业规模较小，在规模效应的制约下，逐渐成为龙头企业科尔沁肉牛养殖公司的产品粗加工或代加工企业，而单一龙头企业的辐射带动效应有限。另外，新野县肉牛产业缺乏自己的特有品牌对肉牛企业的示范辐射带动效应有很大的制约作用。

最后，政府的引导与支持力度较弱。其一，扶持内容与参与主体需求不匹配，缺乏系统的整体规划设计。为了完成一定的政绩，对参与主体的技术与生产培训、融资渠道创建和财政支持方面的投入不够，而对宣传推广更加注重，导致重形式轻实质的现象出现。其二，忽视对本土企业的培育与支持。政府基于短期经济效应而忽视对本土肉牛企业的培育，引进企业的经营理念与当地文化存在差异，进而影响了融合效果。其三，不注重新野肉牛养殖文化潜能的挖掘。肉牛养殖产业的融合离不开文化的渗透，忽视对肉牛文化潜能的挖掘会极大制约肉牛养殖的观光、旅游能力的释放。

8.4　台湾省“一二三产业融合”的主要做法

为应对日趋激烈的国际竞争，从2013年起，台湾实施了“乐活农业、黄金十年”方案，提出发展“新价值链农业”。愿景是构建年轻化、有活力、高竞争力的乐活农业，为消费者提供优质安全的食物来源，丰富农村生活体验，开创产业新契机，维护良好的生态环境，成为具有国际竞争力的新兴产业（中国农业经济法研究会考察团，2015）。台湾发展“六次产业”、建设“新价值链农业”的主要举措包括以下四项。

（1）依靠农业品牌发展特色型产业。2018年帮助43家茶庄改善服务流程，设计服务商品，并选择7家具有特色的产业服务点作为示范点；持续举办海宴水产精品评选，根据商品质量特色、包装设计等，每年评选水产精品20项，鼓励从业者研发生产顶级、创新、安全的水产品，创造产值约20亿新台币；辅导农民用农产品时令食材，开发特色农村饮食或农业旅游伴手礼，2018年创造产值7亿新台币。

（2）发展农产品加工等农业产业。2013年，台湾依托农业研发与技术优势，设立了屏东农业生物科技园区，到2018年底园区已引进动物疫苗、检测试剂、观赏水族等31家企业，引进投资33.2亿新台币。台中市雾峰区农会酒庄由原来的谷仓改建而成，融大米制品展销、农村集市模拟、传统农具展示、清酒酿造工艺介绍和清酒品尝等于一体，兼具销售、教育、休闲等多种功能。酒庄厂长曾庆堂介绍，这是农会的“四次产业”，其中第一产业是水稻的种植，第二产业是清酒的酿造，第三产业是清酒的销售，第四产业是感觉的营造，带给消费者农耕文明和清酒文化的体验（中国农业经济法研究会考察团，2015）。

（3）发展农产品直销。建立了假日户外农贸市场和平日户内农民直销站，到2014年底建立了农民市场和6个农民直销站，共有265户农民参加。2018年举办台湾农业博览会等农产品展售促销活动118场次；整合有机蔬菜种植农户、经纪人、团体餐饮从业者形成供应链，为新北、宜兰等县（市）

中小学供应营养午餐，仅新北市就有280所中小学、34万多名学生，有机蔬菜需求量达35吨；以当地食材为主题，开发与营销特色主题商品，2018年整合362家从业者，开发68件主题农业旅游商品。

（4）发展农业旅游体验。到2018年底辅导337家休闲农场取得许可登记证，成立140个“田妈妈”农村料理处休闲农业区，提供亲子种稻、米食文化体验，50所学校、约7500名学生及民众参与，共吸引前往农村休闲旅游的游客2300万人次，创造产值达102亿新台币。

8.5 启示与借鉴

通过对黑龙江省农村一二三产业融合发展状况、云南省大理州农村一二三产业融合发展状况、河南省新野县肉牛产业融合发展状况的研究，以及台湾省一二三产业融合的主要做法进行分析，从省、市和县三个层面对我国农村一二三产业融合发展现状进行相对系统的分析，有效论证了我国在推进农村一二三产业融合发展过程中需具备的支撑条件。梳理不同地区采用的有效融合模式，进而研究融合的成效与不足，对推进各级行政主体农村一二三产业融合带来一定的启示与借鉴。

首先，推进农村一二三产业融合必须具备必要的支撑条件。除了政府的大力倡导与支持外，还需要具备一定的资源优势，如黑龙江省土地资源丰富为农业产业化运营提供了便利，云南大理旅游资源丰富、气候宜人为农村一二三产业融合奠定了基础，新野肉牛产业融合则以其独特悠久的肉牛养殖文化为依托。

其次，选择合适的一二三产业融合模式，主要包括延伸产业链条推进农业产业化化经营、拓展农村生产加工与旅游观光能力、推进产城融合建设农村农业生态园区和加快农业信息化服务水平提升。

再次，农村一二三产业融合的成效突出，尽管我国农村一二三产业融合仍处于初级阶段，但在经济利益、社会利益、生态利益提升方面具备巨大动能。

最后，在推进农村一二三产业融合发展进程中，各地普遍存在政府引导支持力度不够、农村基础设施建设薄弱、信息化水平较低、龙头企业辐射带动效应差和参与主体认识不到位等问题。通过分析和研究这些问题，助力我国农村一二三产业发展。

第9章

国外农村一二三产业融合经验与启示

近年来，日本、韩国等国家积极推行不同形式的农村一二三产业融合发展，并取得一定的进展。研究这些国家农村一二三产业融合发展经验，对进一步推进我国农村一二三产业融合发展，提出我国现代农业发展的措施和建议具有重要意义。

9.1 日本“一二三产业融合”发展的做法

9.1.1 经营规范与组织帮扶

“六次产业化”是20世纪90年代日本学者 Imamura Naranchen 提出的新的发展观，认为农业发展应走农村一二三产业融合之路。在提出这一发展战略后，日本逐步推广“六次产业化”，形成了完整的法律体系，成立了专门的发展促进机构，带动了农业农村振兴。

日本“六次产业化”发展的背景是农业效率的丧失、农民收入的下滑和农村活力的不足。20世纪80年代以后，为了应对农产品贸易自由化的趋势，日本政府开始实行区域主义和环境主义，积极探索农业的多能力性。这在一定程度上促进了城乡交流，带动了资本、人才流入农村，并为基于产业融合的“六次产业”的发展奠定了基础。2010年，农林水产省在颁布《六次产业化：地产地消法》后，又提出了实施“六次产业化”战略的计划和具体支持措施，包括农工商融合项目综合企业计划、房地产地消计划、农业技术创新计划等，大大促进了“六次产业化”的发展（程郁，2015）。

在日本，自上而下成立了专门的六次产业化推进组织，中央和省级农业部门都有专门负责“六次产业化”的部门，主要是发展规划，对“六次产业”进行判定、投资和指导。农林水产省在九个主要区设有办事处，负责“六次产业”的咨询、指导和协调工作。另外，日本中央和省农业协会也开展了宣传、培训、评估、咨询和协调等工作。

日本的“六次产业化”从产业形态来看，主要有产地加工型、产地直销型和旅游消费型三种且具有三个特征。一是利益共同体。“六次产业化”要求主体应通过融合和人的共享，形成利益共享和风险分担的共同体。“六次产业”组织要与农民紧密联系，突出农民在二三产业中的参与和利益分享。二是创新与增值。在“六次产业化”的发展过程中，农民应有经营管理和收入分配的话语权，增加农民收入。三是可持续发展。在推进“六次产业化”发展的过程中，日本从来没有忽视对农业的支持。

9.1.2 资金配套支持

为了保障六次产业战略的全面深度落实，日本出台了“农林渔业产业化成长基金”、政策补贴、低息贷款三大资金配套支持计划。2013 年 2 月，基于《农林渔业成长产业化支援机构法案》，成立了“株式会社农林渔业成长产业化支援机构（A－FIVE)”，这是日本全国唯一的、专门的六次产业化基金支援机构，由日本农林水产省食物产业局管辖。其中，“农林渔业成长产业化支援基金”（A－FIVE 基金)，就是该机构设立的六次产业化专用支援基金。为了启动 A－FIVE 基金，中央财政出资 300 亿日元，HOUSE 食品集团总公司株式会社、KAGOME 株式会社等 11 家工商企业出资 19 亿日元，启动基金总计 319 亿日元。同时 A－FIVE 基金在都道府县一级设立子基金，与地方金融机构等基本以 1：1 的比例出资，形成了一套严格的出资机制（见图 9－1)。

A－FIVE 基金严格筛选资助对象，只有农林水产省认定的六次产业经营体，即综合化事业计划的认定事业者和事业再编计划、事业参与计划的认定事业者。

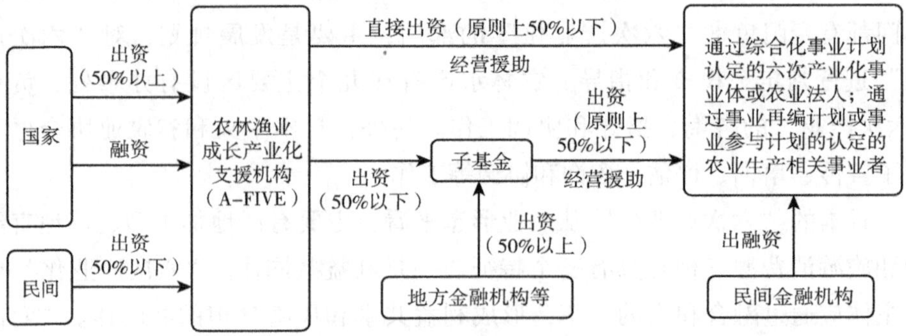

图 9－1　A－FIVE 基金的出资机制

资料来源：農林水産省食料産業局．農林漁業成長産業化ファンドの概要，2018.

9.1.3　重视农民利益

20 世纪 90 年代中期，日本农业经济学者今村奈良臣（日本社团法人 JA 综合研究所所长）研究发现，经过农产品加工和农产品流通等环节后，农业产业的增值收益未能流向农村，未能留在农业生产者手中，因为日本农业生产的农产品与日本国民消费的农产品（食品）之间存在巨大的价值差，这种差异把农民排斥在了价值增值的链条之外，制约农民增收。因此，日本政府在推进农业“六次产业化”的过程中，非常重视农民在二三产业中的参与和利益分享。对于本土化经营主体，日本政府优先鼓励其发育成长，培育其参与农村一二三产业融合发展的能力。比如，日本 2008 年制定的《农工商合作促进法》，目标就是促进农林渔业生产者成长为农工商经营主体。主要做法是鼓励中小企业与农林渔业生产者合作，但为了保证农林渔业生产者的利益，把工商业的出资股份限制在 49% 以下。这样，双方有效利用了各自的经营资源，共同开发新产品、新业态、新需求等，提升了农林渔业经营的综合价值，也保护了农林渔业生产者的利益。目前，日本推进农村一二三产业融合发展、发展“第六产业”的实施主体，充分发挥农林渔业生产者的主导作用，主要以农业生产者主导型、社区主导型和以农协为代表的自治体主导型为主。对于农工商连带型、企业主导型来说，企业很少直接从事农业生产经营，主要原因在于日本政府对于工商企业进入农业采取了严格限制，还是以农林渔业生产者联合为主。比如，农工商连带经营型由农林渔业生产者联合掌握高技术的食品制造企业、销售网络发达的流通企业和零售企业共同成立，主要适用于大规模产地的农业农村资源综合开发；企业主导型主要由市町村将抛荒地委托经营而成。这是发展“第六产业”较为有效、也较为普遍的形式，但在如何保持农林渔业生产者在发展中的主动权，往往是个关键问题。

9.1.4 绿色旅游与城乡交流项目蓬勃发展

城乡社区之间的交流项目通常指人、货物和信息的双向流动。日本在经历了快速发展阶段之后，出现了人力（劳动力）和货物（农产品）从城市到农村的流动。20世纪80年代之后，城市居民开始拜访乡村，从而出现了各种各样的活动。目前，城乡交流项目中引人注目的正是这些活动。人口从城市到乡下的流动给城乡交流项目增添了动力。然而，这些流动大多是短期观光的形式，很少有游客改变他们的住址。而且，这种短期观光不像大规模的娱乐性的集体巡游，也不像在旅游胜地设施建设繁荣时期出现的设施集中的硬旅游，相反，这是一种软旅游，即参加者享受自然风光和乡村文化，热衷于人与人之间的交流活动。在日本，这被称为绿色旅游。绿色旅游是城乡之间交流项目的一部分，它集中于人的交流。

城乡交流项目引起注意的原因可以归结于城市和乡村两个方面。从城市方面来说，是人们道德和行为的转变。通过调查人们对未来国民生活方式和自己生活方式优先权的想法，可以发现，传统上绝大多数人倾向于物质丰富，如房子、生活环境等，近几年来，越来越多的人倾向于精神富有，如休闲、饮食习惯等。这些明显的变化已经在人们在游览地从事的各种活动中体现出来。在国内旅游景点，人们最喜欢做的事情当中排在最前面的是享受大自然和美景，在温泉休息，吃当地烹饪的饭菜。

尽管直到20世纪90年代城乡交流项目才被提升为一项政策，但在90年代以前“交流”一词已被应用于政策提议。这明显体现在1987年的第四个综合国民发展计划中。综合国民发展计划是综合发展的指导方针，而综合发展的目标在于全国各地的均衡发展。在这些综合国民发展计划中，第四个优于第三个，因为它转换了发展方式。原来的发展方式建立在吸引商业活动到相关地区的策略的基础上，第四个发展方式的基础是改善住房和生活环境。

第四个综合国民发展计划采用了一种发展方式，这种方式建立在改善交通、通信基础设施和“网络交流观念”的基础上，促进了区域间的交流，进而促进了当地社区的发展。

第四个综合国民发展计划的制定也加大了经济周期泡沫。政府又一次投资于传统的大规模的公共工程和游览胜地发展项目，如滑雪胜地、高尔夫球场，这些项目都在农场和山区。通过把城市生活方式和设施引进到乡村社区，旅游胜地发展项目成为发展当地社区的外来措施，因此这些项目基本上不适合于当地商业，大部分利润流入了大公司和开发者的腰包。而且，在公共工程上花费过多导致自然环境的破坏。

经济泡沫破灭以后，旅游胜地开发者撤资，充分利用当地资源的城乡交流项目开始了，替代了促进当地社区发展的外来措施。20 世纪 70 年代，采用城乡社区交流项目的第一个地区已经存在。然而直到 20 世纪 90 年代，交流项目才开始在全国推广。1992 年，出台了一项称为“食品、农业、农村地区新政策的基本方向”的新政策，同年由绿色旅游研究协会发布的绿色旅游过渡期报告又摒弃了这些政策。为了当地社区的新生，新政策和过渡期报告提倡绿色旅游，把重点放在当地资源的有效利用和人与人的流动上。1994 年，市政当局和农家宾馆注册协会颁布了“包括长期停留在农村者的休假的基础设施发展促进法”，标志着绿色旅游项目公式化的开始。在这期间，许多绿色旅游模式项目和绿色旅游大学开工了。

在绿色旅游逐步走向繁荣的过程中，政府明确了“城市和农（山、渔）村之间的共存和交流”（以下简称共存/交流）。共存/交流不是临时的交换活动，而是城市和农（山、渔）村之间的合作，以及城乡之间人、物和信息的相互交流。共存/交流与经济委员会合成一体，在 2001 年采用了财政政策中的“关于未来经济、财政管理和经济社会结构改革的基本政策”。在这种场合下，政府采取了促进共存/交流的姿态，不但农业、林业、渔业等部门相互合作，其他相关的部门和机构也相互协作。2002 年 9 月，有关的部门和机构设立了“城市和农（山、渔）村之间的共存和交流项目组”。另外，城市和农（山、渔）村之间的共存和交流促进委员会也于 2003 年 6 月成立。

目前，7 个相关的部门和机构执行了关于共存/交流的政策。许多措施通过利用各种各样的当地资源促进社区的发展，包括促进现有股票交易，推动城镇工程建设和当地社区复兴。重点是放在人的交流上，像交互式活动、观光事业，以及为学习促进交流的经验提供机会，自然环境的恢复和保护。这些措施涵盖了一个宽泛的领域，包括志愿活动、教育、情报服务，以及传播和教化活动。近年来，随着老龄化、少子化与城市收缩相互叠加，人口迭代危机下的日本住房空置问题的严重程度不断加剧（徐博，2020），县域空房率尤甚，民宿演变成一种旅游模式，第三方服务产业的体验式旅游促进了景区附近传统乡村旅游的发展，许多具有发展潜力的旅游资源被陆续开发出来。从图9－2可以看出，大部分县域的住房空置率高于平均住房空置率。随着空置的传统民居建筑的增多，农业蓬勃发展，旅游业快速增长，乡村旅游日益盛行，为绿色旅游与城乡交流项目提供了优势。

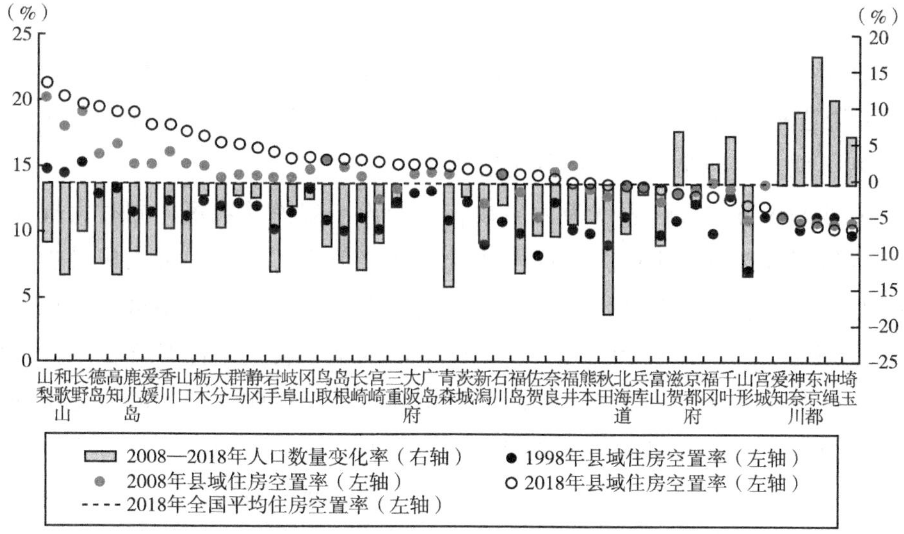

图9－2　1998—2018年日本都道府县住房空置的空间演变与人口变化关系

资料来源：徐博．走向空间过剩时代：日本的困境与抉择［J］．现代日本经济，2020（6）．

9.2　韩国“一二三产业融合”的主要做法

伴随着工业化、城镇化和现代化，韩国农村耕地面积持续减少、城乡收入差距扩大、农村人口老龄化加剧、农业附加值增长缓慢，逐步形成了韩国农村产业融合发展的内在动力和外部推动力。韩国农村产业融合发展经历了四个发展阶段（见表9－1）。

表9－1 韩国农村产业融合发展阶段

发展阶段	实践	阶段特征
第一阶段	20世纪60—70年代	农工并进阶段
第二阶段	20世纪80—90年代	积极促进农村收入源开发、改善农村产业结构阶段
第三阶段	21世纪第一个十年	农村产业培育转换阶段
第四阶段	2010年至今	农业"六次产业化""农村复合产业化"阶段

9.2.1 农业两极分化

在20世纪80年代，标准的、集中于结构中间的是中等规模的农户。到了20世纪90年代，农场变得越来越大，专业化程度进一步加深，在农户和地区间出现了一种明显的两极分化趋势。

农业两极分化具体表现为大多数农户变为小规模的农场，同时大规模的农场控制了大部分的生产。在这种两极分化趋势下，拥有大量大规模农场的平原地区，其农场经营规模日益扩大，而在聚集着小农场的山区，农场经营规模逐渐缩小。尤其是20世纪90年代中期以来，农贸条件恶化更加大了农户之间的收入差距。大规模农场的规模不断扩大，说明它们的收入在不断增长。相反，主要由年纪大的人经营的小规模农场依靠农业收入维持生计很困难。随着农业市场的进一步开放，农业结构调整将会继续进行，小规模农场和山区将面临更大的挑战。

农业两极分化能够改进农业结构，具有积极意义，但农业两极分化也会导致阶层或者地区的冲突。在这种情形下，农业政策中尚待解决的问题是，在实现农业结构改进的同时，使农业两极分化的负面影响最小。

（1）农业条件的变化：返乡与进城的背离。1993年底，有关农业的乌拉圭回合谈判结束和1995年WTO的启动为韩国农业市场对外开放提供了转机。韩国政府在1990年制定了《农业和渔村发展特别法案》，开始全面改造农业结构。此法案提出了一个总计24万亿韩元的十年计划——完成农业改造。作为促进农业改造的措施，改良农田计划被采纳。

农业改革的目的在于提高农业生产率，相当数量的投资和贷款被用于改进生产基地以及扩大机械化、自动化和农场规模。据统计，1994年以后，政府对农业部门的投资和贷款支持明显增加，农业固定资产以每年超过9%的速度显著增长。1994—2003年，农业年均增长速度为1.5%。农业改造计划完成以后，农民收入屡创新高。韩国统计局发布的农业经济调查结果显示，2020年韩国农民家庭年均收入达4503万韩元（约合40455美元），较2016年增长21.1%。

随着韩国农村老龄化和空心化问题日益加重，韩国粮食自给率逐渐下降，韩国当局致力于培养青年农业人口，实施“返农支援事业”。自2016年开始，农民年均转移性收入大幅增加，从878万韩元增至2020年的1426万韩元，增长62.4%。尤其是2019年，韩国国会通过了《公共利益直接支付法》，将现有9个直接支付系统中的6个纳入“农业和农村公共利益促进直接支付”系统。改革后，2020年基本公益金支付总额比2019年增加约1万亿韩元，平均支付额比改革前增长86%。特别是对面积在0.5公顷以下的农场，不论面积大小，每年向小农直接支付120万韩元补贴，为小型农场收入稳定做出了巨大贡献。此外，农民国民年金制度的进一步完善也增加了农民的转移性收入。

多项强农惠农政策保障农业生产和农民增收。得益于稳定大米供求对策、稳定农户经营的农作物灾害保险等政策，农户年均农业收入从2016年的1007万韩元增至2020年的1182万韩元，增长17.4%。同时，韩国持续推进乡村旅游、促进农村产业融合发展，农户收入水平有了显著提高。2016—2020年，农民非农业劳动收入从1525万韩元增至1661万韩元，增长8.9%。2022年农民户均可支配收入为3829万韩元，折合21.4万元人民币，占农户整体收入的八成。

农业条件的改善，助推“返农支援事业”蓬勃发展。近年来韩国的“归农”人口不断增加，韩国青年们厌倦了快节奏的城市生活，乐于从事“悠闲的”“亲和自然”的田园生活。根据韩国农林部和海洋水产部共同发表的《2020年归农，渔、村人统计》，2019年的“归农家庭”一共有345205户，比2019年（317660户）增加8.7%，归农家庭为12489户，比2019年（1069户）增加9.3%。从归农人口结构看，年轻人占比增加。韩国农林畜产食品部2022年7月公布的统计数据显示，2021年韩国归农归村人数约51.5万人，较2020年增加4.2%，已连续两年保持增长。其中，30岁及以下青年归农归村人数约为23.59万人，同比增加11.1%，占总人数的45.8%，创下历史新高。年轻人已成为韩国归农归村群体中的主力军。农林畜产食品部表示，由于农村农业条件的持续改善，年轻人逐步转变对农村的观念和看法，加上政府对青年务农的政策支持，大批青年积极返乡。

（2）农产品增长模式分化。在开放市场的影响下，农产品增长模式是不同的。20世纪90年代，随着韩国农业市场对外开放，农业生产开始对市场需求做出灵敏反应，依据市场需求，正在增长的产品类型和正在萎缩的产品类型变得清晰。表9-2表明，1990—2020年蔬菜和水果经历了一个先增长后下降的过程，畜产品在整个农业生产中的份额不断扩大，主要农作物的占比则不断下降。

表9-2　　按类别划分的农业产值　　单位：韩元

年份	主要农作物	蔬菜	水果	油料作物	畜产品	总计
1990	7219274 (41.6%)	8281067 (47.7%)	1766248 (10.2%)	90483 (0.5%)		17357072
1995	5867764 (32.7%)	9685754 (54.0%)	2300065 (12.8%)	79188 (0.4%)		17932771
2000	6713092 (34.1%)	10483206 (53.2%)	2428691 (12.3%)	63804 (0.3%)		19688793
2005	6031475 (33.9%)	9097406 (51.1%)	2610769 (14.7%)	49823 (0.3%)		17789473
2010	5330338 (27.1%)	8190466 (41.7%)	2215718 (11.3%)	60635 (0.3%)	3867524 (19.7%)	19664681
2015	5479375 (26.6%)	8167006 (39.6%)	2364233 (11.5%)	74261 (0.4%)	4524213 (22.0%)	20609088
2020	4716749 (23.8%)	8003682 (40.4%)	1975538 (10.0%)	55091 (0.3%)	5063847 (25.6%)	19814907

注：括号中的数字为占比。
资料来源：农林部《农林统计年报》。

9.2.2 农户间阶层划分

（1）大规模与小规模农场的两极分化。根据以往研究结论，在韩国，对于农户的阶层划分经历了四个阶段。1960—1970年为第一阶段，农户分化集中于“地主—佃农”两极，通过收买地主的土地有偿分配给无地和少地的农民，到1964年，韩国基本形成了以自耕农为主的小农经济体制，自耕农的比例从1945年的13.8%增加到71.6%，而韩国佃农的比例从1945年的48.9%降到5.2%。第二阶段为1970—1980年，一直持续到20世纪80年代早期，由于高度工业化，大量农民离农和脱农，农民阶层向上发展的空间被限制，整个农民阶层出现了中农标准化倾向。从20世纪80年代早期到90年代中期的第三阶段，可以很明显地看出农场规模扩大的趋势。伴随着机械化的推进，韩国农业从业人员急剧减少，农民内部呈现出两级分化的倾向。通过扩大耕地规模，全业农民实现了向上移动，部分兼业农民在农外兼业的同时也扩大了耕地规模，最终大部分老龄劳动者沦为下层农民或者雇用劳动者。第四阶段是20世纪90年代中期以后。进入20世纪90年代以来，两极化趋势进一步加剧，表9-3显示，从20世纪90年代中期开始，出现了农户阶层的两极分化。尤其是拥有2—3公顷土地的农户群体越来越小，持续不断地推动分界点向上发展。中等规模的农户数量在下降，但拥有不到0.5公顷或超过3公顷土地的农户数量正在增加，特别是进入21世纪，5公顷以上的农户逐渐增加（助今，2008），很清楚地表明两极趋势。因此，一段时间内，大规模和小规模农场的分化程度会加剧，大农场的出现是一个改进农业结构的正确方向。

表9-3　农地规模农户分布　　单位：%

年份	总计（千户）	小于0.5公顷	0.5—1.0公顷	1.0—1.5公顷	1.5—2.0公顷	2.0—3.0公顷	超过3.0公顷
1990	1743	27.7	31.2	20.2	11.0	7.4	2.5
1995	1477	29.3	29.3	18.0	9.3	8.4	4.8
1997	1417	30.9	29.0	17.1	9.0	8.1	4.9
2000	1369	32.2	27.7	16.0	9.6	8.3	6.2
2003	1243	35.5	26.7	14.9	8.6	7.6	6.7
2005	1256	35.6	26.3	13.8	8.5	7.4	7.4
2010	1164	40.6	24.7	12.2	7.5	6.7	8.3
2015	1078	45.1	23.7	10.6	6.6	5.8	8.2

资料来源：农林部主要农林统计。

农户被分为两个群体，由农场经营类型可以清楚地看出这种趋势。鉴于统计资料的限制，我们无法提供每年依据农场经营类型对农户进行划分的趋势，但最近的农业普查显示，包括农田和家畜在内的资源集中在大规模农场中。1990 年，拥有 3 公顷以上农田的农户占全部农户数量的 1.2%，拥有的农田面积占全部农田面积的 6.2%。2000 年，这两个比例分别为 3.8% 和 20%。1990 年饲养超过 20 头牲畜的农户占韩国国内养殖户总数的 1.1%，饲养的牲畜数量占韩国国内牲畜总量的 14.1%。2000 年，这两个比例分别为 6.5% 和 49.9%。温室种植和家畜饲养主要由大规模农场控制，尤其是 94.1% 的家禽养殖由占 2.7% 的拥有 10000 只鸡以上的大规模家禽养殖场拥有。

从 20 世纪 90 年代中期开始，农户阶层分化加剧，包括农田在内的农场资源正向大规模农场聚集，而大部分普通农户转变为小规模农场。农户阶层的两极分化促使小规模农场数量增加，而小规模农场由于太小，无法进行商业性的农场经营。2003 年，少于 0.5 公顷农田以及销售额小于 500 万韩元的小规模农户占全部农户的 32.8%。自给自足而非商业性目的经营农场的农户数量 2003 年增加至 81000 户左右。

（2）农户间收入差距扩大。随着农场规模的扩张、农业专业化程度的提高，农户不同阶层的收入差距越来越大。尤其是 1994 年以来，小规模农场的收入持续下降，相反，大规模农场的收入持续增长。韩国国家统计局发布的《农户经济统计报告》显示，1994—2002 年，拥有 0.5 公顷以下农田的农户，每户收入平均下降了 5%。但在同一时期，拥有 3—5 公顷农田的农户的平均收入增长了 11%，拥有 5 公顷以上农田的农户的平均收入增长高达 44%。

通过农业收入来源来考察熵指标，除了转移收入、农业收入和家庭收入，非农收入的差别是最显著的。特别是 1998 年农户收入以年计算的熵指标为 0.2145，到 2002 年则上升为 0.2429。

如表 9 - 4 所示，1998 年收入最高的 20% 的农户与收入最低的 20% 的农户的人均收入之比为 7.2，2002 年为 8.9。收入最低的 20% 的农户阶层的收入正在减少，而收入最高的 20% 的农户阶层的收入正在增长。2000 年以来，低收入阶层与高收入阶层的收入差距一直在扩大。特别是与其他阶层相比，低收入阶层的收入减少得更多，成为阶层间收入不平等的焦点。

表9-4　按等级分列的农户收入（分为五级）　单位：千韩元

分级	1998年	1999年	2000年	2001年	2002年
Ⅰ（A）	5886	5819	5999	5854	5503
Ⅱ	12373	12954	13540	13304	13069
Ⅲ	17807	18829	19542	19471	19027
Ⅳ	24697	26546	27010	27455	27468
Ⅴ（B）	42526	46337	45767	46834	49070
Ⅰ-Ⅴ收入比（B/A）	7.2	8.0	7.6	8.0	8.9

资料来源：《Decomposition Analysis of Farm Household Income's Inequality》。

9.2.3　区域农业和农村发展差距

（1）区域间的生产力差距。20世纪90年代以来，农业生产力已经取得了全国性的提高，但是不同区域的农业生产能力的提高幅度不一致。值得注意的是，城市与农村粮食总产量依赖土地利用类型，比如水田和旱田。与水田和旱田比例均衡的地区相比，水田或旱田比例高的地区有更高的农业增长率。这可以从农业的两极分化趋势中得到解释。例如，西南海岸的大面积平原地区或高海拔农业区，显示了较高的增长率。旱田和高海拔农业区生产基础设施良好，因此农户的耕作面积迅速扩张。如表9-5所示，在韩国工业化和城市化的过程中，耕地面积逐年减少，从1970年的229.8万公顷缩减至2022年的152.8万公顷，尤其是水田面积减势更为迅猛，从1970年的127.3万公顷缩减至2022年的77.6万公顷，旱田面积减少稍缓一些，从1970年的102.5万公顷缩减至2022年的75.3万公顷。整体来看，韩国农业面积持续减少，原因主要是建筑物、废弃土地及公共设施的增加，而旱田面积有所增加，主要来自土地复垦和修复。其中，2021年农业面积为154.7万公顷，少于2009年的173.7万公顷。2021年水田面积为78万公顷，少于2009年的101万公顷。2021年，水田面积占农业总面积的50.4%，2009年为58.1%。2021年旱地面积占农业总面积的49.5%，2009年为41.9%。

表 9-5　　农业面积变化趋势　　单位：千公顷

农业面积基本情况	2009 年	2011 年	2013 年	2015 年	2017 年	2019 年	2021 年	2022 年
农业面积	1737	1698	1711	1679	1621	1581	1547	1528
水田面积	1010	960	964	908	865	830	780	776
旱田面积	727	738	748	771	756	751	766	753
变化（%）	-1.3	-1	-1.1	-0.7	-1.4	-0.9	-1.2	-1.2

（2）农村人口减少、老龄化与山区的衰落。如图 9-3 所示，农村地区农业人口的减少是一个普遍现象。尤其是丘陵和山区农业人口急剧减少，几乎达到了空心化的程度。根据韩国统计局编制的数据，2022 年从事农业的农民数量为 216 万人，同比下降 2.3%。特别是，Myeon（乡）人口减少最明显（见表 9-6）。Eup（邑，类似于县或镇）和 Myeon（乡）人口占整个农村人口的比例从 1980 年的 42.7% 下降到 2020 年的 18.6%。

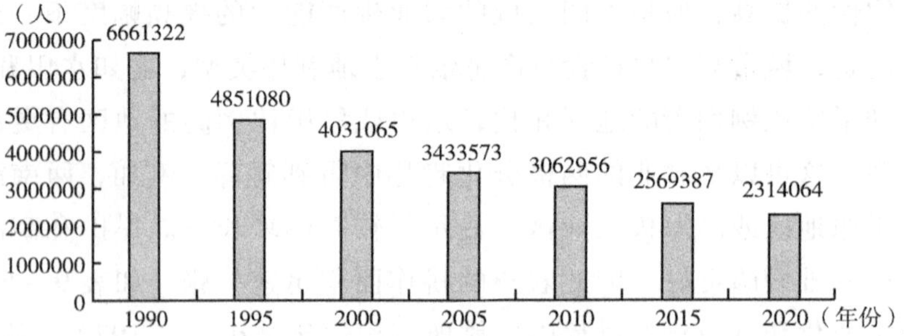

图 9-3　韩国农民数量

与农村人口减少趋势背离，农村 60 岁以上的人口占比急剧攀升，由 1970 年的 114 万人增加至 2017 年的 130 多万人，占农村总人口的比重由 1970 年的 7.9% 提高到 2017 年的 55.3%。虽然韩国农村总人口数逐年降低，但农村地区住户数量并没有降低，老年人家庭和独居老人家庭的比例大幅上升，农村独居老人家庭比例从 2000 年的 16% 上升到 2018 年的 19.1%，远远高于城市居民。特别是 2022 年韩国农村人口中 49.8% 为 65 岁以上老年人，创下 1986 年开始相关统计以来的最高值。农村人口的减少和老龄人口比重的上升直接导致农业生产力流失和村庄解体。韩国需要通过发展农村产业融合，改善农村产业发展结构，充分利用农业的多重功能和多重价值，为农村青壮年劳动力创造就业机会，减少农村人口流失，遏制农村人口老龄化趋势。

表9-6　　韩国城乡人口年平均增长率　　单位：%

年份	全国	城市	农村		
			总增长率	Eup（县）	Myeon（乡）
1980—1985	1.6	4.3	-2.6	1.2	-4.3
1985—1990	1.4	4.1	-4.5	-5.6	-4.0
1990—1995	0.6	1.6	-2.9	-0.6	-4.1
1995—2000	0.7	1.0	-0.4	1.5	-1.6
2000—2005	0.5	0.9	-1.4	1.0	-2.9
2005—2010	0.4	0.5	-0.2	1.2	-1.3
2010—2015	0.7	0.7	0.9	1.5	0.3
2015—2020	0.2	0.07	0.6	1.2	-0.7

资料来源：韩国国家统计局。

9.2.4　主要做法

韩国农业在20世纪90年代进行结构调整，由于政府支持农业规模增长，农业发展取得了一定的成就。然而，大规模农户和小规模农户之间的差距扩大导致了农村社区内部的混乱。1993年成立的金泳三政府，把加强农业竞争力作为农业政策的首要目标，推动了农业专业化。其后的金大中政府寻求农村地区的稳定，加强对中小规模农户的支持。而农业政策在两届政府之间失去了连续性，10年里农业改革政策处于随波逐流状态。

农业的两极分化现象在农业改革的过程中充分显现。发达国家采取了多种政策以减少两极分化带来的冲突。欧洲国家在20世纪70年代致力于提高工业效率，通过直接补偿系统，对许多小规模农户和劣势地区进行补偿。从那时起，直接补偿系统作为一个解决农业问题的好政策扎下了根，而这些农业问题通过市场自身是难以解决的。

农业结构调整政策应该包括社会福利政策。提高农业的生产效率是很重要的，但是同时，农村社区阶层和地区之间的矛盾也应该最小化。理想的农业结构改革可以从以下方向着手。

第一，对政府角色的理解。政府应该相信工业的发展可以通过创新和各经济体的努力来实现，政府的角色是营造和管理好经济体公平竞争的环境。此外，政府应该把重心放在市场不能很好地发挥作用的领域，采取措施帮助那些失去竞争力的阶层和地区。

第二，农业结构调整和供求调节应该由市场来决定。在开放的时代，政府的武断可能会导致农产品进口的增加从而损害国内农业，因此所有的农业产品的供求调节和农业改革应该由市场来决定。如果帮助可以使特定的农户或组织受益，那么这样的帮助就不应该实施。

第三，农户收入在市场开放过程中应该受到保护。建设能够吸收农业市场化震动的机制很有必要，消除市场开放带来的担忧，支持农户经济状况的稳定。特别是收入支持的目标与产量无关，应该同主要农产品相关，建立一个作为收入支持补偿措施的直接支付系统。社会保险系统应该发挥使农业资源从退休农民手中顺畅转移的作用。

第四，中央政府应该支撑援助系统，确保系统的运行，同时同当地政府和商品生产组织建立合作关系。考虑到农业政策多以地区农业为目标，中央政府应该接受当地政府的自治已达到最大化水平的现实情况。对于农业生产的支持，中央政府同商品生产组织建立关系是必要的。利用针对不同地区的援助系统，对劣势农民和欠发达农村地区给予广泛的支持，从而减少富的越富、穷的越穷的现象。

9.3 启示与借鉴

人们的消费观念已经发生了很大变化，绿色旅游成为一二三产业融合的主要模式。人们越来越重视生态环境和身体健康，偏向原生态，自然资源的生态保护显得越来越重要，这也使得农村一二三产业融合走上了生态发展道路。

9.3.1 统筹农业与自然的和谐发展

一二三产业融合应立足于良好的生态环境，以保证农业的可持续发展。长期以来，各国持续利用最新科学技术，与时俱进，努力寻求有利于资源节约与环境保护、有利于推进可持续发展的新型现代农业发展模式。对于广大发展中国家而言，更应在推进农业现代化建设进程中，贯彻“绿水青山就是金山银山”的发展理念，“统筹农业与自然的和谐发展”，推进低碳农业的发展，推进一二三产业的生态融合，推进现代农业又好又快发展。

9.3.2　多元技术变革渗透融合

现代科学技术是推动传统农业向现代农业转变的根本动力。不管资源禀赋与环境条件如何，各国所采取的措施基本相似，那就是不断推进多元技术变革，促进先进技术与农业的渗透融合。日本、韩国都对革新性农业技术的研究与开发、农业新技术的推广与应用以及农业知识产权的保护和使用等进行了强有力的支持，并积极制造和利用农村的可再生能源，提出发展以生物能源为支柱的新产业。新时期一二三产业融合具有许多新的内涵、标准与发展层次，需要多元技术变革与组织制度作为保障。一方面，现代技术与农业融合可以提高农业产出能力，促进农业功能创新；另一方面，现代科技，尤其是云计算、数字技术、大数据等与农业的融合，改造了传统农业，培育了数智农业，农业生产经营管理手段更加先进，生产经营效率不断提高。

9.3.3　完善的农业保障机制和国家政策干预与引导

不管是日本还是韩国，农村产业融合发展都提高了农业经济附加值、推动了农业经济发展、改善了农村生产生活环境，极大推动了现代农业的发展。在这个过程中，政府起了积极的作用，市场机制与政府的宏观调控相结合，为农业产业融合发展创造了宽松的外部环境。

第一，完善农业保障机制，保障农业生产者的利益。如日本政府在对工商企业投资农业进行严格的准入审查与认定、限定股份比例的同时，通过土地经营权的让渡调动工商业主体从事农业的积极性，也有效保障了农业生产者在合作中的利益和发展主动权，特别是在坚持土地集体成员所有的基础上，鼓励农民持股参与，然后通过增加农产品的本地化利用价值，即“地产地消”，将本地农产品加工、销售环节的利润保留在本地，提高农民的收入。这样农民可以获取一二三产业融合的增值收益分配，确保农业生产者与工商企业平等合作、互利共赢。

第二，融合发展离不开国家政策的干预与引导。日本、韩国两国农村产业融合发展主要得益于政府政策的大力支持。一方面，中央政府颁布有关农村产业融合发展的相关政策文件，如日本政府的《六次产业化：地产地消法》(2010 年)、《农山渔村六次产业化政策实施纲要》(2010 年)、《农工商合作促进法》(2013 年) 等，韩国政府的《农业和渔村发展特别法案》(1990 年)、《农业产业化推进计划》(2013 年)、《农业、农村及食品产业发展规划》(2013—2017 年)、《农村融合复合产业培育及支援法》(2014 年) 等，不仅促进了农村产业融合高质量发展，更对推进农业产业化产生了积极作用。另一方面，在中央政策的带动下，地方政府积极参与六次产业化活动，相应出台一系列支持政策，成为推动农村产业融合发展的主力。由于地理环境和发展环境不同，各地产业融合发展水平和层次各有差异，地方政府可以根据各地农业以及相关产业发展的实际情况，制定具体的农业发展目标。同时，各地不同的历史文化、资源禀赋、经济基础等地域差异，也形成了各自不同的农产品品牌，各地政府可以充分进行挖掘和培育，不断促进地域自主性发展。

9.3.4 壮大农业经营组织，实施农业专业化生产

在日本农业和韩国农业的发展过程中，农业生产经营者往往加入农业协会。它不仅有助于农业生产者运用法律手段保护自身利益，还可以引导农业生产者组织经营活动，这对管理农业经营活动和完善当地农业基础设施具有重要价值。同时，农业协会还将根据全国农业需求确定一个适当的农业供给量，适时休耕轮耕，实施农业的区域化和专业化生产，这也是对农业种植的一种支持和帮助，有助于促进农业的健康持续发展。

新时期，面对新常态下经济结构转型带来的挑战，我国农业发展面临新机遇和新困难，通过培育和壮大新型农业经营主体，实行农户家庭经营，建立健全各项农民合作经济组织与社会化服务体系，完善各类农民合作经济组织及专业协会，有利于壮大农村经济，提高农村经济活力。特别是面对当下农村空心化、老龄化的状况，农业发展遇到“谁来种地”“怎样种地”的困扰，积极培育和壮大新型农业经营主体，有利于促进农业发展向组织化、集

约化、规模化、社会化不断发展，实现农业生产方式的转型，为农业发展提供更好的组织管理和技术服务。面对农业日新月异的技术创新和技术进步，积极培育和壮大新型农业经营主体，引导农民向新型农民转型，提高农业的专业化水平，可以快速传递市场信息，提高农业发展的质量。通过新型农业经营主体的带动，可以实现农业种植、粗加工、深加工、销售、研发统筹发展，不断扩大农业发展的领域和模式，不断产生新业态，实现一二三产业融合发展，促进农业现代化，促进我国农村农业农民协调发展。

第 10 章

以一二三产业融合推进现代农业发展的对策建议

习近平总书记强调，中国式现代化是“人口规模巨大的现代化”，是“全体人民共同富裕的现代化”，是“物质文明和精神文明相协调的现代化”，是“人与自然和谐共生的现代化”，是“走和平发展道路的现代化”，中国式农业现代化更是如此。因为中国现代化离不开农业农村现代化。没有农业农村现代化就没有整个国家现代化。中国是农业生产大国，为了积极稳妥推进碳达峰碳中和目标的实现，为了乡村振兴，为了共同富裕，我们必须积极发展现代农业，走中国式农业现代化之路。而一二三产业融合发展，尤其是农业与第三产业融合发展，能够将生态资源优势转化为经济发展优势，积极开发特色产业，推动农业、人与自然健康和谐发展，促进农业生产方式转型，推进农业产业提质增效。因此，农村一二三产业融合发展是推进现代农业发展的有效方式。作为农业大国，我国人均能源资源禀赋严重不足，现代农业快速发展会面临更多的能源资源和环境约束，这决定了我国现代农业发展必须以一二三产业融合为支撑。

10.1 农村一二三产业融合推进现代农业发展模式构建

贯彻“创新、协调、绿色、开放、共享”的理念，必须把农业农村看作一个完整的自然生态系统，走农村一二三产业“生态性融合”的道路，尊重自然规律，科学合理利用资源进行生产，既能获得稳定的农产品供给，也能很好地保护和改善生态环境（江泽林，2018）。结合以上农村一二三产业融合理论的梳理，依据不同的视角和形成机制，一二三产业融合有不同的划分方式，但所有的模式均不能脱离一二三产业融合的出发点和落脚点，即农业现代化（宏观）、农业生产方式转型（中观）、提高农民收入（微观），这分别对应技术创新、农业资源、农业能力。从这三个维度出发，可以将农村一二三产业“生态性融合”划分为生态技术渗透融合、生态服务融合和生态能力融合，最后形成一个农业生态共生共融网络。本文构建的农村一二三产业“生态性融合”模式如图10－1所示。实践证明，一二三产业生态性融合发展可以解决目前产业融合的几大问题，如融合形式单一、红利不足、基础设施薄弱等问题。

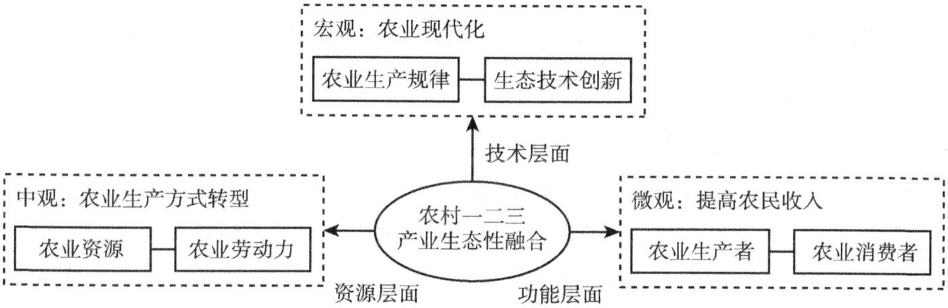

图10－1　农村一二三产业“生态性融合”模式图

利用科技的内在动力和一二三产业融合的外在力量，加快形成节约资源和保护生态环境的农业空间格局、农业产业结构，促进生产方式、生活方式转型，把经济活动、人的行为限制在自然资源和生态环境能够承受的范围内。提出全产业链、全生物链、全供应链、全利益链的“四链”融合模式，推进信息服务平台、科技创新平台、创业平台和产权交易平台“四平台”建设，强调农村绿色发展动能、科技创新驱动、质量效益拉动、品牌引领带动、产业融合互动、新型主体联动的“六动能”建设，着重进行土地制度、产权制度、金融体制“三制度”改革，采取完善政策引导机制、加大培训教育力度、加强部门协作配合等措施来进一步构建政府、社会、企业、农村行政主体和农民的“五位一体”深度融合机制。

10.2 农村一二三产业融合发展的路径

推进农村一二三产业生态性融合的基本思路就在于结合农村一二三产业融合过程中存在的主要问题及动因，加速发展全产业链、全生物链、全供应链、全利益链的“四链”融合模式。现代休闲农业是促进一二三产业融合的突破口，是农村一二三产业“生态性融合”的样板。现代休闲农业作为一个综合性产业，是集食、住、行、游、购、娱于一体的综合性产业。在现代市场经济条件下，农业、工业和服务业将密不可分，农业综合能力将日益突出。农业不仅是旅游开发的对象，而且具有生态、经济、社会、文化的综合能力。融合模式能够充分开发农村绿色发展动能，充分利用科技创新驱动、质量效益拉动、品牌引领带动，实现产业融合互动、新型主体联动。例如，河南南阳的自然风光和传统的石头房村落是发展乡村旅游业的基础，结合传统农业资源优势，大力发展菊花产业，使石头村旅游业成为一二三产业融合的突破口。其中，万亩菊花种植示范基地就是一个典型例子。菊花展可在菊花盛开季节举办，体验农业可在菊花采摘季节开展，菊花加工技术和生产场地也可开发成农业旅游产品，加工后的菊花产品可作为礼品、旅游纪念品和生态纪念品。推进现代休闲农业发展是促进农村一二三产业融合的重要突破口，也是未来提高产业融合水平的方向。

10.2.1 加速推行“四链”融合模式

产业整合红利对农村繁荣的推动作用是不够的。农村一二三产业融合的关键在于构建有效的利益联动机制，在利益联动机制的作用下加速构建融合机制，进而实现一二三产业融合的目标。但是农业发展与第二、第三产业之间融合的利益联动机制不够健全，主要表现在：农业产业化组织与农户的利益联结方式机械，利益分配机制不合理，仅凭简单的契约买卖合同难以制约农户的实际行为，导致农户参与的积极性不高；农业规模化发展过程中农产品深加工制造、农业机械化生产的程度不高，存在低端竞争严重、农业机械化应用程度有待加强的情况；同时，一二产业联动中，农产品深加工与农户的联系不够，使得农民的增收效果不明显，而一三产业联动中，创新程度不高、同业竞争激励，导致利益摊薄最终影响农户的参与积极性。

这就需要以特色生态农业为抓手，做强产业支撑，推行“四链”融合模式。“四链”融合的关键是共赢共生。采取“政府（党支部）+龙头企业+合作社+农户+银行+保险”的运行机制，进一步提升创新生态系统能级，打破产业链与价值链分离的状态，让农业生产者融入整个价值链。这就需要将家庭农场和农民合作社等新兴主体联动起来，实现农业适度规模经营。不久的将来，专业大户和家庭农场将成为家庭经营的基础力量，也是农业产业融合的主体力量。把适度规模经营的家庭农场嵌入农民专业合作社，是创新农业生产经营组织体制的有效途径，也是现代农业提升发展的内在要求。下一步，引导专业大户、家庭农场、合作社延长产业链条，拓宽产业形态，创新融合模式，如采取龙头企业领办创办农民合作社或与农户、家庭农场相互入股等方式，完善利益联结关系，推进各类主体的深度融合。

10.2.2　推进“四平台”建设

进一步整合资源力量，推进信息服务平台、科技创新平台、创业平台和产权交易平台“四平台”建设。

（1）建立信息服务平台。“现代农业与农业信息服务业具有高度的创新性、高度的渗透性、高度的融合性，高度倍增性、高度的带动性”（肖建中，2012年）。近年来，智能感知芯片、移动嵌入式系统等互联网技术在农业领域的应用越来越广泛。数字农业、智能农业、精准农业的不断发展呼唤着信息服务。农村环境和生态状况是农业可持续、生态融合的重要条件，政府发挥着重要作用。应建立全国农业生态管理云平台，用现代化信息手段对农业资源进行管理和配置。

（2）建立科技创新平台。产业融合是农村经济发展的重要途径，随着“大、智、移、云、物、链、环”等新技术新经济的兴起，“物联网”“云计算”“大数据”“环境与生态文明”等为“农村一二三产业融合发展提供了活跃的产业空间”，产业融合导致了产业边界的模糊或消失，改良了农业种植技术，有利于农业机械设备的使用，能够有效利用新的加工存储运输条件。从技术进步方面来看，农村一二三产业融合发展具有更加便利的技术条件，因此农业技术创新更加紧迫和必要。应加强农业技术的研发和创新，加快构建生态农业科技创新平台。一是大力支持生态农业技术研究与开发，大力发展清洁能源技术。二是积极培育高层次新型职业农民，促进生态农业技术的推广和创新。三是以消费为导向，积极调整产业结构，加大绿色农业、特色农业的创新力度，积极培育绿色生态农产品品牌。必要时将政府绿色创新投资作为引导资金，发挥杠杆作用，引入绿色科技创新奖励模式。

(3) 建立创业平台。政府设置农村创新型创业基金，引导新毕业的大学生或城市市民投身农业，成为有知识的新型农民。新产品、新技术、新市场、新组织、新生产要素需要新农民。2012年中央一号文件首次提出了“新型职业农民”。作为市场主体的新型职业农民，不但掌握了科学文化知识，而且懂得农业科学技术、会经营管理，还具有高度的社会责任感，注重合理配置资源，重视土地的可持续利用，生产积极性高，有利于实现生产的规模化、机械化、智慧化和标准化。

(4) 建立产权交易平台。农村一二三产业融合发展通过第二产业的深加工、第三产业的市场供求信息服务、农业生产的核心技术改进、农产品的文化价值深度挖掘等，将产业融合贯穿于产品生产、消费的全过程，实现对传统农业的产业创新（刘海洋，2016）。一二三产业融合发展迫切需要主动迎合“互联网+”，建立产权交易平台，积极开辟“互联网+农业”这一极具潜力的蓝海市场，通过建立合理的利益关系，形成健康的农产品交易环境，稳定各方融合预期，既能降低交易成本，又能增大交易剩余，对平台各方都是大有裨益的。根据已有产权交易模式，目前农户以土地等要素入股企业，或者企业以农业设施等入股，或者企业与农户采取“反租倒包”等方式，农户可以获取二次分红，共享农业增值利润，值得进一步总结和推广。

10.2.3 强调“六动能”建设

新常态下，农业需要提高质量、优化结构，即进一步提高农业现代化水平，逐步向三次产业协调发展转变，降低物质消耗，依靠科技进步，提高劳动者素质和管理创新。这就需要市场、政府、人力资源和自然资源的整合，社会资源相互作用形成合力，进而强调农村绿色发展动能、科技创新驱动、质量效益拉动、品牌引领带动、产业融合互动、新型主体联动的“六动能”

建设。

（1）绿色发展动能。中国特色社会主义进入新时代，“我国社会主要矛盾已经转化为人民日益增长的美好生活需要和不平衡不充分的发展之间的矛盾”，城乡居民对农产品的消费需求日益呈现优质化、个性化和多样化的趋势。一方面，城乡居民对农产品的要求提高，从“吃得饱”向“吃得好”转变。另一方面，农耕文化、休闲观光和亲近自然等时尚消费需求，日益成为农产品消费新的重要增长点（姜长云，2017），以休闲旅游为重要内容的城乡居民时尚消费增长迅速。数据显示，1995—2018年，“国内游客人次、总花费、人均花费年均分别增长10.86%、18.31%、7.65%”（王兴国，2016），2016年全国休闲农业和乡村旅游业共接待游客近21亿人次，营业收入超过5700亿元（韩长赋，2017）。这就要求，积极促进产业生态性融合，生产农业生态文化产品。

（2）科技创新驱动。产业融合是农村经济发展的重要途径，特别是随着互联网技术的融合应用，产业融合加速了产业边界的消失，几乎任何一个行业的快速发展都是建立在与其他行业融合的基础上的。农村一二三产业融合是通过农业与第二、第三产业的深入融合发展起来的，产业整合贯穿于产品生产和消费的全过程，包括市场供求信息服务、农业生产核心技术推广和农产品开发的实现，传统农业的产业创新。农村一二三产业融合发展提高了农业种植技术，有利于农业机械设备的使用和新的加工储运技术的运用，大大提高了农业的竞争力。随着新技术、新理念的兴起，产业融合的概念更加深入人心。互联网信息技术日新月异，物联网，云计算、大数据、环境、生态文明等新经济、新技术的出现，为农村一二三产业的全面发展提供了活跃的空间（刘明国，2015），延长了农业产业链、价值链，拓展了农业多种能力，提高了农业综合效益（赵海，2015）。

（3）质量效益拉动。提高农民收入水平的基本路径是推进农业向“微笑曲线”的两端延伸以取得高附加值，主要方式是结合区位因素、文化因素和品牌因素，加强科研融合，推进农产品前端科技的研发，推进农产品的深加工及生产销售、物流配送的发展，降低生产、交易成本，进而增加利润，提高农民收入。经过调查研究，我国的农民专业合作社正在转型过程中，传统的种植业、养殖业合作社逐渐减少，而与农业相关的服务类机构相应增多。价值提升能力主要体现在两个方面：一是产品的综合利用程度加深，农产品附加值增加。随着产品加工的深化，产业外部特征发生了转变，带动了其他相关产业发展，资源的使用效率得到提高，创造了更多的价值。二是充分利用“特色招牌”，打造品牌农业。合作社统一技术培训、统一分级包装、统一品牌销售，增强了市场竞争力和抗风险能力，建立了打响品牌的基础。现阶段有机农业的品牌价值提升，体现了现代农业的巨大利益空间，也是现代农民收入增加的着力点。

（4）品牌引领带动。加强和优化农业龙头企业建设，发挥龙头作用。龙头企业作为农业发展的载体，作为与农民关系最密切的社会经济组织，作为新型农业经营主体的最重要组成部分，是“促进农民进入市场的基本主体”，是农村社会管理创新的有效载体和农村发展的新主体。必须在转变农业发展方式中发挥示范作用，成为广大农民学习的榜样，转变农业的“经营方式、生产方式、资源利用方式、管理方式”。它作为整合农民管理薄弱与大市场矛盾的有效组织形式，推动农业向产出高、污染少、效益好的现代化道路转变。农民作为农村社会的基本单位，离不开农业环境和农村社会。实现小农与新兴产业的有机结合，形成新业态和发展现代农业，要确保农民共享第二、第三产业红利，以社会融合为桥梁，建设一支优秀的“三农”工作团队，这个团队要懂农业，特别是懂现代农业，熟悉现代农业特点和发展规律，并且爱农村、爱农民，能够指导“三农”工作，这对于实现包容性社会能力和乡村振兴具有重要意义。龙头企业在资金、技术、人才等方面具有比较优势，依托产业化发展机制，发展农产品精深加工和销售，促进第一产业融合，发展第二、第三产业。根据国内外经验，以龙头企业为主导的产业整合普遍具有品牌优势和明显的引领作用，具有产业链历史悠久、附加值大、发挥各学科比较优势的特点。这就需要政府通过税收、补贴、贷款等优惠措施支持龙头企业发展壮大，使龙头企业具备引导产业融合的条件和能力。

（5）产业融合互动。随着互联网时代的到来，我们应该尽快推进互联网与农业的全面融合。发展一二三产业融合和生态融合，要充分利用“互联网 +”蓝海，积极构建“互联网 + 农业”发展格局，制定优惠政策，支持和鼓励农业实现专业化、社会化、规模化经营。对于农业电子商务企业来说，加大扶持力度尤为必要。农业电子商务平台让农民可以直接联系消费者，缩短流通渠道。要鼓励农业企业积极建设，开展不同形式的网上销售，推动网上商品下乡、农产品进城，形成完整的产业链，催生新的农业发展模式。

（6）新型主体联动。传统的小农生产模式已不适应现代生产力的发展，也与现代农业格格不入。由于规模小、经营分散，农业生产的专业化、规模化、机械化难以实现，不利于一二三产业融合，也不可能实现新型工业化、信息化和城镇化。必须以扩大农业经营规模为抓手，实现农业的智慧化、产业化、标准化，促进一二三产业生态融合发展。这就需要将家庭农场和农民合作社等新兴主体联合起来，实现农业经营规模适度。专业大户和家庭农场将成为家庭经营的基础力量，也是农业产业融合的主体力量。把适度规模经营的家庭农场嵌入农民专业合作社，是创新农业生产经营组织体制的有效途径，也是现代农业发展的内在要求。下一步，引导专业大户、家庭农场、合作社延长产业链条，拓宽产业形态，创新融合模式，如龙头企业领办创办农民合作社或与农户、家庭农场相互入股等，完善利益联结关系，推进各类主体的深度融合。

10.2.4　深化“三制度”改革

推进农村一二三产业的生态性融合，必须进一步深化土地制度、产权制度、金融体制“三制度”改革，改善农业融资环境。

结合国内外农业金融发展经验及人民银行、银监会逐渐对农村金融发展的重大改革举措，发展河南省农民金融及改善融资环境应从几个方面入手：①改变农民投资理念，充分利用有效民间资本。现阶段农民的理财观念依旧滞后，表现在把资金留在家中或存到银行中获取微薄的利息，而不是充分利用资金进行合理投资。通过加强宣传教育，使农民群众了解股份制融合基金、农村银行等金融机构的高收益、低风险，以及完全服务于农业发展的经营理念，进而充分利用民间资本。②发展农村融合银行、股份制融合基金。有效加强农业金融管理，推进农村融合银行、股份制融合基金的发展，在不违背金融政策的前提下，提取公积金后进一步提取一定比例的公益金，作为融合银行的自有基金，供其他不同融合组织借贷及资金交易使用。采取存款利率高于其他国有企业、龙头企业利率，贷款利率低于市场利率的政策，激发成员存取借贷使用的积极性，而金融机构的工作人员必须持证上岗，其薪资由成员大会商议而定。③强化农村金融机构监管。为避免违法乱纪行为发生，银监会要加强对农村金融机构的审计、监管，人民银行要强制金融机构上交一定比例的储备金，而农村金融机构要定期向人民银行报送财务报表、日记账、财务状况说明书等财务资料，接受银监会和人民银行的定期检查和审计。

10.2.5 构建“五位一体”深度融合机制

完善政策引导机制、加大培训教育力度、加强部门协作配合，进一步构建政府、社会、企业、农村行政主体和农民的“五位一体”深度融合机制。

（1）政府主导机制。作为政府与农民之间的桥梁，农民合作社与政府的关系密不可分，支持其健康发展是我国政府的重要职能。农民合作社是一个“农民自愿选择，自建自利”的自助组织，具有追求公平、服务会员、非营利性等特征，具有较强的正外部性和公共物品的性质，需要政府的支持。在世界范围内，各国政府“通过完善和调整法律法规，实施积极的财政政策，为全纳社会的发展提供政策和制度保障，引导和促进全纳社会的发展，通过监督来规范全纳社会的运行，提供长期税收优惠，创造宽松的金融环境”（张雯丽，陈建华，2013）。在经济新常态下，农民合作社会的发展机遇与挑战并存，需要政府的引导和支持。

（2）市场运行机制。在转型升级过程中，政府的责任是创造有利于农民合作社转型升级的外部环境，在此过程中，市场竞争机制、价格机制等市场运行管理机制仍然发挥着基础性作用。一方面，市场机制体现在资本、技术、人力资源等生产要素的配置上。另一方面，农民合作社转型升级的一个重要表现就是数量的减少和质量的提高。在这个过程中，必须依靠市场机制推动生产要素向具有规模优势的一体化社会转移。

（3）一二三产业协调发展机制。围绕农业发展新常态，大力推进农业生产、农业加工和一二三产业协调发展。总体而言，我国农民合作社的产业链仍然是倒“微笑曲线”。据调查，截至2013年底，我国农牧养殖传统低层次专业合作社共23061个，占农民专业合作社总量的32.9%；与农业生产经营相关的技术信息合作社、农产品贮藏合作社、农产品运输合作社、农业生产资料购买合作社共有12427个，农产品销售类的农民专业合作社7347个，分别占农民专业合作社总量的17.7%、10.5%。据美国农业部的调查报告，2001年美国3229个合作社中，1606个主要从事销售活动，1234个提供生产物资供应，389个提供各种服务，另外还有大约1000个农村电力合作社。鉴于此，我国的农民合作社必须进一步延伸到产前产后，涉及农民生活的各个领域。

（4）品牌管理机制。2013 年中央一号文件鼓励和引导城市工商资本向适合种植业企业化经营的农村发展。工商资本进入农村，带动了家庭农场、公司农场、农业联合企业和一大批农业企业。这些农业企业以市场为导向，以利润最大化为导向，能敏锐地捕捉市场信息，从而获得更多的利益。要成为一个具有竞争力和综合性的产业，关键在于品牌的竞争力和影响力，这就需要建立品牌形成机制和品牌管理机制，形成产业集群，打造自己的品牌。

（5）创新驱动机制。新常态经济的最大特点是经济由增长向创新转变。经济发展需要高质量、高效率和结构均衡。“创新直接推动和影响了最后晚餐地区的工业”（特利克・耶格尔），“创新引入了一种新的生产函数，极大地提高了社会潜力”（熊比特）。从一体化社会转型升级的角度看，企业实体和服务的创新直接推动了农业结构的优化升级，促进了农业生产规模化、标准化，大大提高了农业生产效率。

第 11 章

优化农村一二三产业融合发展的整体环境

从以上分析可以看出，在调研的地区，农村一二三产业融合程度普遍较低，需要采取措施，推进农村一二三产业融合，尤其是我国经济进入新常态、改革进入深水区、社会主要矛盾进入转化期，“三农”问题更加突出，要致力于解决“谁来种地”“怎样种地”和“怎样种好地”问题，立足于改善农村公共服务、保护生态环境、促进社会稳定等。党的十九大报告提出了乡村振兴战略，发展总要求是“产业兴旺、生态宜居、乡风文明、治理有效、生活富裕”，加快推进“人与自然和谐共生”的农业农村现代化。在党的十九大精神的引领下，农村环境问题、农业生态问题、农民收入问题必将通过一二三产业融合得到解决。

环境的变迁往往深深影响着农村一二三产业融合的效果，一二三产业融合开展的各项活动要与整个社会环境形成良性互动。因此，需要优化农村一二三产业融合发展的整体环境，形成整体合力。在农业现代化和推进农业供给侧结构性改革中，要创造良好的外部环境，让企业有能力、有动力发挥引领作用和支撑作用，提高农业全要素生产率，增加农民收入；让农民分享一二三产业融合的红利，让大学生乐于回乡，让新一代职业农民成为大学生择业的优先考虑；让农村更美，让绿水青山真正成为金山银山。

11.1 以低碳农业引领农业生产方式转型

在农业供给侧结构性改革的背景下，“绿色发展、循环发展、低碳发展”才能促进农业现代化的实现。作为农业大国，我国至今没有摆脱“高能耗、高排放、高污染”的高碳农业发展模式。在现代农业、可持续农业发展的关键时期，要充分发挥财政政策的调节作用，以低碳农业引领农业生产方式的转型。

11.1.1 明确低碳农业发展目标

着力解决当前农业发展中的关键问题，必须积极发展低碳农业。我国是一个人口大国，又是一个农业大国，农业发展问题关乎国家的安全和稳定。2019 年中央一号文件再一次聚焦“三农”，把粮食安全摆在首要位置。粮食安全既有量的安全，更有质的安全。虽然我国粮食生产连年丰收，但摆在我们面前的是生态系统日渐退化、农业面源污染日益加重的现实，农产品质量安全问题凸显。

2019 年 5 月，《全国农业可持续发展规划（2012—2030）》出台，这个“纲领性文件”提出要发展“资源节约型、环境友好型和生态保育型农业”，为我们描绘了农业可持续发展的蓝图。这正是由“化石农业向有机生态农业转变”的低碳农业的发展方向。基于此，现阶段我国农业发展的核心目标应该是“保安全，促低碳”，以安全为基础，以低碳为核心，引导我国农业走向一条低碳的、可持续发展的道路，最终实现我国能源安全、生态良好、农业综合实力不断提高、低碳经济加速发展的多赢目标。

11.1.2 确定低碳农业发展重点

（1）促进农业生产结构向低碳转型。2022 年 12 月 23 日，习近平总书记在中央农村工作会议上强调：“坚持绿色是农业的底色、生态是农业的底盘。必须摒弃竭泽而渔、焚薮而田、大水大肥、大拆大建的老路子，实现农业生产、农村建设、乡村生活生态良性循环，生态农业、低碳乡村成为现实，做到资源节约、环境友好，守住绿水青山。”农业既是碳源也是碳汇，发展低碳农业要在农业生产结构上下功夫，既充分利用各地自然条件和各种农业自然资源，促进农业生态平衡的良性发展，又推进品种培优，大力发展农业低碳产业，注重低碳品牌打造，尤其是大力发展农业服务业、开发农业旅游产品，加强农业与第三产业的融合发展，促进农业生产结构的低碳转型，形成以农业服务业为主导、绿色低碳循环的农业生产结构。

（2）促进农业生产方式向低碳转型。作为农业大国，我国至今没有摆脱“高能耗、高排放、高污染、低碳汇”的高碳农业生产方式。化肥使用量逐年增加且使用效率低下，“尽管中国的耕地面积还不到全世界耕地面积的10%，但是氮肥使用量占世界化肥使用量的32%”；除草剂、农药使用量也在逐年增加。这种“三高一低”的高碳农业生产方式已成为目前主要的粮食安全问题。因而，以生物肥、有机肥、绿肥代替化肥，加快生物农药的研制和使用，积极休耕，保护土地自然力，加速农业生产方式从高碳向低碳转型，应是低碳农业支持政策的重点之一。

（3）促进农产品消费向低碳转型。消费是经济发展的重要环节，低碳农产品消费在低碳农业发展中发挥着承上启下的重要作用。在环境资源双约束的当下，倡导低碳消费，不但节约资源，减少环境污染，而且可以倒逼农业生产的低碳化，加快我国低碳农业发展的进程。因此，引导消费者转变消费观念，变高碳为低碳，也是农业发展“保安全，促低碳”的着力点。

11.1.3 优化财政政策工具

根据世界其他国家的经验，促进低碳农业发展的财政政策工具主要有补贴、碳税和配额等（见表11－1），结合我国国情，应对财政政策工具进行调整和优化。

表11－1　　农业减排增汇财政政策一览表

政策工具	激励增汇正外部性	抑制减排负外部性
补贴	补贴提供固碳及其附属的公共产品，低碳方式利用土地自然力	补贴传统技术向减排技术转变成本
碳税		农药税、化肥税、粪污税等
配额		排放权配额交易

（1）完善农业补贴政策。长期以来，我国农业补贴大多在农产品流通销售环节进行，中央和地方财政每年用于粮棉油流通环节的补贴占财政补贴总额的比例平均在75%左右（程国强，2012），对环境保护重视不够。要促进

低碳农业的发展，农业补贴应以“保安全，促低碳”为核心目标。

第一，增大农业补贴规模。长期以来，我国的农业补贴率远低于美国、欧盟，也低于大部分发展中国家；从人均看差别更大，按照官方汇率计算，美国农业补贴的人均拥有量是我国的100倍左右。因此，我国的农业补贴力度必须大幅度增强。考虑到低碳农业是我国农业发展的趋势，有必要设立低碳农业专项补贴，使政府资源在低碳农业领域得到充分利用，促进农业低碳结构调整。

第二，完善农业补贴结构。减少粮棉油流通部门的“黄箱”补贴，增加“绿箱”补贴，尤其要重视退耕还林、还草的碳汇作用，提高其补贴比重。“堵暗道，通明渠”，让农业补贴直接与环保挂钩，逐步推行以改善地力、提高肥力，恢复农地、林地、草地等自然生态为主体的环保补贴制度，鼓励消费节能减排农产品、使用清洁能源，采用低碳农业生产方式，促进低碳农业的永续发展。

第三，明确支持对象，精准补贴，提高补贴效率。①建立专业农户直接补贴制度。逐渐减少目前的间接补贴方式，实现补贴资金在低碳农业生产领域的精准投放，让低碳农业生产者直接得到补贴资金，体现“谁低碳生产，就支持谁”，强化激励效果。②培育高素质的农业经营主体。我国的农业基本生产单位大部分还是分散的农户，既不利于粮食安全，也不利于农业低碳。家庭农场实现了规模耕作，有利于低碳农业生产技术的规模运用；农民合作社作为联系农户和市场的桥梁，方便农户了解市场信息，统一加工、统一销售减少了浪费和消耗，可以间接促进低碳农业的发展。为推动农业生产的专业化、优质化和规模化，低碳农业补贴应重点向种粮大户、家庭农场、农民合作社、农业社会化服务组织等高素质新型经营主体倾斜。③引导和培养低碳农业消费方式。学习国外碳标签制度，超市、商店的农产品都贴上碳标签，标明其在生产过程中排放的二氧化碳量的高低。针对不同的碳排放量制定不同的价格，由政府对低碳农产品提供价格补贴，降低消费者的购买成本，发挥低碳农产品的品牌效应，引导低碳消费。

（2）加大农村环保投资力度。农村环境和生态状况是农业可持续、低碳发展的重要条件。建立全国农业低碳管理云平台，用现代化信息手段对农业资源进行管理和配置；加快完善与低碳农业相关的基础设施，如加大对节能减排工程、沼气工程、灌溉工程等的投入，发展精准农业，减少碳排放；增加农业环境污染源治理的投入，提高农产品质量，必要时将政府绿色投资作为引导资金，发挥杠杆作用，引入污染防治 PPP 模式。

（3）强化农业科技创新。发展低碳农业的核心是采用低碳农业技术，政府应加强低碳技术的研发和创新，加快构建低碳农业科技创新体系。①设置低碳农业技术研发支出预算科目，使低碳农业技术研发能够获得稳定、可靠的资金来源。大力支持低碳农业技术和可替代能源技术的研究与开发，大力发展清洁能源技术。进一步加大对新能源的投入力度，促进太阳能发电、风力发电和水利发电等新能源的发展。②政府应制定补贴和税收优惠政策，鼓励低碳农业技术的应用与推广，如测土配方施肥、节水灌溉技术等，促进技术型低碳农业高效发展。③积极培育高层次新型职业农民，促进低碳农业技术的推广和创新。加强低碳农业标准化技术的培训和推广工作，采用现场指导或通过媒体、网络等方式对职业农民进行定期培训，鼓励创办新型职业农民学校，向培训合格者颁发绿色证书，给予政策优惠，提高低碳农业的标准化和规模化。

11.2 完善土地流转制度

党的十八大报告明确提出，在农业产业化经营中，农民可以以承包经营权入股。同时鼓励承包经营权流转，在公开市场上，土地承包经营权可以流转给家庭农场、专业大户、农业企业、农民合作社等新型农业经营主体，发展多种形式的规模经营。这就为发展适度规模经营形式提供了制度保障。目前，一方面要加快农村承包地确权颁证进程，推进农村土地顺畅流转，积极培育家庭农场；另一方面要“做好承包土地的经营权和农民住房财产权抵押担保贷款试点工作”，将土地融合、资金融合、劳动力融合有效结合起来。

11.3 以“互联网+”推动现代农业实现新跨越

在 2019 年政府工作报告中，李克强总理指出，大力“推动电子商务进农村”。伴随“互联网+”时代的到来，尽快推动互联网与农业充分融合。农民专业合作社要充分利用“互联网+”这一片蓝海，积极构建“互联网+农业”发展格局。制定优惠政策，鼓励农民专业合作社、种养大户、政府、农业龙头多方参与，进而促进一二三产业融合发展。对于农业电子商务企业要加大扶持力度，农业电子商务平台让农户与消费者直接连接，缩短了流通渠道。鼓励开展不同形式的网络销售，推动“网货下乡”和“农产品进城”，形成一个完整的产业链。重构农业产业链，催生农业新发展模式。

近些年，我国农业系统建立了强大的数据收集和共享平台，内容涵盖生产、市场价格、农村经营管理、农产品成本收益、农垦、农产品加工、农业资源和农村能源环境等方面。通过“金农”工程建成运行的系统有36个，平均每天信息更新量达30多万条，现有数据库存量信息近9亿条。科学技术、现代装备等正使传统农业发生翻天覆地的变化。通过大数据的精准“计算”，农业的各项资源要素都得到了优化配置，借助现代信息技术，农业生产过程中的废弃物都能够得到优化利用，实现“零排放”。曾经繁重的农事活动，通过轻点鼠标，就可以“优雅”完成。

据统计，当前我国行政村通宽带比例已经达到95%，农村网民数量达1.9亿人，农村互联网普及率达32.3%。伴随“互联网+”时代的到来，必须尽快推动互联网与农业充分融合，实施“互联网+农业”，促进一二三产业融合发展。

第一，加快农村信息化基础设施建设。配合国家政策，实施光纤进村入户工程，将信息服务站延伸到乡村，实现农村流通体系和城市流通体系对接。首先，政府在政策上、资金上要对农村电子商务建设所需的各种硬件、软件给与支持，由政府主导或采用PPP模式投资农村信息化基础设施建设；其次，大力推进农业电子商务发展，实现农产品和农业生产资料“农消对接”，缩短产销流通链，重点突破鲜活农产品电子商务的痛点，提高流通效率。

第二，推动互联网与农业充分融合。在环境问题突出、资源约束趋紧、生态系统退化的情况下，科技是解决农业发展难题的第一动力。随着现代科技水平的提高，互联网技术已经融入人们生产生活的方方面面，可以充分发挥互联网技术优势来促进农业产业融合。互联网与农业的融合既可以推动农业生产、销售，还有利于种植技术的发展，也为农业技术推广、农业低碳化生态化提供了支持。

伴随“互联网+”时代的到来，一方面，要积极构建“互联网+农业”

发展格局，推动互联网与农业充分融合。“互联网+”作为一种新型经济形态，可以通过互联网，将技术创新成果在农业各领域交叉融合，形成以大数据或云计算为基础的新型经济发展形态，发展智慧农业，实现生产要素优化配置与集成应用，提高实体经济生产水平，为农业现代化发展提供技术支撑。另一方面，可以利用互联网加强生态农业监测评价，有效控制农业环境污染。完善农业生态环境监测网，“互联网+”与卫星技术、污染监测技术相结合，借助“互联网+”判定污染情况。“建立化肥、农药、农膜生产和使用台账，完善畜禽粪污、农作物秸秆资源化利用台账，用监测数据和统计台账对各地生态低碳农业发展水平进行科学客观评价”（农业农村部发展规划司副司长严东权，2023），可以有针对性地提出污染解决措施，促进农业生态化、智能化。

第三，大力培养农村电子商务人才。农村一二三产业融合迫切需要主动迎合“互联网+”，积极开辟“农村电商”这一极具潜力的蓝海市场，因此农村电商人才培训成为当务之急。在“互联网+农业”如火如荼的今天，既拥有互联网思维又掌握信息化技术是对合作社社员、新型职业农民、家庭农场主的基本要求，因而农民专业合作社、农业龙头企业、种养大户更是急需农村电商人才培训，各级政府及职业教育主管部门要经常对相关人员开展有针对性的培训，引导他们积极迈入“农村电商”这一极具潜力的蓝海市场。

参考文献

[1] 马健．产业融合论［M］．南京：南京大学出版社，2006.

[2] 农业部农业产业化办公室，农业部农村经济研究中心．产业融合与主体联动［M］．北京：中国农业出版社，2017.

[3] 盛世豪．产业竞争论［M］．杭州：杭州大学出版社，1999.

[4]《北京农业产业融合发展研究》课题组．产业融合发展：转型中的北京农业［M］．北京：中国科学技术出版社，2016.

[5] 宗锦耀．农村一二三产业融合发展理论与实践［M］．北京：中国农业出版社，2017.

[6] 白永秀，惠宁．产业经济学基本问题研究［M］．北京：中国经济出版社，2008.

[7] 植草益．产业组织理论［M］．北京：中国人民大学出版社，1988.

[8] 胡永佳．产业融合的经济学分析［M］．北京：中国经济出版社，2008.

[9] 国家发展改革委宏观经济研究院课题组，国家发展改革委．产业融合：中国农村经济新增长点［M］．北京：经济科学出版社，2016.

[10] 王述英．现代产业经济理论与政策［M］．太原：山西经济出版社，1999.

[11] 王雅鹏．现代农业经济学［M］．北京：中国农业出版社，2008.

[12] 周振华．信息化与产业融合［M］．上海：上海人民出版社，2003.

[13] 赵阳，王秀清．农业经济理论与政策前沿问题研究［M］．北京：中国农业出版社，2013.

[14] 钟甫宁．农业政策学［M］．北京：中国农业大学出版社，2011.

[15] 张立中，陈建成．农业经济问题前沿［M］．北京：中国林业出版社，2012.

[16] 姜国忠. 多功能农业论 [M]. 哈尔滨：黑龙江人民出版社，2012.

[17] 卢现祥，朱巧玲. 新制度经济学 [M]. 北京：北京大学出版社，2012.

[18] 高洪深. 区域经济学第二版 [M]. 北京：中国人民大学出版社，2006.

[19] 科斯. 企业的性质 [M]. 上海：上海财经大学出版社，2000.

[20] 康芒斯. 新制度经济学 [M]. 北京：商务印书馆，1962.

[21] 张雪艳. 交易成本理论、测量与应用研究 [M]. 北京：中国社会科学出版社，2016.

[22] 夏冰. 基于数学模型的评价方法研究 [M]. 北京：北京大学出版社，2017.

[23] 田代洋一. 日本的形象与农业 [M]. 杨秀平，王国华，刘庆彬，译. 北京：中国农业出版社，2006.

[24] 苗长虹，魏也华，吕拉昌. 新经济地理学 [M]. 北京：科学出版社，2014.

[25] 马歇尔. 经济学原理（上卷）[M]. 北京：商务印刷馆，1993.

[26] 樊森. 产业循环链条 100 例 [M]. 陕西：陕西科学技术出版社，2014.

[27] 刘晓凤. 现代农业产业技术创新链案例研究 [M]. 北京：中国农业科学技术出版社，2014.

[28] 吉利斯，罗默. 发展经济学第四版 [M]. 北京：中国人民大学出版社，2003.

[29] 郑长德. 空间经济学与中国区域发展：理论与实证研究 [M]. 北京：经济科学出版社，2014.

[30] 郑明高. 产业融合：产业经济发展的新趋势 [M]. 北京：中国经济出版社，2011：6.

[31] 徐哲根. 日本农户增收的产业路径及其启示 [J]. 现代日本经济，2011（3）：48－54.

[32] 崔振东. 日本农业的六次产业化及启示 [J]. 农业经济，2010（12）：6－8.

[33] 姜长云. 日本的“六次产业化”与我国推进农村一二三产业融合

发展［J］. 农业经济与管理，2015（3）：5－10.

［34］盛方富. 新常态下促进江西农业“六次产业化”发展研究［J］. 农业考古，2015（3）：340－344.

［35］李中华，李强. 日本农业六次产业化的实践经验与启示［J］. 中国农民合作社，2015（6）：40－42.

［36］董荣奎，赵一帆，何佳等. 三产融合——农村经济可持续发展的新举措［J］. 内蒙古农业科技，2015，43（6）：144－147.

［37］黄进才，康东书. 中韩农业发展的对比分析［J］. 世界农业，2012（11）：87－89.

［38］苏毅清，游玉婷，王志刚. 农村一二三产业融合发展：理论探讨、现状分析与对策建议［J］. 中国软科学，2016（8）：17－28.

［39］田聪华，张利召，徐忠等. 新疆推进农村一二三产业融合发展模式及建议——基于南疆五地州的调查分析［J］. 山西农业科学，2017，45（7）：1169－1173.

［40］游玉婷，王志刚，苏毅清. 湖北省农村一二三产业融合现状、问题及对策［J］. 新疆农垦经济，2016（1）：14－17.

［41］李云新，戴紫芸，丁士军. 农村一二三产业融合的农户增收效应研究——基于对345个农户调查的PSM分析［J］. 华中农业大学学报（社会科学版），2017（4）：37－44，146－147.

［42］孙鸿雁. 黑龙江省农村一二三产业融合发展的思路与模式［J］. 经营与管理，2017（1）：113－115.

［43］芦千文. 农村一二三产业融合发展研究述评［J］. 农业经济与管理，2016（4）：27－34.

［44］金光春，单忠纪，翟绪军等. 韩国“农业第六产业化”发展事业对中国的启示［J］. 世界农业，2016（3）：32－38，204.

［45］金光春，胡胜德，杨树果等. 韩国“农村融复合产业”培育及支援法律制度分析［J］. 世界农业，2017（8）：118－122.

［46］金光春，韩光鹤. 基于韩国“农业第六产业化”发展案例对大庆市“全民创业”的启示［J］. 大庆社会科学，2016（1）：119－120.

［47］金红兰，尹东华，金龙勋. 农业六次产业化的发展过程与方向——以吉林省延边朝鲜族自治州A与B农业经营组织经营者调查为例［J］. 延边大学

农学学报，2016，38（2）：127－133.

［48］景占魁．论人文资源［J］．晋阳学刊，2002（1）：50－54.

［49］李慧燕，李志艳，王静．基于京津冀协同发展战略的天津市农业产业化龙头企业发展路径［J］．农业展望，2015，11（5）：47－51.

［50］李小静．农村“三产融合”发展的内生条件及实现路径探析［J］．改革与战略，2016，32（4）：83－86.

［51］罗贞礼．日本“第六产业”发展特点及其启示［J］．人民论坛，2016（19）：102－103.

［52］秦立公，李娟，田应东．第六产业供应链价值集成模式研究［J］．经营与管理，2016（1）：88－91.

［53］王刚，杨兵，王杰力．农村新型城镇化发展模式的创新与探索——以辽宁省方市牛村的产居集成体系为例［J］．环渤海经济瞭望，2015（10）：39－44.

［54］王兴国．推进农村一二三产业融合发展的思路与政策研究［J］．东岳论丛，2016，37（2）：30－37.

［55］魏群．农业产业化组织创新的路径与逻辑［J］．江西农业，2016（19）：115－116.

［56］吴精精，李庄玉，赵邦宏．日本“第六产业”发展的探索与启示［J］．安徽农业科学，2016，44（1）：306－307.

［57］张佳书，苑会娜，傅晋华．日本发展“六次产业”的典型模式及对中国的启示［J］．中国科技论坛，2016（10）：148－154.

［58］张来武．以六次产业理论引领创新创业［J］．中国软科学，2016（1）：1－5.

［59］周义博．探究新农村建设中产业融合发展的趋势［J］．中小企业管理与科技（下旬刊），2016（2）：112－113.

［60］朱富云，柯福艳．农业六次产业化发展现状与逆社会分工视角下的主要特征——日本案例及对我国农业发展的启示［J］．浙江农业学报，2015，27（12）：2234－2239.

［61］朱沁夫．论人文资源的经济价值［J］．云梦学刊，2004（5）：48－52.

［62］王昕坤．产业融合——农业产业化的新内涵［J］．农业现代化研

究，2007（3）：303－306，321.

［63］杨晶，丁士军．农村产业融合、人力资本与农户收入差距［J］．华南农业大学学报（社会科学版），2017，16（6）：1－10.

［64］贾凤伶．推进天津市农村一二三产业融合发展思路探讨［J］．湖北农业科学，2018，57（13）：120－125.

［65］徐璐璐，江六一．庐江县农村产业融合发展的实践与思考［J］．当代农村财经，2018（5）：17－22.

［66］张义博．农业现代化视野的产业融合互动及其路径找寻［J］．改革，2015（2）：98－107.

［67］金龙烈，许周宁，金世宗，郑明云．确保支持农工商融合型中小企业实效性方案［J］．韩国农村经济研究院，2011.

［68］王志刚，江笛．日本“第六产业”发展战略及其对中国的启示［J］．世界农业，2011（3）：80－83.

［69］孟秋菊．农村产业融合的内涵研究［J］．四川理工学院学报（社会科学版），2018，33（2）：76－83.

［70］植草益．信息通讯业的产业融合［J］．中国工业经济，2001（2）：24－27.

［71］戴春．农村一二三产业融合的动力机制、融合模式与实现路径研究——以安徽省合肥市为例［J］．赤峰学院学报（自然科学版），2016，32（6）：40－43.

［72］付海英，童俊，闫伟昌．农村产业融合发展动力与路径分析：以安顺市平坝区为例［J］．贵州农业科学，2017，45（12）：157－161.

［73］谭明交，冯伟林．农村三产融合：内涵厘清、内生动力及典型案例［J］．新疆农垦经济，2018（9）：14－20.

［74］叶云，汪发元，裴潇．信息技术产业与农村一二三产业融合：动力、演进与水平［J］．农业经济与管理，2018（5）：20－29.

［75］李治，安岩，侯丽薇．农村一二三产业融合发展的研究综述与展望［J］．中国农学通报，2018，34（16）：157－164.

［76］王伟．农村三产融合发展的内生动力研究［J］．中国商论，2018（33）：168－169.

［77］张锋．农产品加工业参与农村产业融合动力研究——基于河南省

的案例［J］. 经济研究导刊，2018（26）：54－56.

［78］孟铁鑫. 基于价值链的农业与旅游产业融合动力机制与对策［J］. 江苏农业科学，2019，47（6）：320－324.

［79］韩庆龄. 电商产业与农村社区的融合发展［J］. 西北农林科技大学学报（社会科学版），2019，19（4）：113－121.

［80］马晓河. 推进农村一二三产业深度融合发展［J］. 中国合作经济，2015（2）：43－44.

［81］欧阳胜. 贫困地区农村一二三产业融合发展模式研究——基于武陵山片区的案例分析［J］. 贵州社会科学，2017（10）：156－161.

［82］夏英. 农村产业融合发展的模式、路径和对策分析［J］. 农村经营管理，2018（11）：21－22.

［83］史敦友，段龙龙. 供给侧改革视域下农村产业融合发展模式比较研究——以四川省为例［J］. 农业经济，2019（1）：40－42.

［84］王烨冰. 农村产业融合发展的模式选择与政策取向［J］. 农业经济，2019（2）：38－39.

［85］熊爱华，张涵. 农村一二三产业融合：发展模式、条件分析及政策建议［J］. 理论学刊，2019（1）：72－79.

［86］李晓龙，冉光和. 农村产业融合发展的创业效应研究——基于省际异质性的实证检验［J］. 统计与信息论坛，2019，34（3）：86－93.

［87］程莉，胡典成. 农村产业融合对农民增收的影响效应研究：以重庆为例［J］. 重庆理工大学学报（社会科学），2019，33（3）：18－27.

［88］陈璐，李玉琴，王颜齐. 新型农业经营主体推动农村三产融合发展的增收效应分析［J］. 学习与探索，2019（3）：116－123.

［89］刘国斌，王丽娜. 日韩农村产业融合发展的经验及启示［J］. 哈尔滨商业大学学报（社会科学版），2016（6）：46－52.

［90］李玉磊，李华，肖红波. 国外农村一二三产业融合发展研究［J］. 世界农业，2016（6）：20－24.

［91］王乐君，赵海. 日本韩国发展六次产业的启示与借鉴［J］. 农村经营管理，2016（7）：9－14.

［92］马晓春，宋莉莉，李先德. 韩国农业补贴政策及启示［J］. 农业技术经济，2010（7）：122－128.

[93] 陈曦，欧晓明，韩江波．农业产业融合形态与生态治理——日韩案例及其启示 [J]．现代经济探讨，2018 (6)：112-118.

[94] 潘伟光，徐晖，郑靖吉．韩国农业现代化进程中农业经营主体的发展及启示 [J]．世界农业，2013 (9)：44-49.

[95] 梁树广，马中东．农业产业融合的关联度、路径与效应分析 [J]．经济体制改革，2017 (6)：79-84.

[96] 孙光彩，田东林．曲靖市农业产业结构的灰色关联度分析 [J]．云南农业大学学报（社会科学），2016，10 (4)：30-35.

[97] 蒋一卉．农村产业融合评价指标体系及应用——以北京市为例 [J]．经济界，2017 (2)：83-90.

[98] 王琪延，徐玲．基于产业关联视角的北京旅游业与农业融合研究 [J]．旅游学刊，2013，28 (8)：102-110.

[99] 刘红，张岚．江苏农业与旅游业产业关联融合度研究 [J]．南京师大学报（自然科学版），2015，38 (4)：152-156.

[100] 李芸，陈俊红，陈慈．农业产业融合评价指标体系研究及对北京市的应用 [J]．科技管理研究，2017，37 (4)：55-63.

[101] 徐维莉．农业与二、三产业融合发展评价指标体系构建与验证——以苏州市为实证 [J]．中国农业资源与区划，2019，40 (4)：226-232.

[102] 冯伟，石汝娟，夏虹等．农村一二三产业融合发展评价指标体系研究 [J]．湖北农业科学，2016，55 (21)：5697-5701.

[103] 刘鹏凌，万莹莹，吴文俊等．农村一二三产业融合发展评价体系及其应用 [J]．山西农业大学学报（社会科学版），2019，18 (4)：7-13.

[104] 崔鲜花，朴英爱．韩国农村产业融合发展模式、动力及其对中国的镜鉴 [J]．当代经济研究，2019 (11)：85-93.

[105] 彭青秀，轩利芳．乡村振兴背景下农村三产融合发展路径研究 [J]．郑州轻工业大学学报（社会科学版），2023，24 (1)：82-88.

[106] 吴坚．创新：乡村发展新动能 [J]．今日浙江，2018 (3).

[107] 任智炜．加快补齐农业现代化这块短板 [N]．湖北日报，2021-06-16.

[108] 黄祖辉．在促进一二三产业融合发展中增加农民收益 [N]．农民

日报，2012-11-14（001）.

[109] 李治，安岩，侯丽薇．农村一二三产业融合发展的研究综述与展望［J］．中国农学通报，2018（4）：157-164.

[110] 解安，周英．农村三产融合的学理分析［J］．学习与探索，2017（12）：155.

[111] 姜长云．推进农村一二三产业融合发展的路径和着力点［J］．中州学刊，2016（5）：43-49.

[112] 苏毅清，游玉婷，王志刚．农村一二三产业融合发展：理论探讨、现状分析与对策建议［J］．中国软科学，2016（8）：17-28.

[113] 余宇新，孟庆涛，区块链技术促进农业产业现代化发展［J］．改革与战略，2021（5）：48-59.

[114] 初侨，燕艳华，等．现代农业全产业链标准体系发展路径与对策研究［J］．中国工程科学，2021（3）：11-15.

[115] 牛亚丽，农业产业链高质量发展的治理生态研究［J］．经济与管理，2021（5）：1-10.

[116] 刘海洋．农村一二三产业融合发展的案例研究［J］．经济纵横，2016（10）：88-91.

[117] 宋洪远．关于农业供给侧结构性改革若干问题的思考和建议［J］．中国农村经济，2016（10）：18-21.

[118] 姜长云，杜志雄．关于推进农业供给侧结构性改革的思考［J］．南京农业大学学报：社会科学版，2017（1）：1-10，144.

[119] 韩长赋．在2017全国休闲农业和乡村旅游大会上的讲话［N］．农民日报，2017-04-13（001）.

[120] 李玉磊，李华，肖红波．国外农村一二三产业融合发展研究［J］．世界农业，2016（6）：20-24.

[121] 何立胜，李世新．产业融合与农业发展［J］．晋阳学刊，2005（1）：37-40.

[122] 李俊岭．我国多功能农业发展研究——基于产业融合的研究［J］．农业经济问题，2009（3）：4-7，110.

[123] 杨振之．城乡统筹下农业产业与乡村旅游的融合发展［J］．旅游学刊，2011（10）：10-10.

[124] 梁伟军．产业融合视角下的中国农业与相关产业融合发展研究 [J]．科学经济社会，2011 (4)：12-17，24.

[125] 马健．产业融合理论研究评述 [J]．经济学动态，2002 (5)：78-81.

[126] 宗锦耀．以农产品加工业为引领推进农村一二三产业融合发展 [J]．农村工作通讯，2015 (13)：19-22.

[127] 肖婧文，冯梦黎．农村产业融合嬗变：利益联结与生产要素的互动和共演 [J]．财经科学，2020 (9).

[128] 王兴国．推进农村一二三产业融合发展的思路与政策研究 [J]．东岳论丛，2016 (2)：30-37.

[129] 杨婷．农业产业链整合中的农产品价值链分析 [D]．农村市场，2018 (12)：151-152.

[130] 谭明交．农村一二三产业融合发展：理论与实证研究 [D]．华中农业大学，2016.

[131] 姜峥．农村一二三产业融合发展水平评价、经济效应与对策研究 [D]．东北农业大学，2018.

[132] 和龙．我国农村产业融合发展风险管理研究 [D]．北京交通大学，2018.

[133] 杨欢．关中地区新农村建设绩效评估及可持续发展模式研究 [D]．西安建筑科技大学，2018.

[134] 戴孝悌．产业链视域中的中国农业产业发展研究 [D]．南京林业大学，2015.

[135] 王新越．我国旅游化与城镇化互动协调发展研究 [D]．中国海洋大学，2014.

[136] 孟玉静．我国新型农业经营体系构建路径研究 [D]．西南财经大学，2014.

[137] 赵新华．产业融合对经济结构转型的影响：理论及实证研究 [D]．湖南大学，2014.

[138] 姜睿清．基于产业融合的江西农业产业结构优化研究 [D]．南昌大学，2013.

[139] 肖建中．现代农业与服务业融合发展研究 [D]．华中农业大学，

2012.

[140] 赵航. 休闲农业发展的理论与实践 [D]. 福建师范大学, 2012.

[141] 席晓丽. 产业融合视角下的现代农业发展研究 [D]. 福建师范大学, 2008.

[142] 翟书斌. 中国新型工业化路径选择与制度创新 [D]. 华中科技大学, 2005.

[143] 展昭海. 黑龙江省工商企业与农民合作社产业融合研究 [D]. 东北农业大学, 2018.

[144] 郭承先. 产业融合研究: 基于企业行为的分析视角 [D]. 中共中央党校, 2017.

[145] 曾倩琳. 信息化与物流产业融合发展的研究 [D]. 福州大学, 2017.

[146] 谢宝禄. 黑龙江省产业结构调整问题研究 [D]. 中国社会科学院研究生院, 2017.

[147] 左鹏飞. 信息化推动中国产业结构转型升级研究 [D]. 北京邮电大学, 2017.

[148] 志村幸雄, 姜中原. 技术融合改变着日本的产业 [J]. 世界科学, 1989 (1): 50-53, 29.

[149] Rosenberg N. Technological change in the machine tool industry, 1840-1910 [J]. Journal of economic history, 1963: 414-443.

[150] Bresnahan T F, Trajtenberg M. General purpose technologies 'Engines of growth' [J]. Journal of econometrics, 1995, 65 (1): 83-108.

[151] Sahal D. Technological guideposts and innovation avenues [J]. Research policy, 1985, 14 (2): 61-82.

[152] Dosi G. Sources, procedures, and microeconomic effects of innovation [J]. Journal of economic literature, 1988, 36: 1126-1171.

[153] Porter M E. Technology and competitive advantage [J]. The Journal of Business Strategy, 1985, 5 (3): 60.

[154] Katz M L. Remarks on the economic implications of convergence [J]. Industrial and Corporate Change, 1996, 5 (4): 1079-1095.

[155] Bierly P, Chakrabarti A. Generic knowledge strategies in the US phar-

maceutical industry [J]. Strategic management journal, 1996, 17 (S2): 123 - 135.

[156] Shane G, Khanna T, Yoffie D B. What Does Industry Convergence Mean? [M] //Competing in an Age of Digital Convergence. Harvard Business Press, 1997: 201 - 226.

[157] SABBAGHI M A. By Moral Hazard in the Use of Agricultural Credits Iranian Farmers: A Case Study Dezful Township [J]. Scientific Papers Series Management, Economic Engineering in Agriculture and Rural Development, 2017 (4): 29 - 34.

[158] MÖLLMANN J, BUCHHOLZ M, KÖLLE W, etc. Do Remotely - Sensed Vegetation Health Indices Explain Credit Risk in Agricultural Microfi - nance? [D]. Goettingen: Georg - August - University of Goettingen, 2019.

[159] Bröring S. The front end of innovation in converging industries: The case of nutraceuticals and functional foods [M]. Duv, 2005.

[160] Preschitschek N, Niemann H, Leker J, et al. Anticipating industry convergence: semantic analyses vs IPC co - classification analyses of patents [J]. Foresight - The journal of future studies, strategic thinking and policy, 2013, 15 (6): 446 - 464.

[161] An, Owards. Green Paper on the convergence of the telecommunications, media and information technology sectors, and the implications for regulation towards an information society approach [R]. Information Society Project Office Eu, 1997.

[162] Karvonen M, Kassi T, Kapoor R. Technological innovation strategies in converging industries [J]. International Journal of Business Innovation and Research, 2010, 4 (5): 391 - 410.

[163] Fai F, Von Tunzelmann N. Industry - specific competencies and converging technological systems: evidence from patents [J]. Structural change and economic dynamics, 2001, 12 (2): 141 - 170.

[164] Haixia zhang, Qingxiu Peng. PSO and K - means - based Semantic Segmentation toward Agricultural Products. [J]. Future Generation Computer System, 2021 (6).

[165] Palmberg C, Martikainen O. Diversification in response to ICT convergence? indigenous capabilities versus R&D alliances of the Finnish telecom industry [J]. Info - The journal of policy, regulation and strategy for telecommunications, 2006, 8 (4): 67 - 84.

[166] Lu C, Qiao J, Chang J. Herfindahl - Hirschman Index based performance analysis on the convergence development [J]. Cluster computing, 2017, 20 (1): 121 - 129.

[167] Han E J, Sohn S Y. Technological convergence in standards for information and communication technologies [J]. Technological forecasting and social change, 2016, 106: 1 - 10.

[168] Simionescu M. The economic convergence in European Union based on concentration and entropy approach [J]. Euro Economica, 2014, 33 (1): 31 - 42.

[169] Duran - Fernandez R, Santos G. Regional convergence, road infrastructure, and industrial diversity in Mexico [J]. Research in Transportation Economics, 2014, 46: 103 - 110.

[170] Bryce D J, Winter S G. A general interindustry relatedness index [J]. Management Science, 2009, 55 (9): 1570 - 1585.

[171] Koller E F. Vertical integration of agricultural cooperatives [J]. Journal of Farm Economics, 1950, 32 (4): 1048 - 1058.

[172] Trifon R. Guides for Speculation about the Vertical Integration of Agriculture with allied Industries [J]. Journal of Farm Economics, 1959, 41 (4): 734 - 746.

[173] Barkema A, Cook M L. The changing US pork industry: a dilemma for public policy [J]. Economic Review - Federal Reserve Bank of Kansas City, 1993, 78: 49 - 49.

[174] Rhodes V J. Industrialization of agriculture: discussion [J]. American Journal of Agricultural Economics, 1993, 75 (5): 1137 - 1139.

[175] Barney J B, Hesterly W S. Strategic management and competitive advantage: Concepts and cases [M]. Prentice Hall, New Jersey, 2014.

[176] Cembalo L, Pascucci S, Tagliafierro C, et al. Development and man-

agement of a bioenergy supply chain through contract farming [J]. International Food and Agribusiness Management Review, 2014, 17 (1030 - 2016 - 83019): 33 -52.

[177] Chaniotakis I E. Innovative Agri - Food Value Chain Financing in Greece [M] //Food Security and Sustainability. Palgrave Macmillan, Cham, 2017: 139 -160.

[178] Wirtz B W. Reconfiguration of value chains in converging media and communications markets [J]. Long range planning, 2001, 34 (4): 489 -506.

[179] Pennings J M, Puranam P. Market convergence & firm strategy: New directions for theory and research [C] //ECIS Conference, The Future of Innovation Studies, Eindhoven, Netherlands, 2001.

[180] Bellú L. Value chain analysis for policy making methodological guidelines and country cases for a quantitative approach [J]. Food and Agriculture Organization of the United Nations, Rome, Italy. 2013. Series 129.

[181] Webber M, P Labaste. Building competitiveness in Africa's agriculture. a guide to value chain concepts and applications [J]. World Bank, Washington, DC, USA. 2010.

[182] Gereffi, G J Humphrey, R Kaplinsky and T J Sturgeon. Value chains and development [J]. IDS Bulletin2001. 32: 3.

[183] SDC. Donor Interventions in Value Chain Development [D] Working Paper, Swiss Agency for Development and Cooperation, Berne (2007).

[184] Kaplinsky and Mike Morris. A Handbook for Value Chain Research [J]. Prepared for the IDRC (2000).

[185] GTZ. Linking Value Chain Analysis and the Making Markets work better for the Poor: The paper prepared for the Pilot Project [D] Innovative Approaches to Private Sector Development, 2007.

[186] Miller, Calvin. Agricultural Value Chain Finance: Tools and Lessons [J] Practical Action, 2010.

[187] TORKY M, HASSANEIN A E. Integrating Blockchain and the Internet of Things in Precision Agriculture: Analysis, Opportunities, and Challenges [J]. Computers and Electronics in Agriculture, 2020: 178.

[188] Faβe A, U Grote, E Winter. Value chain analysis methodologies in the context of environment and trade research [J]. Discussion papers School of Economics and Management of the Hanover Leibniz University, Germany, 2009.

[189] Qingxiu Peng, Yujie Wang. Study on the path of three - chain integration of the logistics service industry in Zhengzhou [J]. Mathematical Problems in Engineering, 2021 (11).

[190] Dollar D, M Kidder. Institutional quality and participation in global value chains. Global Value Chains Development Report: Measuring and analyzing the impact of GVCs on Economic Development [J]. Chapter 7. World Trade Organization, Geneva, Switzerland, 2017.

[191] Dollar D, Y Ge and X Yu. Institutions and participation in global value chains. Global Value Chain [J]. Development Report Background Paper. World Bank, Washington, DC, USA. 2016.

[192] Coe N M, P Dicken, M Hess. Global production networks: realizing the potential [J]. Journal of Economic Geography, 2008, 8 (3): 271 -295.

[193] Tashakkori A, Teddlie C. Applied Social Research Methods Series: Mixed Methodology. Combining Qualitative and Quantitative Approaches. Thousand Oaks, CA: [J]. Sage Publications (2005).

[194] Altenburg T. Governance Patterns in Value Chains and their Development Impact. European [J]. Journal of Development Research, 2006, 18 (4): 498 -521.

[195] Gibbon, Peter, Bair, Jennifer, Ponte, Stefano. Governing global value chains: an introduction. [J]. Economy and Society, 2008, 37: 3, 315 - 338.

[196] Qingxiu Peng, Lifang Xuan. Evaluation of County Economic Resilience in Henan Province Based on Entropy Weight - Normal Cloud Model [J]. Complexity, 2023. 04. 12.

[197] Schmitz, Hubert, Value Chain Analysis for Policy - Makers and Practitioners Institute of Development Studies [J]. University of Sussex, England, 2005.

[198] Hess, Marti. Governance, value chains and networks: an afterward [J]. Economy and Society, 2008, 37: 3, 452 -459.

[199] Izcara Palacios S P. Introducción al muestreo [J]. Retrieved, 2007.

[200] Campoy Aranda T, Gomes Araujo E. Técnicas e instrumentos cualitativos de recogida de datos. In Pantoja Vallejo [J]. AManual básico para la realización de tesinas, tesis y trabajos de investigación. Madrid, Spain: EOS. 2015: 273 - 300.

[201] Curran C S, Bröring S, Leker J. Anticipating converging industries using publicly available data [J]. Technological Forecasting and Social Change, 2010, 77 (3): 385 - 395.

附录　调查问卷

一二三产业融合发展调查问卷（传统农户）

（一）传统农户

您好，我们是郑州轻工业大学经济与管理学院一二三产业融合调研小组，在做一个关于一二三产业融合发展的调研，填写问卷可能会占用您几分钟的时间，希望得到您的支持和帮助，我们不会透露您的私人信息，请您放心！如果您对我们的研究有什么建议，欢迎在问卷末提出您宝贵意见，我们将十分感谢！

1. 您的年龄：

A. 20—30 岁　　B. 31—40 岁　　C. 41—50 岁　　D. 50 岁以上

2. 您的文化程度水平

A. 初中及以下　　B. 高中　　C. 大学　　D. 大学及以上

3. 您的家庭收入主要来源于

A. 传统农业　　B. 附近务工　　C. 外出务工

D. 经营小本生意　　E. 其他

4. 现有的农业生产方式是否满足支付家庭开销？

A. 很满足，有盈余　　B. 比较满足，无盈余

C. 不满足，入不敷出

5. 您对一二三产业融合发展了解吗？

A. 非常了解　　B. 了解一点

C. 不太了解，没有兴趣

6. 您家养了多少头猪？

A. 1　　B. 2　　C. 3

D. 3 头以上　　E. 没有

7. 您家养了多少只鸡？

A. 1　　B. 2　　C. 3

D. 3只以上　　E. 没有

8. 您家种了多少亩地？

A. 1　　B. 2　　C. 3

D. 3亩以上　　E. 没有

9. 您是否了解“互联网+农业”？

A. 非常了解　　B. 了解一点

C. 不太了解，没有兴趣

10. 当前您的肉猪（或肉鸡、鸡蛋）销售主要是通过何种渠道？（可多选）

A. 直接销售给肉猪（或肉鸡、鸡蛋）企业

B. 加工后销售给当地肉猪（或肉鸡、鸡蛋）企业

C. 通过互联网模式销售

D. 与肉猪（或肉鸡、鸡蛋）企业存在长期供销关系

E. 集市零售

11. 您是否加入肉猪（或肉鸡、鸡蛋）企业？

A. 已加入　　B. 仍在观望　　C. 未加入　　D. 不愿加入

12. 您加入了肉猪（或肉鸡、鸡蛋）企业的哪个生产环节？

A. 养殖环节　　B. 加工环节　　C. 物流环节　　D. 销售环节

13. 如果您加入了肉猪（或肉鸡、鸡蛋）企业，您以何种方式加入？

A. 资金入股　　B. 土地入股　　C. 技术入股　　D. 生产工作

14. 您认为参加肉猪（或肉鸡、鸡蛋）企业有何好处？

A. 风险共担

B. 技术共享

C. 不了解肉猪（或肉鸡、鸡蛋）企业

D. 其他

15. 您在肉猪（或肉鸡、鸡蛋）销售过程中遇到哪些问题？

A. 价格受市场影响波动大　　B. 企业不如约收购

C. 农产品市场认可度不高　　D. 农产品得不到大力推广

16. 您在参加养殖（或种植）过程中，遇到哪些问题？

A. 饲料来源　　B. 基础设施（猪棚、通风设施等）

C. 防病防疫　　　　　　　　D. 其他问题

17. 政府给予了您哪些帮助？（可多选）

A. 资金服务　　　　B. 技术服务　　　　C. 人才服务

D. 信息服务　　　　E. 土地服务　　　　F. 其他

18. 你觉得政府对肉猪（或肉鸡、鸡蛋）产业的扶持重点应放在？（可多选）

A. 资金服务　　　　B. 技术服务　　　　C. 人才服务

D. 信息服务　　　　E. 土地服务　　　　F. 其他

19. 当地的龙头企业在哪些方面起到带动作用？

A. 生产规模　　　　　　　　B. 农产品销售量

C. 净利润增加　　　　　　　D. 不太了解

20. 当地的肉猪（或肉鸡、鸡蛋）企业在哪些方面起到带动作用？

A. 完全没有

B. 生产规模

C. 肉猪（或肉鸡、鸡蛋）销售量

D. 净利润增加

21. 您在与企业的订单收购是否有违约情况？

A. 经常有　　　　B. 偶尔有　　　　C. 没有

22. 您在与企业的订单收购过程违约的原因？

A. 企业不能履约　　　　　　B. 自己没有履约

23. 我县肉猪（或肉鸡、鸡蛋）产业一二三产业融合仍处于初级阶段，您对肉猪（或肉鸡、鸡蛋）产业一二三产业融合发展的前景持有一种怎样的态度？

A. 支持并愿意参与到其中　　　　B. 对其发展持观望的态度

C. 对其前景有着诸多担忧　　　　D. 其他

24. 您对我县肉猪（或肉鸡、鸡蛋）产业一二三产业融合有什么建议吗？

25. 您对我县农产品加工有什么建议吗？

26. 您对我县开展农业旅游有什么建议吗？

感谢您的参与，谢谢配合！

一二三产业融合发展调查问卷（务工农户）

（二）务工农户

您好，我们是郑州轻工业大学经济与管理学院一二三产业融合调研小组，在做一个关于一二三产业融合发展的调研，填写问卷可能会占用您几分钟的时间，希望得到您的支持和帮助，我们不会透露您的私人信息，请您放心！如果您对我们的研究有什么建议，欢迎在问卷末提出您宝贵意见，我们将十分感谢！

1. 您的年龄：

A. 20—30 岁　B. 31—40 岁　C. 41—50 岁　D. 50 岁以上

2. 您的文化程度水平

A. 初中及以下　B. 高中　C. 大学　D. 大学及以上

3. 现有的农业生产方式是否能满足您的物质生活收入？

A. 很满足，能够支付家庭日常开销且有满意的盈余

B. 比较满足，能够支付家庭日常开销但略有盈余

C. 不满足，不能维持家庭正常开销

4. 您对我县养殖（种植）产业一二三产业融合发展了解吗？

A. 非常了解　B. 了解一点

C. 不太了解，没有兴趣　D. 一二三产业大致协调发展

5. 贵公司所处行业？

A. 农产品加工　B. 农产品销售

C. 农业旅游　D. 其他

6. 您所在企业职工人数大约有多少？

A. 10—50 人　B. 50—100 人

C. 100—150 人　D. 150 人以上

7. 您所在的企业涉及养殖（种植）产业哪个环节？

A. 养殖（种植）　B. 加工　C. 销售　D. 以上都有

8. 企业所享受的产业融合发展专项资金？

A. 国家产业融合发展专项资金　　B. 地方产业融合发展专项资金

C. 没有享受上述开发资金

9. 您所在企业带动农户的形式是什么？

A. 直接带动农户就业　　B. 通过乡镇政府、村集体

C. 通过农业合作社　　D. 以上都有

10. 您所在的企业与农户的融合方式是什么？

A. 订单收购　　B. 建立长期稳定的购销关系

C. 共同出资股份融合　　D. 其他

11. 您所在的企业与农户的订单收购是否有违约情况？

A. 经常有　　B. 偶尔有　　C. 没有

12. 您在与企业的订单收购过程违约的原因？

A. 农民不能履约　　B. 企业没有履约

13. 您是否是是本县的农民？

A. 是　　B. 不是

14. 如何承担养殖（种植）产业融合发展的风险？

A. 单独承担　　B. 与所带动农户承担

C. 政府分担　　D. 政府、企业、农户共同承担

15. 您认为我县养殖（种植）产业一二三产业融合的不足之处在于（多选）

A. 资金问题　　B. 技术问题　　C. 基础设施

D. 劳动力缺乏　　E. 资源环境问题　　F. 其他

16. 您希望我县养殖（种植）产业一二三产业融合过程中优先支持的重点三个方面是？

A. 龙头企业的引进和培育　　B. 科研推广体系建设

C. 产品认证体系建设　　D. 信息网络体系建设

E. 质量检验体系建设

17. 我县养殖（种植）产业一二三产业融合仍处于初级阶段，您对我县养殖（种植）产业一二三产业融合发展的前景持有一种怎样的态度？

A. 支持其发展并愿意为此提供帮助

B. 支持其得以发展但对付出成本暂保持观望的态度

C. 对其前景有着诸多担忧，短期内无法实现

18. 您对我县养殖（种植）产业一二三产业融合有什么建议吗?

感谢您的参与，谢谢配合！

一二三产业融合发展调查问卷（企业）

（三）企业业主

您好，我们是郑州轻工业大学经济与管理学院一二三产业融合调研小组，在做一个关于一二三产业融合发展的调研，填写问卷可能会占用您几分钟的时间，希望得到您的支持和帮助，我们不会透露您的私人信息，请您放心！如果您对我们的研究有什么建议，欢迎在问卷末提出您宝贵意见，我们将十分感谢！

1. 您的性别：

A. 男　　B. 女

2. 您的年龄：

A. 20—30 岁　　B. 31—40 岁　　C. 41—50 岁　　D. 50 岁以上

3. 您的文化程度水平

A. 初中及以下　　B. 高中　　C. 大学　　D. 大学及以上

4. 您的年收入大约为：

A. 5 万元或者 5 万元以下　　B. 5 万—10 万元

C. 10 万—15 万元　　D. 15 万元以上

5. 您觉得跨行业经营是农村产业融合吗？

A. 非常不同意　　B. 不同意　　C. 一般

D. 同意　　E. 非常同意

6. 您觉得农业多种经营是农村产业融合吗？

A. 非常不同意　　B. 不同意　　C. 一般

D. 同意　　E. 非常同意

7. 您觉得建立农业科技园区是农村产业融合的标志吗？

A. 非常不同意　　B. 不同意　　C. 一般

D. 同意　　E. 非常同意

8. 您觉得建立星创天地是农村产业融合的标志吗？

A. 非常不同意　　B. 不同意　　C. 一般

D. 同意　　E. 非常同意

9. 您是否愿意参加农村产业融合的交流?

A. 非常不同意　　B. 不同意　　C. 一般

D. 同意　　E. 非常同意

10. 您是否认为年轻人比较容易融入农村产业融合的社交网络。

A. 非常不同意　　B. 不同意　　C. 一般

D. 同意　　E. 非常同意

11. 您是否认为高学历者比较容易融入农村产业融合的社交网络。

A. 非常不同意　　B. 不同意　　C. 一般

D. 同意　　E. 非常同意

12. 您觉得农民之前的在农村创业经历对融入农村产业融合的社交网络是否有帮助?

A. 非常不同意　　B. 不同意　　C. 一般

D. 同意　　E. 非常同意

13. 您觉得返乡农民之前在在城市的工作经历对融入农村产业融合的社交网络是否有帮助?

A. 非常不同意　　B. 不同意　　C. 一般

D. 同意　　E. 非常同意

14. 您觉得在农村，村长的生意经是否重要?

A. 非常不同意　　B. 不同意　　C. 一般

D. 同意　　E. 非常同意

15. 您觉得在农村，科技特派员的经营建议是否重要?

A. 非常不同意　　B. 不同意　　C. 一般

D. 同意　　E. 非常同意

16. 您觉得在农村，亲戚的经营建议是否重要?

A. 非常不同意　　B. 不同意　　C. 一般

D. 同意　　E. 非常同意

17. 您觉得在农村，邻居的经营建议是否重要?

A. 非常不同意　　B. 不同意　　C. 一般

D. 同意　　E. 非常同意

18. 您是否觉得在农村进行创业是一件有成就感的事情?

A. 非常不同意　　B. 不同意　　C. 一般
D. 同意　　E. 非常同意

19. 您觉得在农村进行产业融合，新的农业技术与现有技术有关联吗？
A. 非常不同意　　B. 不同意　　C. 一般
D. 同意　　E. 非常同意

20. 您觉得在农村进行产业融合，新的农业技术有利于推广吗？
A. 非常不同意　　B. 不同意　　C. 一般
D. 同意　　E. 非常同意

21. 您觉得在农村进行产业融合，复杂的农业技术有利于推广吗？
A. 非常不同意　　B. 不同意　　C. 一般
D. 同意　　E. 非常同意

22. 您觉得在农村进行产业融合，可以提前试验的技术有利于推广吗？
A. 非常不同意　　B. 不同意　　C. 一般
D. 同意　　E. 非常同意

23. 您觉得在农村进行产业融合，费用较低的技术有利于推广吗？
A. 非常不同意　　B. 不同意　　C. 一般
D. 同意　　E. 非常同意

24. 您觉得在农村进行商业经营，需要对土地制度进行突破吗？
A. 非常不同意　　B. 不同意　　C. 一般
D. 同意　　E. 非常同意

25. 您觉得在农村进行商业经营，需要对贷款等政策进行突破吗？
A. 非常不同意　　B. 不同意　　C. 一般
D. 同意　　E. 非常同意

26. 您觉得在农村进行商业经营，需要人才的加入吗？
A. 非常不同意　　B. 不同意　　C. 一般
D. 同意　　E. 非常同意

27. 您觉得在农村进行商业经营，需要有品牌的大公司的加入吗？
A. 非常不同意　　B. 不同意　　C. 一般
D. 同意　　E. 非常同意

28. 您觉得在农村进行商业经营，需要有品牌的大公司的加入吗？
A. 非常不同意　　B. 不同意　　C. 一般

D. 同意　　　　　　　　E. 非常同意

29. 您觉得在农村进行商业经营时，需要复杂的技术吗？

A. 非常不同意　　　　　B. 不同意　　　　　　C. 一般

D. 同意　　　　　　　　E. 非常同意

30. 您觉得在农村进行商业经营时，需要很多前期投资吗？

A. 非常不同意　　　　　B. 不同意　　　　　　C. 一般

D. 同意　　　　　　　　E. 非常同意

感谢您的参与，谢谢配合！

后　记

如果把书比作人的话，这本书就是一个经历坎坷的孤行者，他在波折中勇毅前行，他在孤独中突破成长，最终成就了还算圆满的一生。这部书的写作念头起于2019年，当时正在做一个现代农业的项目研究，期待能够在项目的基础上扩展成一部书。是年末，项目结项，开始筹划书稿。尚未开始动笔，2020年1月6日夜，我那70多岁的父亲突然昏迷，120紧急送医，诊断结果是多年慢阻肺引发的肺性脑病，我和弟弟开启了20多天的轮流守护，直至月底，即将迎来新年的时候却先迎来了新冠病毒！稍有好转的父亲被迫紧急出院。自此以后，制氧机和呼吸机就成了父亲的标配，到哪里都离不了。原来有病靠拖、坚决不进医院的父亲自此以后成了医院的常客。在医生为父亲针灸的间隙，在照料父亲饮食的间隙，偶尔会有书稿的执念闪现，可以匆忙在键盘上敲击几下，断断续续，一直到2023年初，初稿基本完成。所思所想，又陆陆续续成功申报了几个项目：国家社科基金后期资助项目（22FJYB050）、河南省教育厅应用研究重大项目（2023－YYZD－29）、河南省教育厅一般项目（2023－ZZJH－179）、河南省教育科学规划年度重点课题（2023JKZD12）、2023年度星空众创空间第二层次创新培育孵化类项目（2023ZCKJ217）等，本书可以算得上这些项目的阶段性研究成果。

幸得中国财政经济出版社的厚爱和鼓励，准备出版本书，原计划利用2023年暑假期间整理完善后交付出版社。但是计划赶不上变化，2023年6月9日，父亲第三次突发昏迷，又住进了医院，母亲一个人在医院里忙上忙下，我和弟弟也在工作、家庭、医院中寻求平衡，尽最大可能协调、兼顾。期间父亲又几次转院，病情时好时坏，本书稿一拖再拖，断断续续地进行修改，逐步完善。遗憾的是，2023年11月1日，我父亲终究没有扛过这个秋冬变换的落叶时节，不幸因病离世。作为中国千千万万农民中的一员，我父亲身上集中了中国农民的质朴、善良、坚强与勤劳，谨以此书纪念我的父亲！感谢各个医院的医生们不离不弃，耐心诊治！希望我含辛茹苦的母亲能够早日走出悲伤，一如既往地勇敢坚强，越来越健康！

还有一个更迫切、更大的愿望，贯穿三农研究的始终。我希望现代农业之光早日普照中国农村的每一个角落，让中国广袤的农村大地充满生机和活力，点燃千千万万农民共同富裕的星星之火，照亮乡村振兴之路！2004 年至今，中共中央连续出台一号文件，聚焦“三农”问题，现代农业都是其中的主旋律，党的二十大更是擘画了全面建设社会主义现代化国家的宏伟蓝图。强国必先强农，农强方能国强。在社会主义现代化建设征程中，现代农业是根基。2022 年我国尚有近 5 亿乡村人口，其中 2.9 亿农民工，全面建设社会主义现代化国家，最艰巨最繁重的任务仍然在农村。现代农业有哪些新的打开方式？作为农业大省，河南的农业发展是全国农业的风向标、晴雨表，河南必须把加快建设农业强省、加快推进现代农业发展作为重中之重，锚定中部现代农业新高地，实现从农业大省到农业强省的蝶变。本书中的案例多出自河南，希望本书能够为河南打造具有全国影响力的现代农业创新高地、人才高地、产业高地、开放高地，出一份绵薄之力。在此，感谢陪我一同深入河南农村调研的同事和研究生，也感谢采访对象、农业企业负责人的大力支持和配合！

写完后记，如释重负，新作小诗一首（《现代农业之歌》）以记之。虽然还有不少瑕疵，但是毕竟完稿了！感谢中国财政经济出版社的耐心和信任！感谢带我走上“三农”研究之路的硕导王征老师、博导杨明洪老师！感谢家人在背后的默默支持！感谢在写作中给予指导、支持的领导和同事！

现代农业之歌

曾经，
农业开启了中华民族的古老文明。
刀耕火种，
铁犁牛耕，
是：春种一粒粟，秋收万颗子，
是：沟塍流水处，耒耜平芜间，
如生生不熄的烛火，

点亮中华文化的明灯，
承继了中华农业文明的根脉，
蕴含着华夏民族的传统。

现代，
农业成了落后的代名词，
农业成了贫困的象征。
日夜劳作，
亲戚相诮，
是：一粒红稻饭，几滴牛颔雪，
是：四海无闲田，农户犹饿死，
满目苍凉的土地，
发出了本能的抗争，
代代农民的呼声令山河动容。

2004 年，中央一号文件诞生，
960 万平方公里的土地上，
有了聚焦“三农”的准星。
华夏悠悠，
大国泱泱，
千年农耕迎来了光明，
农民有了希望，
农村有了救星。

农民增收，
农业综合能力攀升，
社会主义新农村建设风起云涌。
科技创新，
农业基础设施倍增，
现代农业演奏的乐曲激荡长空。

深化农村改革，
推进三产融合，
新产业新业态层出不穷，
中央又发出了，
农业供给侧结构性改革的呼声。
随着中国特色社会主义进入新时代，
乡村振兴战略也提上日程。
农业现代化的画卷更加辉煌雄壮，
农业现代化的步伐更加坚定从容。

农业农村优先发展，
让默默奉献的农民，
挺起了久弯的脖颈。
全面奔小康的目标特色鲜明，
充满了社会主义信仰的神圣。
乡村振兴是我们的灯塔，
共同富裕是我们的明灯，
上下一心，
万马奔腾，
全面推进乡村振兴，
让农村大地热血沸腾。

机械化、数字化、智能化，
时代元素融进了千年农耕，
现代农业的发展水起风生。
生态农业吹响了转型的号角，
职业农民敲起了时代的钟声。
小康不小康，关键看老乡，
繁荣不繁荣，关键看三农，
誓言旦旦、掷地有声。
现代农业每一个脚步，

都以人民为初心，
现代农业每一个梦想，
都为民族谋复兴。
现代农业的发展，
必然换来全国人民的幸福安宁！

彭青秀
2023 年 11 月 20 日